# 吾心可鉴

## 澎湃的福流

彭凯平 / 著

清华大学出版社
北 京

版权所有，侵权必究。举报：010-62782989，beiqinquan@tup.tsinghua.edu.cn。

**图书在版编目(CIP)数据**

吾心可鉴：澎湃的福流 / 彭凯平著. —— 北京：清华大学出版社，2016（2024.11重印）
ISBN 978-7-302-43735-2

Ⅰ. ①吾… Ⅱ. ①彭… Ⅲ. ①心理学—通俗读物 Ⅳ. ①B84-49

中国版本图书馆 CIP 数据核字(2016)第 089090 号

责任编辑：张立红
封面设计：周晓亮
版式设计：方加青
责任校对：李笑非
责任印制：杨 艳

出版发行：清华大学出版社
网 址：https://www.tup.com.cn，https://www.wqxuetang.com
地 址：北京清华大学学研大厦 A 座　　邮 编：100084
社 总 机：010-83470000　　邮 购：010-62786544
投稿与读者服务：010-62776969，c-service@tup.tsinghua.edu.cn
质 量 反 馈：010-62772015，zhiliang@tup.tsinghua.edu.cn

印 装 者：涿州汇美亿浓印刷有限公司
经 销：全国新华书店
开 本：170mm×240mm　　印 张：22.25　　字 数：298 千字
版 次：2016 年 7 月第 1 版　　印 次：2024 年 11 月第 20 次印刷
定 价：88.00 元

产品编号：056741-01

献给我的夫人肖莉和儿子彭承晓、彭承浩,感谢你们长期以来的宽容、理解和支持!

## 自序

# 幸福的极致体验：澎湃的福流

2007年的夏天，我去西藏参加一个学术活动。在忙碌的讲学完成之后，我抽空去了趟布达拉宫，瞻仰藏族同胞心目中的圣地。

时值黄昏，我随着游人慢慢地向出口走去时，在回味之间蓦然回首，突然被一幅美丽的景象所震撼——在拉萨的蓝天之下，落日的光辉之中，布达拉宫白墙金顶的映照下，一个身着棕色僧袍的老僧，正不慌不忙、慢条斯理地扫着地。地面上是无数游客和信徒撒落下的祈福钱钞，满地的金钱犹如尘土和垃圾一样，被这位老僧扫入簸箕之中。我的心中突然一阵发紧，一种瞬间产生的、压倒一切的敬畏情绪油然而生，同时也感到一股暖流从头到脚流遍全身。顷刻之间，我觉得仿佛找到了人生真实的意义，它不是金钱、权势、地位，而是一种心灵的敬畏、宁静和快乐。这样奇妙的体验，令我沉迷其中、欣喜若狂、如痴如醉、欢乐至极！

很多年之后，我才知道这样奇妙的心理体验就是一种幸福的终极状态——它是一种澎湃的福流。

**什么是福流**

1975年，美国著名心理学家米哈伊·希斯赞特米哈伊（Mihaly Csikszentmihalyi）发表了他历经15年的研究成果。从1960年开始，他追踪观察了一些特别成功的人士，包括科学家、企业家、政治家、艺术家、运动员、钢琴师、国际象棋大师，等等。结果发现，这些人经常谈到他们一个共同的体验：在从事自己喜欢的工作时，他们全神贯注的忘我状态，时常让他们遗忘了当前时间的流逝和周遭环境的变化。原来这些成功人士在做事情的时候，完全出自于他们内在的兴趣，乐趣来自于活动本身，而不是任何外在的诱因（如报酬、奖励、欣赏等）。这种经由全神贯注所产生的极乐的心理体验，米哈伊称之为flow，并认为这是一种最佳的体验。

这种体验当然不是由米哈伊第一个发现的。在人类五千多年的历史长河中，已经有很多思想家、哲学家、宗教人士谈到过这种奇妙的、极致的幸福体验。尤其是东方的传统文化，如儒教、道教、佛教，经常提及这种由心理活动所产生的神奇的快乐体验，禅宗也经常谈到这样一种全神贯注、时光流逝、心旷神怡的生活和工作状态。在心理学领域有很多学者，把这样的体验翻译成"爽"、"心流"、"极致"、"涅槃"，等等。我个人认为，把这种体验翻译成"福流"体验可能更贴切，因为它是一种幸福的终极状态，音近、意近、神更近。

一个很多人所不知晓的情况就是，米哈伊的儿子迈克尔（Michael）还是伯克利加州大学中国问题研究中心的研究员。几年前，在面试迈克尔的时候，我曾经问过他一个八卦的问题，就是他父亲的灵感是不是跟他研究的老庄哲学有很大的关系。迈克尔说，应该是有。因为迈克尔研究的是中国哲学家庄子。

《庄子》一书中第一篇文章谈到的《逍遥游》，很大程度上就是这种自娱、洒脱、旷达、愉悦的感觉，一种真正的物我两忘、身心酣畅的绝妙经验。庄子在《南华经》中特别描述了一个普通人这种流畅的福流体验——他就是宰牛的屠夫庖丁，在从事自己所熟悉和喜爱的工作时，就达到了一种物我两忘、酣畅淋漓的状态。原文是这样写的：

庖丁为文惠君解牛，手之所触，肩之所倚，足之所履，膝之所踦，砉然向然，奏刀騞然，莫不中音。合于《桑林》之舞，乃中《经首》之会。

文惠王在震撼之余，情不自禁地问庖丁，你解牛的技术为什么能做到如此的出神入化、行云流水？庖丁回答，三年前解牛，我眼中只见牛，三年后解牛，眼中无牛。因为此时此刻，他已经进入到一种极致的体验状态，也就是我们所说的福流状态。

## 福流体验的六种心理特征

福流的状态有什么特点呢？在1975年出版的《福流：一种美妙的心理状态》一书中，米哈伊谈到了六种福流的心理体验特征：

第一，全神贯注，注意力高度集中，完全沉浸在自己所从事的工作之内，忽视了外在所有的影响；

第二，知行合一，行动和意识完美地结合，已经变成了一种自动化的、不需要意识控制的动作，有一种行云流水般的流畅感；

第三，物我两忘，自我的意识暂时消失，此身不知在何处；

第四，时间飞逝，有强烈的时间扭曲感，不知不觉中，百年犹如一瞬间；

第五，驾轻就熟，对自己的行动有一种完美的掌控，不担心失败，不担心结果，充分体验行动的过程，感受到自己每一个动作精确的反馈；

第六，陶醉其中，一种超越日常现实生活，发自内心的积极、快乐和主动，不需要外在奖励就能体验到行动的快乐，完成之后有一种酣畅淋漓的快感。

由此可见，这种福流的体验既包括了身心体验的因素，例如个体处于福流状态时的感觉，包括行动和知觉的融合，以及注意力集中和潜在的控制感；也包括结果因素的影响，即个体在处于福流状态时内心所体验到的一种结果，包括短暂的失去自我意识、时间意识和活动本身的目标意识。

**产生福流的三个客观条件**

1997年，米哈伊对福流状态的体验又增加了三个条件因素，也就是产生福流活动的外在客观条件，包括三个很重要的因素：

第一，清晰的目标——当我们知道自己需要达到什么目标，得到什么结果，意识到什么样的目的时，我们更容易产生福流体验；

第二，及时的反馈——我们所做的所有事情，都向我们提供了准确的、有意义的、快乐的反馈，激发出我们从事这个行动的强烈动机；

第三，技能和挑战的完美匹配——当我们所面临的挑战特别困难时，我们很容易产生挫折的感觉，而当我们的挑战特别容易的时候，我们就会产生单调、厌倦的感觉。只有当我们的技能和挑战处于一种最佳匹配的状态时，往往容易让我们进入到一种福流状态。

因此，幸福，特别是幸福的终极体验，从某种意义上来说，真的不只是一种哲学的思辨，也不只是一种宗教的说教或道德的宣传，它是我们的生活，它是我们的感受，它是我们身、心、灵完美融合的状态。它存在于我们的生活之中。任何事情，一旦让你产生浓厚的兴趣，专注而沉浸其中，对周围的一切浑然不知，始终被一种愉悦的力量所推动，虽然这件事情对你有一定的挑战，但你仍然不断地奋斗、创造、探索，觉得自己能够控制它、完成它，而且做完以后有一种发自内心的无比喜悦，一种创造性的乐趣！如果这些情景都出现的话，那么，祝贺你，毫无疑问，你就是拥有过福流体验的人。

**生活处处有福流**

能否体验福流状态，跟做什么样的事情有关吗？其实，想要让我们在日常生活、工作中体验到这种幸福的终极状态，远比我们想像的简单：

强烈的福流体验，通常产生于我们的心沉浸在我们所做的事情时。所以，工作会让我们产生福流——为人民服务，为家人辛劳，都是可能让我们产生福流体验的重要原因。

人们在做自己爱做的事情时，往往能够体验到这种福流状态。如喜欢摄影的人，尽管跋山涉水、风餐露宿、行迹不定，仍然孜孜不倦，他们就沉浸在一种福流状态中；喜欢音乐的人，在欣赏音乐的时候，也享受音乐所传递的节奏、韵律、感情，他们也沉浸在一种福流状态中。

运动也经常会让人们进入到福流状态中，为什么有人会打球到天黑不想回家？为什么老人打了很长时间的牌到也不愿意休息？为什么马拉松长跑有这么多的人愿意去参与？都是因为运动使他们产生了福流体验，让他们沉浸其中并上瘾。

而当我们的注意力关注于我们周围的亲人朋友身上时，也经常会让我们体验到福流状态。如彼此相爱的夫妻生活，或者只是和朋友谈心、和亲友聚会、和家人一起吃饭，也都是会产生福流体验的重要活动。

同样，一部好的电影，一本好的书籍，一首好的诗词，一段好的音乐，都能够让我们进入到这种福流状态。即使在我们打坐、沉思、冥想、专念的时候，我们也很容易进入到这种福流状态。

因此，幸福其实离我们并不遥远，因为福流就在我们的生活中；所谓"极致的幸福状态"其实也就是我们身、心、灵完美交融的快乐体验。

从美国心理学之父威廉·詹姆斯（William James）的"意识流"（stream of consciousness），到今天积极心理学的"福流"（flow），我们可以隐约见到读书至乐的永恒"福流"。我也是在充分感受福流的体验中完成的这本书，希望它也能使大家手不释卷，沉浸其中，直至进入到福流状态。读书的福流正如水之温润流畅——它是潺潺而下，逐渐浸满四肢百骸；它是缓缓而入，慢慢沁溢心脾脏腑。无怪乎"仁者乐山，智者乐水"。

吾心可鉴，夫复何言？

【目录】

## PART ❶ 情感

- 002　情为何物？心理学的探索
- 008　爱的魅影——选择还是放弃
- 013　什么样的人可以做单身贵族？算算你的单身回归方程
- 019　认清真相，依旧深爱你
- 023　别再做怨女，分手的后果对男性来说更恐怖
- 026　科学地寻找最适合与你结婚的人——大数据没有告诉你的秘密之一：亲和
- 031　爱情大师谈幸福婚姻——大数据没有告诉你的秘密之二：沟通的艺术
- 036　母爱的真谛：冷酷的哈洛恒河猴实验的温暖启示
- 040　优雅地让她满意：男性可以帮助女性提高对自己身材的满意程度
- 045　男人的爱美之心可否转化为美德之心

## PART ❷ 福流

- 052　快乐与气味一样可以闻到吗
- 055　为何传世古诗中念念不忘的是杭州丹桂
- 059　拯救越发无聊的节假日，为幸福增值
- 064　希望的功效远不止是一碗"鸡汤"

# 【目录】

069　笑得由衷不由衷？你的人生将清晰表白
073　幽默面前并非人人平等
077　为什么铜牌选手会比银牌选手更开心
081　女神与心理学的神奇碰撞
084　心灵雾霾可以用科学来治理
088　什么情况会导致渴望自己并不喜欢的东西
091　文人悲秋和"季节性情绪障碍"
094　做一个真正的勇士，敢于直面惨淡的成绩单
100　积极心理学：我跟阿Q不一样
104　过度相信乐观作用的"陷阱"
108　联合国"国际幸福日"纪实
114　让你目光短浅的是愤怒吗
117　悲伤时听伤感音乐会让你更积极吗
120　和当代最杰出的心理学家聊聊天

## PART ❸　正心

128　红尘炼心——道德与正义真的是人的天性吗
134　多助一次人，少生一次病——"道德分子"催产素解释利他性对于生病的作用
140　文化资本——"气质"的积极心理学解读
144　宽恕之心在中国的蝴蝶效应

# 【目录】

150 美德之巅——真实的感恩之心
156 信任之心——有益还是有害
160 什么才是中国男人的情怀
166 "尊重和帮助他人"是心理强大的标志
171 自信、自卑、自负的边界在哪里
179 到底是不自信还是过度自信
184 不忍测试的人性：人类能否在权威面前坚守住良知
187 为什么人们喜欢传播阴谋论
196 科学实验证明正义终将战胜邪恶
200 什么是实验伦理学
204 一个美国心理学家的中国心

## PART ❹ 跨界

210 积极心理学到底是不是仅仅研究幸福
214 为何心理学家要研究经济学
224 为何经济学家要研究心理学
233 经济学家的错误假设——选择的陷阱
237 法之所在为在人心
242 跨界思维的魅力——什么是真正的历史观
249 探索和培养"第七感"
253 不劳动能幸福吗

## 【目录】

257　为什么那么多学术大师爱讲终结论
261　研究心理学，也要关注传统文化

### PART 5　开拓

268　未来心理学的腾飞之舟——传统文化+现代科技
275　认清中西思维局限，找出创新新路径
279　文化形象——让他人主动找到信你的理由
284　国家智库建设需要心理学顾问吗
288　心理学家可为国策"梦之队"做些什么
296　教育不是为了考试，是为了幸福
303　积极教育的七类内容，带你体验福流
307　慕课——新挑战的新认识
312　专家有没有可能改善我们的预测（炒股）能力
316　思想也可以如此性感
321　激励凡人成圣贤——究竟是什么造就了英雄主义

327　参考文献
331　附录　文化科学解读中国文化DNA——与《心理月刊》等媒体记者的对话
339　跋　积极心理学发展的"四化"之道

PART 1

# 情感

夜月一帘幽梦,春风十里柔情。
——秦观《八六子》

# 情为何物？心理学的探索

古语有云，"身无彩凤双飞翼，心有灵犀一点通。""在天愿作比翼鸟，在地愿为连理枝。"从古至今关于爱情的经典名句从来不缺，哲学家、社会学家、人类学家、科学家、宗教人士、艺术家等各行各业的人士都有自己的观点，心理学家也不例外。

那到底什么是爱情？

心理学家认为，爱是人类内心的产物，是人类一种普世的基本情绪。但长期以来，人们对爱情的认识仅仅是表面的、经验的、直觉的。很多人甚至还可能认为无法从科学的角度对"爱情"这种美丽而复杂的心理现象进行研究。

从20世纪70年代开始，就已经有很多心理学家开始采用科学的方法探索、研究和分析"爱情"，并试图从"爱情心理学"的角度来探讨：爱是什么？为什么人类需要爱？它有什么样的体验？又有什么样的影响？从心理体验上来讲，爱有没有文化差异（或阶级差异）？

## 罗宾"爱情三体验"

最早试图测量"爱情"的是心理学家齐克·罗宾（Zick Rubin）。他把"爱情"定义为三种基本体验：

第一是依恋（attachment），指我们愿意和另外一个人长期在一起，得到关爱、亲近和身体上的接触；

第二是关心（caring），指我们希望像照顾自己一样地照顾另外一个人，满足对方的需求，唯愿对方幸福；

第三是亲密（intimacy），也就是我们愿意和另外一个人（伴侣）共同分享自己的感情、欲望、思想以及各种身心体验和感受。

根据该定义，罗宾又研发了一种评估量表，来评价我们对待特定个体（也就是意中人）的态度究竟是怎样的。我们到底是喜欢（liking）上了这个人，还是爱（loving）上了这个人？这两种情况在罗宾量表上的得分是不一样的。这既为其爱情理论提供了有力的支持，也提醒我们，与其花时间琢磨对方"到底爱不爱我"，不如问问对方"愿不愿意做个罗宾爱情量表测试"。

## 哈特菲尔"两类爱情"

第二个爱情心理学理论是依兰·哈特菲尔（Elaine Hatfreld）提出的。她认为人类有两种爱情，一种是"共情之爱（compassionate love）"，一种是"激情之爱（passionate love）"。"共情之爱"指的是一种互相尊重、依恋、信任和喜爱的感情，这种爱情通常建立在互相理解、互相尊重的基础之上；"激情之爱"指的是一种强烈的情感，包括强烈的性吸引、坐立不安的焦虑和行动的热情。当这些感情得到积极回应的时候，人们会觉得特别快乐和满足；而没有得到回应时，人们会感到悲伤、失落和痛苦。哈特菲尔认为，通常"激情之爱"延续的时间是6个月到30个月左右（不超过三年）；同时，哈特菲尔也认为，产生"激情之爱"需要有三个要素：第一是文化期望，鼓励人们相爱，第二是遇到了他/她理想中的爱人，第三是能够体验到一种强烈的身心冲动。

当然，理想的爱情应该是从"激情之爱"变成"共情之爱"，因为后者更加持久和幸福。但是，哈特菲尔也提醒大家，虽然人们都希望自己的感情生活永远包括强烈的"激情之爱"和稳定的"共情之爱",但这样的愿望一般是难以实现的。

## 李·约翰"爱的画风"

1973年,加拿大心理学家李·约翰(John Lee)出版了他著名的著作——《爱的颜色》,他将爱情比作颜色的色谱图。正如颜色有"三原色"一样,他认为"爱的画风"也是由三个基本元素组成的:

第一个是"情欲之爱"(eros)——爱的是一个理想的人,它是一种美化对方、有强烈的罗曼蒂克和激情体验的爱;

第二个是"游戏之爱"(ludus)——爱就像一场游戏,并没有多少真实的情感投入,看重的是过程,而不是结果,因而经常更换对象;

第三个是"友谊之爱"(storge)——爱就是一种友谊,最常见的是青梅竹马般慢慢发展起来的感情,这是一种细水长流,稳定而温馨的爱。

就像"三原色"的结合能够产生出其他的颜色一样,爱的三种基本风格也能够产生其他的一些组合,所以,他还提出了三种次要的"爱的画风":

第一是"依附之爱"(mania),它是"情欲之爱"和"游戏之爱"的结合,代表的是一种依恋之情非常强大的爱;这种爱具有占有、忌妒、强烈情绪化等特征;

第二种是"现实之爱"(pragna),它是"游戏之爱"和"友谊之爱"的结合,代表的是一种务实而且功利的爱情;通常会考虑对方的现实条件,以期减少自己付出的成本,同时让回报增加;

第三种是"利他之爱"（agape），它是"情欲之爱"和"友谊之爱"的结合，代表的是一种带有牺牲和奉献精神、不求对方回报的无私之爱；这种爱被视为他/她的义务。

李·约翰认为，对一个特定的人，他/她不一定在其所有的爱情关系之中都表现出同一"画风"。也就是说，不同的关系会唤起不同"画风"的爱；即使是在同一关系中，人们也有可能随着时间的推移而变换"画风"。

## 斯滕伯格"爱情三角理论"

当然，在心理学中，最重要的同时也是最有影响力的爱情理论，还是罗伯特·斯滕伯格（Robert Sternberg）提出的"爱情三角理论"。他认为，爱情包括三种成分：亲密（intimacy）、激情（passion）和承诺（commitment）。斯滕伯格用三角形来体现这三种成分之间的相互关系：

"亲密"是一种以情感为主的两性关系，它是指伴侣之间一种心灵相近、互相融合、互相归属、互相热爱的关系体验，包含对彼此的热情、理解、交流、支持以及分享等特点。

"激情"是一种以动机为主的两性关系，它是指伴侣之间关系变得浪漫，强烈地渴望与对方有身体结合的一种状态，源自外在身体吸引和内在性驱力的驱动。

"承诺"是一种以认知为主的两性关系，它是指当事人对关系维持的一种认知，决定去爱一个人和对亲密关系担责。据此又可以分为短期的关系和长期的关系：短期的关系是自己投入一份感情，决定去爱一个人；长期的关系是为维持两人之间的感情而做出一种持续的努力。

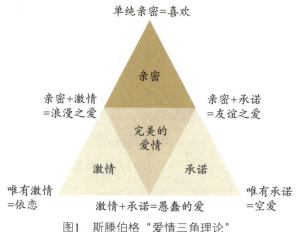

图1 斯滕伯格"爱情三角理论"

随着情感双方认识时间的增加及相处方式的改变，上述的三种成分将会有不同的改变。根据斯滕伯格（1986）的理论，这三种成分又可以有八种不同爱情关系的组合，并由此产生不同类型的爱：

喜欢（只包括亲密部分）；

依恋（只包括激情部分）；

空爱（只包括承诺部分）；

无爱（三种成分都不包括）；

浪漫之爱（结合了亲密和激情）；

友谊之爱（包括了亲密和承诺）；

愚蠢的爱（等于激情加上承诺）；

完美的爱情（三种成分共聚在一个关系中）。

为什么积极心理学家也关注爱的问题呢？原因是大量的心理学研究已经证明：爱情不仅仅是一种积极的情绪体验，它也和人类的饥饿感、性欲望以及求生本能一样，都是人类最原始的生存本能。一个心中有爱的人，往往也是一个更加善良、道德、健康、长寿的人；反之，一个心中充满仇恨的人，往往也会是一个更加恶毒、残忍、变态、短命的人。

如果一个人连最基本的感情都没有体验过的话，很难说会自然而然地产生对家人、他人、社会和国家的爱。

最近的脑科学研究也发现，人类由爱情所产生的生理和大脑的反应，与由性欲望而产生的反应是不同的。心理学家海伦·费雪（Helen Fisher）在其著作《我们为什么相爱》（Why we love）一书中提出，"爱"可能由三种不同的欲望组成：第一种是性欲，第二种是爱情（它让我们花时间追求和体验浪漫的爱），第三种是依恋。这三种不同的欲望，在脑区所对应的区域是不同的，并且有着不同的神经化学反应。

费雪认为，在"爱"的这三种欲望中，最重要和最有价值的不是性欲，而是爱情。因为很少有人会因为性而死，但在人类五千多年漫长的文明历史上，已经有很多人为爱而生、为爱而死，他们歌颂爱情，也赞美爱情。而且，有趣的是，男性对爱情的追求程度和女性是一样的。虽然很多女性认为男性更关心的是性欲望的满足，但实际上，全世界为爱而亡的男性远远多于女性，其比例高达3:1。也就是说，有将近75%为爱而亡的人是男性，而女性只占25%。所以，莫道男儿多无情，殉情往往是须眉！

不过，国内目前还没有这方面的数据。所以，国内的心理学家还需要多做些国人心理方面的基础研究，也需要大家多支持本土化的爱情、婚姻和性心理学研究。如此重要的幸福源泉，多需要中国人的探索、挖掘和享用啊！

# 爱的魅影——选择还是放弃

但凡来纽约的人,晚上必不可少的一门功课就是去看一场百老汇的音乐剧(Broadway Show)。其中不可不提的是由著名音乐剧大师安德鲁洛伊·韦伯(Andrew Lloyd Webber)创作的《歌剧魅影》。自1986年在伦敦首演之后,这部歌剧一直在百老汇演出,并在1988年就获得七项"托尼奖"(Tony Awards),成为历史上最成功的音乐剧之一。《歌剧魅影》还打破了《猫》在2006年创下的连续演出七千多场的记录,成为百老汇历史上演出最长的一部音乐剧。剧中的主题曲及其他有名的歌曲自上演以来一直被传唱至今。

## 无法忘却的天使之爱

《歌剧魅影》所述说的主题并非只有爱情,但毫无疑问,剧中的爱情故事、主人公的命运和归宿仍然让人嘘唏不已,感慨万千。

静下心来细思量,我个人觉得,《歌剧魅影》的魅力主要源于以下三个方面。

第一,歌剧编排是一次感官愉悦的盛宴。剧中不仅有标配的情歌,还有歌剧宏大的段落、芭蕾舞的优雅、滑稽剧的幽默、化装舞会的奢靡,以及地下迷宫的冷峻、恐怖,丰富多彩的情节变化,都让人们的感官产生了强烈的震撼,使人流连忘返。

第二,剧情具有西方文学典型的故事结构。歌剧讲述了一个生来连母亲都惧怕、厌恶的丑陋孩子,从小受尽凌辱,后来他奋起反抗,杀死恶人，栖身于巴黎歌剧院迷宫般的地下室；他在孤独痛苦、绝望仇恨中独自成长，成了歌剧院的一个音乐学识渊博的幽灵。在他听到一个同样孤寂的小姑娘不凡的天赋美声后，他的音乐天才被激发，开始在黑暗中悄悄指引小姑娘展示音乐才华，并帮助她取得了事业上的成功。这种"美女与野兽"的故事搭配，在西方文学作品中屡见不鲜，《巴黎圣母院》、《弗兰肯斯坦》、《美女与野兽》，甚至电影《暮光之城》都脱胎于这种结构。

尽管剧中女性的美丽、善良、单纯，不时令人动容，但在某种程度上，这类故事还是散发着人类原始的欲望，也就是男性强烈的野性，并通过恐怖形象来让人产生震撼感。据此推断，对此类故事和剧情的接受和追捧，可能反映了人类心理上对自己野性的一种敬畏之感。

**第三，人类爱情的复杂与微妙，以及穿透式地呈现人性。**当然，让我最感动的还是第三个原因，那就是人类爱情的复杂与微妙，以及歌剧穿透式地将人性呈现在我们面前，充分诠释了"爱"有一个特别重要的要素，那就是"选择与放弃"。

故事中的女主人公克里斯汀（Christine）首先做出选择。这位在歌剧院长大的孤女对双亲的回忆，仅仅是父亲临终时将她嘱托给一位音乐天使，而这个天使正如她虔诚相信的那样真的降临，并像父亲一样陪伴她长大——他就是巴黎歌剧院人人谈之色变的"剧院幽灵"（the Phantom）。克里斯汀美丽、孤独又脆弱，唯一能与她心灵交融的就是可以在她头脑里一直歌唱而看不见的天使，其歌声充满了男性的魅力和野性的诱惑，既教会了她歌唱，也满足了她的恋父情结，但同时也控制了她的思维。然而，她对天使的幻想是如此美好，她觉得自己信任、迷醉、毫无防备，并且幸福地爱恋着他。

可是，在克里斯汀揭开那位音乐天才用来遮盖丑陋的面具时，所有的幻想都破灭了，她心中充满了恐惧、痛苦和怜悯，于是就面临着"爱的选择"，产生"心灵的爱"和"世俗的爱"之间的冲突，一方面是心灵上对这位音乐奇才有着依恋，另一方面是对年轻、英俊、富有的子爵劳尔（Raoul）有着世俗的爱恋。整个歌剧就是在这种不断的冲突、选择和放弃之中升华出的一段动人心魄的爱情悲剧。

故事中的男主角"剧院幽灵"，他在克里斯汀身上寄托了自己对人生全部的美好梦想，也正是他的才华才成就了克里斯汀的成功。但最初发自于精神层面的音乐之爱，却逐渐滋生出强烈的占有欲，当他发现克里斯汀与别人恋爱之后，那种感到遭受背叛、失落和怨恨之心，让疯狂的他产生了巨大的毁灭性力量，并以残忍的方式报复社会和其他人。

在全剧的结尾，他其实已经赢得了姑娘的芳心。但是，当流着泪的姑娘带着痛苦和微笑的复杂表情、两次狠狠地亲吻这个她真心仰慕已久而现在仿佛被地狱诅咒的人时，唤醒了"幽灵"内心深处"善和爱"的理智，他也笑着流泪并做出了最痛苦的选择：放弃强迫克里斯汀跟自己呆在黑暗的地窖里与音乐度日的狂想，而让她走向很多女孩所向往的正常的爱情生活。这是全剧最让人感动的地方——爱往往是充满了选择的绝情和放弃的无奈。

而故事中年轻的子爵劳尔，是那样的单纯，像夏日的阳光一样讨人喜欢。高、大、上的他应该是天下无数女性都希望选择的理想丈夫。但正如天下的很多好丈夫一样，他可能并不真正懂得自己关心的爱人内心深处的欲望、灵性和原始的生命张力，他也必然要面临选择和放弃。

从表面上看，子爵劳尔赢得了一切，没有多少放弃；但全剧隐隐约约地告诉我们，从某种意义上讲，子爵和他夫人的爱情生活也不是完全理想的，因为克里斯汀心中早已经对"音乐天使"有一种爱恋。我们不难想像在她回想这段音乐生涯的时候，她必然会想起那段旧日的恋情——对那位父亲般的"音乐天使"懵懂的爱。

夜深人静常俯首，碧海青天夜夜心！

虽然歌剧没有完整地表现他们婚后的生活,但根据音乐剧所改编的电影,已经给了我们丰富的想像空间:剧院已经衰败,青年已成老人,子爵劳尔将拍卖得到的小音乐盒供奉在亡妻的墓前。这时,他看到墓边一朵绑着红丝带的红玫瑰,但他并没有愤怒、嫉妒或吃惊,因为他知道那是"剧院幽灵"的爱情信物。我们从中看到了一个成熟的丈夫及其对自己爱妻的理解。这就是子爵的选择和放弃,一样地令人感动。

时光催人老,玫瑰依然红。

两情至深处,彼此宽容时。

## 爱情里,逃不掉的"选择和放弃"

"选择和放弃"总是同时存在于爱情生活中,两者同样重要,为什么呢?

心理学家发现,选择会让我们充满自尊与幸福,也会让我们更加喜欢自己已经做出的选择。但爱情生活中的"选择和放弃",经常会导致一种"失调感"的产生,而这种"失调感"的出现,会促使我们下意识地、自动地去合理化我们所做出的选择,让我们觉得自己选择的往往是最好的结果。因此,正如莎翁的经典名剧《罗密欧与朱丽叶》中的那对青年男女一样,爱情中的"选择与放弃",会使我们对自己选择的结果更加地坚信,也会使我们对自己所选择的爱人更加地忠诚,从而提高我们对爱情生活的积极感受。

早在1951年,心理学家利昂·费斯廷格(Leon Festinger)就提出了著名的"认知失调理论"。他认为,在很大程度上,人类的态度其实是由人们的行为决定的。也就是说,在人们选择做出某种行为之后,心中肯定会有很多评量、分析和判断。无论放弃何种美好的事物,人们内心都会产生微妙的心理变化,这种变化就是心理学上常说的"失调感",而这种"失调感"总会促使人们去纠正自己先前的分析、判断和选择。这就像经常抽烟的人一样,内心往往会有一种不安,而这种不安,又使其必须合理化自己抽烟这种不健康的行为,从而导致很多人会改变自己对抽烟的认识,认为自己不会遇到别人所想的那些危险。

总而言之,爱并不总是甜蜜的,选择时必然要面临一些放弃,而放弃之后的无奈也一样令人痛心。但这并不影响我们对爱的追寻,因为"爱的丰富多彩,爱的真情实感,爱的魂牵梦绕……"都让我们心驰神往。

选择和放弃其实也都是因为爱!

无论如何,剪不断,理还乱的是"情"愁,别是一番滋味在心头。

# 什么样的人可以做单身贵族?
# 算算你的单身回归方程[①]

有调查显示,当今社会,尤其是在工业化程度较高的社会中,人们保持单身的时间越来越长,单身者在人群中的比例越来越高。而受一些旧观念的影响,"剩男""剩女"们不仅承受着单身本身的弊端,更承受着来自社会的压力。部分单身人士自嘲为"单身狗",着急忙慌地想抓住另一半的手。然而,也有一部分单身人士过得十分洒脱,十分享受单身的状态,自诩为"单身贵族"。那单身究竟是"狗"还是"贵族"?

## 单身和恋爱也是"萝卜青菜,各有所爱"

人们通常认为,恋爱总是会让人更加幸福。一项综合48项研究的元分析总结认为,相比于单身者,处于恋爱关系中的个体拥有更高的生活满意度,其身心状况也相对更加健康,并且这一结果也得到了后续研究者在52种文化背景下的验证。

显然,处于亲密关系中的个体能够从伴侣处获得更多的社会支持与社会联结,从而得以更好地应对生活中的压力。同时,有不少研究也发现,亲密关系能够培养一个人的自尊,使人更容易达成目标,还可以放大积极的成就。

---

[①] 根据于明可、廖安迪的作业改写。

与此相对，单身者的关系需要难以得到满足。单身者既缺乏来自伴侣的支持，也没有另一半来帮助自己分担压力。但新近也有研究者提出反对意见，他们发现单身者与非单身者拥有相似的生活满意度，而且单身者能够得到许多恋爱状态下所不具有的好处。这似乎说明，单身生活同样能够带来不少快乐。

众所周知，维持一段良好的亲密关系并非易事。一旦确立二人的关系，就有可能会面对诸多的潜在伤害（例如，失望、冲突和背叛）。从这个角度来看，单身者便免去了面对这些潜在伤害的可能。尤其在人们无法享受爱情滋养的时候，自然会投向亲人与朋友的怀抱，从而，单身者与亲人朋友之间的关系就会得到提升。再者，由于不需要承担拥有一段亲密关系的义务，单身者能够充分追求个人的兴趣发展与事业抱负。因此有一些畅销书，劝告现代女性为了未来的事业和个人幸福不要太早恋爱结婚。

然而，在较为传统的社会中，单身者可能会承受明显的财务压力和社会成本，以致这些成本掩盖了单身可能带来的良好效益。尤其是顶着"剩女"的光环就不得不遭遇过多的关注。

总之，无论是否单身，都有与之相应的益处和不足。然而，有调查显示，当今社会，尤其是在工业化程度较高的社会中，人们保持单身的时间越来越长，单身者在人群中的比例越来越高。

其实，无论是保持单身还是投入恋爱，都需要面对不同的责任与利益、成本与收获。至于选择哪种情感状态，则来自于每个人对不同关系可能带来的后果的权衡。假如有这么一种人，生活在一个既没有父母逼婚，也没有身处"第二杯半价"遍布的温暖社会里，他/她们能从容地享受着单身所带来的福利，更不介意其自身的缺陷，那么，他/她们倾向于选择单身并且同样幸福也就不足为奇了。

问题是，什么样的人更容易在浪漫关系中获得幸福？什么样的人更容易在单身生活中获得幸福？

## 测算一下你的"意向幸福指数"

社会心理学中有个概念叫做"社会目标",它可以分为回避社会目标(avoidance social goals)和趋近社会目标(approach social goals)。回避目标和趋近目标是有一定负相关的两个维度,每个人在这两个维度上的得分有所不同,可以同高或同低,也可以一高一低。假如作为单身狗的你在回避社会目标上得分高,那么恭喜你,你一个人就能幸福得不得了。别怕,这个结论是很认真做研究得出来的。

区别:高回避目标的人和高趋近目标的人。

高回避目标的人并不是回避所有的亲密关系,而是选择性地回避亲密关系中的冲突与分歧,通过避免关系中的负面因素来维持关系。也就是说,这部分人群更容易感到焦虑和孤独,对于亲密关系中的负面事件更加警觉,通常从悲观的视角诠释互动和预测行为。

通俗地说，他们更倾向于注意关系中的问题，以回避可能的伤害。

高趋近目标的人则采用加强亲密和促进关系加深的方式来维持社会关系，他们对于社会关系更加满意，能够利用积极社会经历的益处，把中性事件看待得更加积极，并且不受负面社会事件的干扰。通俗地说，他们更关注关系中积极的方面，以获得最佳的结果。

这两种目标趋向的人在单身生活或在恋爱生活中会有什么不同表现呢？接下来我们会用两个回归模型来证明我们的确是在认真严肃地回答这个问题！

第一个回归模型采用本科生样本（N=187，Female=156），因变量是10天内的日常生活满意度，有显著贡献的是趋近目标，浪漫关系状态和回避目标的交互作用两项。

下面着重、具体来看一下亲密关系状态和回避目标的交互作用这一项。

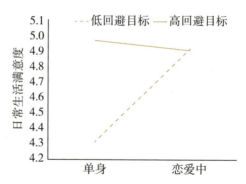

图2　回避目标水平对关系状态和日常生活满意度的调节作用

纵向看，单身时高回避目标人群的日常生活满意度显著高于低回避目标人群的日常生活满意度。而在浪漫关系之中时，二者并无差异。横向看，低回避目标人群的日常生活满意度在浪漫关系之中有着显著的提升，而高回避目标人群并无差异。

如果您属于高回避目标人群，那么，单身生活和恋爱生活的幸福程度相差无几,并且在单身时还可以嘲笑那群低回避目标的悲惨单身狗,想想还真是开心呢!

如果您属于低回避目标人群,那么单身生活真的是相当悲惨,还是赶紧找个妹(汉)子脱离苦海吧。

因此,第一个回归模型的结论是:虽然单身者的生活满意度更低,但对于高回避目标的人并非如此。

为了进一步验证结论,就有了第二个回归模型(新西兰态度和价值观研究NAZVS,N=4024,Time2−Time1=1 year,both single/in a relationship),因变量是Time2生活满意度。所有自变量均有显著贡献。

同样,着重、具体来看一下回避目标和浪漫关系状态的交互作用,和趋近目标和浪漫关系状态的交互作用。

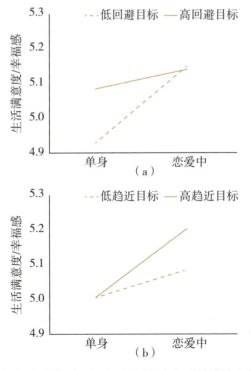

图3　回避目标(a)和趋近目标(b)水平对1年后关系状态和生活满意度及幸福感的调节作用

图3（a）表明：回避目标可以调节浪漫关系和生活满意度之间的关系，高回避目标人群处于浪漫关系中时，生活满意度并没有得到显著提高。图3（b）表明：趋近目标也可以调节浪漫关系状态和生活满意度之间的关系，高趋近目标的人和低趋近目标的人在单身时的生活满意度是没有差别的，但是，具有高趋近目标的人一旦处于浪漫关系之中，生活满意度的提高效应就被放大了。

直观来看，两幅图呈现的是相反的趋势。回避目标的这幅图像是在收敛，而趋近目标的这幅图像是在发散。这说明：高回避目标正如一种保护和补偿机制，保护这些敏感而孤独的高回避目标人群不会过分向往浪漫关系，同时也补偿他们不受单身时的不幸福所困扰。而高趋近目标是一种放大机制，把浪漫关系的每一个积极元素都物尽其用。

综上所述：（1）既然高回避目标的人单身时那么快乐，他们就活该永远单身吗？

当然，回避社会目标并不会降低浪漫关系所带来的好处。问题中最为核心的一点是，在浪漫关系中，高回避目标人群尽力避免的冲突是否真发生了。假如这些冲突仍旧发生，浪漫关系对于他们而言，便是弊大于利，浪漫关系确实会对他们造成伤害。

（2）既然高趋近目标的人在谈恋爱时那么快乐，他们万一单身了岂不是很凄惨？

未必，高趋近目标人群内心有一种渴望加深社会连接的原动力，而这种原动力会使浪漫关系中的积极元素得到释放。即便他们单身，他们也能从其他的社会关系，比如家庭和朋友那里，获取积极的经验并且最大程度地利用这些社会支持。

所以，如果你觉得单身更快乐，那就享受一个人的生活；如果你更希望有人陪伴，那拿出行动，提升自己，去抓住自己想要抓住的手，别再顾忌外界的看法，勇敢地选择幸福值更高的状态！

# 认清真相,依旧深爱你①

中国人常说的一句话"情人眼里出西施",意思是:恋爱双方通常倾向于将对方看作是美好的、漂亮的。荷兰格罗根大学(University of Groningen)的研究人员曾证明该说法确实有道理——比起陌生人,伴侣在情人的眼中更有魅力,大多数人会忽略自己意中人的生理和外形上的缺点。因为当我们把对方看作是美好、漂亮的时候,不仅可以满足对方的自尊,还可以维护我们自己的自尊;而且,这种积极的偏爱或偏见,在某种程度上,也有利于恋爱双方在感情上更投入,从而获得更高的恋爱满意度。

但是,也有研究显示,恋爱中的人们也会有实事求是的一面。这种实事求是,来源于"自评—他评"的一致性,即我们希望自己对自己的评价,与他人(恋人)对我们的评价是一致的,这种一致性对恋爱双方的亲密度、满意度而言有着非常重要的作用。

来自美国华盛顿大学圣路易斯分校(Washington University in St. Louis)的心理学家们想知道,恋爱中的人们,可不可以既有乐观的偏爱/偏见,又有客观的实事求是?尤其是在评价对方外表的时候,我们究竟是如何认知的呢?为了弄清这个问题,他们进行了下面的研究。

---

① 根据郭双双《文化心理学》课堂作业改写。

## "亲爱的,你好漂亮……至少对我而言确实如此"

心理学家们招募了83位大学生志愿者(男32位、女51位)来到实验室,请他们通过一个7点量表来对自己的外表进行评价。此外,研究者还招募了另外112位大学生志愿者(男40位、女72位),请他们对自己的外表进行15点量表的评价。

随后,心理学家根据这些大学生们所提供的自己的恋人、朋友的邮箱地址,分别给他们发了邮件,请他们也对这些大学生被试的外表进行评价。例如,恋人需要对如下描述进行7点或15点量表的评价,"我的恋人的外表很有吸引力"、"我的恋人认为他/她自己的外表很有吸引力"、"其他人认为我的恋人的外表很有吸引力"(在7点量表中,1代表"非常不同意",7代表"非常同意";在15点量表中,1代表"非常不同意",15代表"非常同意")等等。

对调查结果进行检验和相关分析,心理学家们发现:

① 恋人确实对我们的长相有乐观的偏爱偏见。

在7点量表的评分中,就长相而言,"我对自己的评价"为4.82分,"朋友对我的评价"为5.64分,而"恋人对我的评价"竟高达6.56分。同样的结果也出现在了15点量表的评分中,即"我对自己的评价"为10.15分,"朋友对我的评价"为11.41分,"恋人对我的评价"则高达13.84分。

这说明,恋人对于我们外表的评价,要显著高于朋友对我们的评价;而朋友对我们外表的评价,要显著高于我们对自己的评价。所以,该研究印证了"情人眼里出西施"这句话。

② 恋人知道我们是怎样评价自己的,即恋人对我们有一种认同的准确性(identity accuracy)认知。

在7点量表的评分中,同样的问题,就外表而言,"恋人认为我对自己的评价"为5.00分,这很接近"我对自己的评价"(4.82分),但是与"恋人对我的评价"(6.56分)则有显著差异。类似的结果也出现在15点量表中,即"恋人认为我对自己的评价"为10.76分,这很接近"我对自己的评价"（10.15分），但与"恋人对我的评价"（13.84分）有显著差异。相关分析显示，"我对自己的评价"与"恋人认为我对自己的评价"相关系数达到0.35，而"我对自己的评价"与"恋人对我的评价"相关系数仅为0.08。

也就是说，虽然恋人认为我们"貌若潘安"或"美若天仙"，但是恋人其实也清楚，我们对自己长相的评价是很一般的。进一步分析也显示，这种认同的准确性认知仅存在于恋人身上，在朋友的身上则是不明显的。

③ 恋人知道我们的朋友是怎么评价我们的，即恋人对我们有一种名声的准确性（reputation accuracy）认知。

在15点量表中，同样的问题，就外表而言，"所有朋友对我的评价"为11.41分、"恋人对我的评价"为13.84分，而"恋人认为朋友对我的评价"则为12.47分。相关分析显示，"所有朋友对我的评价"与"恋人认为朋友对我的评价"之间的相关系数达到0.43，而"所有朋友对我的评价"与"恋人对我的评价"之间的相关系数仅为0.13。

由此可以看到，虽然恋人对我们的外表评价很高，但是恋人也知道我们的朋友对我们的评价并没有那么高。

总而言之，该研究的结果可以形象地用下面这个小故事来进行概述：迈克和朱莉是一对恋人。迈克认为，如果10分是满分的话，朱莉的外表可以得到9分。但是，迈克其实也知道，朱莉对自己的评价仅有6分，而朱莉的朋友们对朱莉的评价也只有7分。所以，迈克对朱莉说："亲爱的，你好漂亮……至少对我而言确实如此。"

## 认清真相，依旧爱你

法国文学家罗曼·罗兰曾经说过这样一句话："世界上只有一种英雄主义，就是在认清生活的真相之后，依旧热爱生活。"这句话，现在同样可以用来套在这篇研究的结果上,即"世界上只有一种爱情,就是在我了解你的真实情况之后,依旧选择爱你"。

以前,我们经常会看到一些文章或故事告诉我们说,随着两个人相处时间越久,双方就愈加会发现对方真实的一面,从而打破自己最初的幻想,最终导致双方分道扬镳。但是,这篇研究的结果却让我们明白——也许相对于大千世界而言,我们只是很普通、很平凡的人,而在我们的恋人眼中,尽管恋人明白我们还像原先一样默默无闻,却仍旧愿意将我们看作是这个世界上最值得依赖的对象、最让人流连忘返的风景、最无与伦比的美好所在。

> 总之,"情人眼里出西施"——这不只是存在于我们心中的一种积极幻想,也不完全是因为我们的无知或愚蠢,更不仅仅是因为我们不清楚自己爱人的长相,而是因为我们彼此真心相爱、相恋和相悦!

# 别再做怨女，分手的后果对男性来说更恐怖

问世间，情为何物，直教生死相许？
天南地北双飞客，老翅几回寒暑。
欢乐趣，离别苦，就中更有痴儿女。
君应有语：渺万里层云，千山暮雪，只影向谁去？

——《摸鱼儿·雁丘词》

## 男女分手后的心理差异

爱情是人类永恒的话题，但个人的爱情却难以永恒。两个人会因为互相喜欢而携手同行，也难免会因为分歧和不愉快而分道扬镳。分手之后，只要真心爱过，双方都难免感伤。元朝著名文学家元好问在结束他的爱情之后，悲伤哀叹："问世间，情为何物，直教生死相许？"而一句"凄凄复凄凄，嫁娶不须啼。愿得一心人，白头不相离"更是道出女子在遭受情伤后的心酸和无奈。

那究竟男女双方分手之后有何心理差异呢？又是什么原因导致这种心理差异？

从进化心理学角度来分析，男女两性在漫长的人类进化过程中，因为选择配偶的策略不同导致了男女分手后的心理差异。

由于生理原因，女性在选择配偶方面非常谨慎，以便她们找到靠得

住的男性。因为女性在有了性生活之后，很可能将会经历漫长的怀孕期和哺乳期，以及更长的抚养期。这就使得她们在配偶选择方面的投资策略往往要求严格，以确保自己的后代能够在未来得到该男人的支持和关怀。

而在漫长的演化过程中，男性先祖的投资策略则是尽可能多地选择去与女性发生性关系，以保证自己的基因能有足够多的机会得到繁衍，从而使得男性显得有些花心。因此，无论是古代梁惠王谈到的"寡人有疾，寡人好色"，还是当代成龙说到的"全世界男人都会做错的事"，都是我们人类的演化历史选择出来的男性性心理特性（不是说必定这样，只是解释为什么会是这样）。

## 怨女复原更神速，此恨绵绵多男儿

最近，美国纽约宾汉姆顿大学（Binghamton University）的心理学教授克雷格·莫里斯（Craig Morris）在《进化行为科学》（Evolutionary Behavioral Sciences）上发表的一份研究报告中，提出了一个有趣的假设。他认为，男性和女性在结束前一段关系之后，下一步将面临不同的配偶选择策略，造成了他/她们不同的行为表现。女性在分手后，不得不重新开始选择优秀的男性，所以，她们必须从分手之后的痛苦中迅速恢复过来，以保证自己的活力和对异性的吸引力。同样，男性也不得不重新开始下一轮的求偶竞争，但在这样的竞争中，他们很可能很快就会发现，他们并不总是能够找到优秀的女性。因此，他们的失落感会越来越强，从而对曾经的优秀女性的怀念也就会越来越深刻。

那么，有什么证据可以用来证明这样的理论假设呢？

莫里斯和他的团队通过在线调查了来自96个国家的5705名受访者，要求每个参加调查的人评估一下分手将会对自己的情绪和身体所造成的伤害程度（伤害等级从1到10，1是没痛苦，10是极度痛苦）。结果表明，女性在情感上感受到的痛苦更大，她们的平均得分为6.84，高于男性的6.58；在生理上的痛苦亦是如此，女性的平均得分为4.21，高于男性的3.75。虽然看上去差别很小，但它们都有着统计学上的显著意义。由此可见，在一段感情中，尽管女性在选择伴侣上极其严格，但如果遇人不淑，分手也会带给她们更大的伤害。不过，研究也发现，虽然分手会给女性带来巨大的心理和生理创伤，但随着时间的流逝，最终她们会彻底走出情伤，尤其当她们意识到自己必须坚强，应该开始新的生活了的时候，她们就会恢复得更快、更彻底。

然而，尽管分手那一刻给男性带来的痛楚可能没有像女性那么深刻，但是，男性可能会在以后的生活中逐渐产生一种深深的失落感，并且这种失落感有可能会持续几个月，甚至几年。当男人意识到自己正在这样的失落感中"下沉"时，他必须重新通过"为爱竞争"而获得新爱，以取代他"逝去的爱人"；更糟糕的是，有的男人还发现，这个"逝去的爱人"是无法取代的。因此，分手带给他们的伤痛可能会使部分男性终生"难愈"。

因此，虽然由分手所造成的情感上的痛苦，女性感受到的通常要比男性更强烈，而一旦平静之后，女性的心态恢复得却要比男性好。所以，女性往往能够幸福地开始新的爱情和婚姻。反倒是男同胞，有可能会用更长的时间去怀念以前那段感情的美好！

# 科学地寻找最适合与你结婚的人——
# 大数据没有告诉你的秘密之一：亲和

"CPPA幸福中国"微信平台曾经发布了一篇很有意思的文章，题目为《什么人最适合与你结婚》。它是根据复旦大学社会科学数据中心在入户调查了3318个中国家庭后所获得的数据，统计得出的"中国人现代婚姻状况"。在文章中，小编风趣、幽默地解读了调查结果，从中我们也可以看出当下国人在婚姻中的一些基本状况。

然而，还很难说该文是大数据研究的结果，因为文中所涉及的只是一些年龄、职业、学历等简单的人口学和社会学变量，所以，还无法回答"什么人最适合与你结婚"这样的问题。虽说存在的都有其合理性，但不能说存在的就是必然的。这样的调查没有涉及人们的性格、动机、行为等方面，因此，它也就不能帮助我们了解"为什么我们要追求这样的婚姻"。

从20世纪70年代起，心理学家开始关注爱情、婚姻、人际关系等心理学问题，并进行了一系列的实验研究。但不得不承认，爱情和婚姻是人类非常复杂和微妙的心理和行为现象，存在很多不可琢磨、不可预料和不可深究的问题。特别是从20世纪60年代开始，欧美国家性解放、妇女运动、民权运动等运动的兴起，技术（如生育技术、避孕技术等）的革新或改进，以及人类思想的变化，使得人类的婚姻处于越来越尴尬的处境。我们一方面仍然相信美满婚姻是应该的，也是可能的；但另一方面，一个不容忽视的现实是——大部分社会经济发达的国家和地区的离婚率越来越高。美国有50%的婚姻以离婚结束，而只有30%的婚姻是健康的、快乐的、积极的；其他经济发达的国家和地区也一样，婚姻质量下降的现象非常明显。

随着我们中国经济的发展、社会的进步、生活水平的提高、妇女地位的改善，同时带来的一个负面影响就是：婚姻也开始遭受各种诱惑和干扰，婚姻质量明显下降。根据中国民政部的统计数据，2013年中国的离婚率达到27%，而经济发达的北、上、广、深地区的离婚率已经超过欧洲，直逼美国。因此，如果还是想从婚姻关系中得到幸福（这好像仍然是绝大多数人的"意愿"），我们还真的需要好好想想，到底找什么样的人结婚，婚姻才能保证稳定、积极和幸福。

## 一切看脸？鲜花也可能跟牛粪更般配

现在看来，传统上人们认为重要的配偶品质或特质，已经变得不是那么重要了。比如长相，没有任何的心理学证据能够证明长得漂亮就可以作为保证婚姻质量、感情关系、性关系的预测指标。反而有研究表明，外表的魅力与关系的满意程度之间存在一些负相关。

马里兰大学的心理学教授田代·泰（Ty Tashiro）在其著作《保持幸福婚姻的科学》一书中指出，长得漂亮对婚姻幸福没有太大的帮助或影响，事实上，可能还存在一些负面影响。也就是说，过于漂亮的男女两性的婚姻关系都可能会有一些不稳定的风险。

美国加州大学洛杉矶分校的社会心理学教授本杰明·坎尼（Bemjamin Karney），根据长期追踪82对新婚夫妇婚姻状况的研究结果，发现配偶长相的吸引力对男性和女性的意义不太一样。对男性来讲，那些与比自己的异性吸引力高的妻子结婚的男人，对婚姻的满意程度有所提高；而那些与比自己的异性吸引力低的妻子结婚的男人，婚后的满意程度有些下降。极端而言，长得一般的男人娶到美妻之后应该是对婚姻最满意，也最愿意疼爱自己的妻子。但对女性来讲，丈夫的英俊程度如何对婚姻质量并没有太大的影响。

所以，心理学家的基本结论是：对于我们认识一个人、对于一段关系的开始、对于一次爱情的萌芽，长相可能具有特别的意义，外表有吸引力的男女很容易有多次短期感情的纠葛。但对于长期的夫妻关系而言，长相所产生的影响其实远没有我们想像的那么大（其中可能对丈夫的幸福感会有一些影响，但对妻子的幸福感来说，丈夫长得怎么样基本上没有太大的影响）。

因此，如果非要对选择配偶给出一条建议的话，我的劝告是：女孩子不必特别在意追求那些比自己的异性吸引力高的男性。因为根据已有的研究，在不久的将来，他的外貌对你的实际意义并不大，而你的外貌却会对他有些微妙的影响。也就是说，不要太担心鲜花插在"牛粪"上的情况，这样"牛粪"会很开心，鲜花其实无所谓。当然，颜值时代理想的状况还是外貌相当，佳偶天成，无险无虑，皆大欢喜。

## 裸婚很辛酸，但金钱并不是婚姻的"板蓝根"

正所谓"贫贱夫妻百事哀"，有研究表明，对于收入比较低的夫妻来讲，金钱对婚姻质量的影响比较大。然而，在家庭年收入超过了七万五千美金之后，家庭收入对婚姻质量的影响就明显地消失了。甚至还有研究发现，收入的增加反而与社会压力和社会孤独感的增加存在正相关。因而，金钱对于我们婚姻质量的影响，好像也不是那么大。

同样的结论也可以引伸到人生刚刚起步的年轻人，刚开始的经济收入对婚姻质量必然会有一些影响，但是，当夫妻两人合并起来的家庭年收入超过七万五千美金之后，其影响就会产生边际递减效应，变得越来越不重要了。因此，短期来看，对没钱的人和长期穷困的人来说，金钱在婚姻关系中具有一定的重要性，但也只是暂时重要；长期而言，金钱在婚姻关系中的重要性，尤其是对个人幸福来说，并没那么重要。

那么，到底什么样的因素能够较好地预测婚姻关系的质量呢？现在看来，实际上与国人的母亲们一直以来就在告诉女儿的那个秘密相一致，心理学家的结论是"嫁一个好人"。

问题是，什么样的人算是好人？有没有一些可以评估的指标来帮我们确定呢？心理学家认为：有，而且还很准。这就是著名的人格心理学理论——"大五人格"中的亲和性（agreeableness）指标。更为重要的是，很多其他的人格特质有可能在生命的成长过程中会发生变化（比如，人们通常所关注的智商、情商，以及奋斗精神，都有可能随着年龄的增长而发生变化），但亲和品质很少会随着时间的变化而发生改变。因此，它对于长期的婚姻关系有着积极的作用。

> "大五人格"是由著名的心理学家科斯塔（Costa）、麦克雷（McCrae）等人提出来的，用来描述人类个体差异的一种被广为接受的理论。研究者通过词汇学、行为学、遗传学等多学科的研究方法，发现了可以用来概括人类所有个体差异的5种人格特质：外倾性（extraversion）、神经质或情绪稳定性（neuroticism）、开放性（openness）、亲和性（agreeableness）、尽责性（conscientiousness）。

另外，根据心理学的研究发现，与婚姻关系、幸福感有密切联系的特质是"亲和性"。"亲和性"得分高的人通常是善解人意、热情周到、友好大方、乐于助人的，他们对人性也往往有较为乐观的看法，并且相信人是诚实、正直、值得信赖的（这样的人也就是我们现在常说的"持有积极心态的人"）。尤为可贵的是，具备"亲和性"的人往往喜欢用积极的眼光看待他人，并且对别人的需求和看法也比较敏感。因而这样的人通常比较讨人喜欢，容易被社会所接受。

在夫妻关系中，那些"亲和性"强的人的表现也会令人满意，比如"在性生活和性行为方面"更容易让对方感到舒服和快乐，也更敏感于使对方满足和愉悦。从这个角度来说，他们是理想的爱人，这样的婚姻质量也可以保持在较高水平上。

根据田代教授长期追踪168对夫妇的研究也发现，那些"亲和性"得分高的夫妇，经常表露出对对方的喜爱，同时容易有一些罗曼蒂克的浪漫幻想，以及美化自己的配偶，这些甚至比爱情本身更能够预测夫妻之间良好的婚姻关系。

由此可见，"找个性格好的男人"——我国有部分母亲的直觉还是正确的。性格好的男人更愿意关心、照顾自己的妻子，也更愿意做出自我的牺牲，更敏感并且更体贴，而这与少女们所追求的相貌、成功、财富、彪悍、勇敢等所谓的"男性魅力"并没有太大的关系。虽然性格好的男人或许不性感，也不惊心动魄，但他们通常是踏实稳重、厚道实在、体贴顾家的好伴侣，尤其是他们还有一种能穿透心灵的魅力。同样，娶到"亲和性"高的妻子，也是男人一辈子的福气。

不过，迷恋偶像剧的年轻人，可能更乐意选择酷帅的"霸道总裁"和貌美的"野蛮女友"。另外，还有"萝卜青菜，各有所爱"之类说法。但是，生活不是偶像剧。在现实婚姻关系中，性格是你应该考虑的因素之一，而性格中的"亲和性"是你应该首先考虑的因素，"亲和性"高的人，才是你最应该结婚的人。当然，"亲和性"和黏人的"死缠烂打"是完全不同的。"和"让你舒适，"黏"让你烦恼，差别是很大的。

当然，也有很多人关注，什么样的性格特征对婚姻关系的伤害最大？根据田代教授的研究发现，"神经质"是婚姻关系最大的性格杀手。因为这样的人敏感多疑，情绪不稳定，常有很强烈的不安全感。

除了性格因素之外，还有很多其他的要素可用来帮助我们维护夫妻关系的稳定和积极。让我们在下一篇文章中聊一聊这些事情。

# 爱情大师谈幸福婚姻——大数据没有告诉你的秘密之二：沟通的艺术

2014年7月，美国著名的《大西洋月刊》上发表了一篇有趣的采访，题目叫《爱情大师》，采访的对象是著名心理学家约翰·古德曼（John Gottman）。在这篇采访中，古德曼回顾了他从事夫妻、情侣幸福关系科学研究的经历，认为"沟通的艺术"是夫妻之间维持长期关系和保持幸福的重要因素。

古德曼号称是活着的"十位最伟大的心理咨询专家"之一，他和他的夫人茱莉雅（Julie）成立了"古德曼研究所"，致力于用科学的方法，研究如何帮助夫妻或情侣们维持亲密的关系。他们的婚姻咨询中心已经在全世界享有盛誉。

## 爱情实验室

古德曼的第一个著名研究是和罗伯特·莱文森（Robert Levenson）一起在美国华盛顿大学做的。早在1986年，他们就成立了一个"爱情实验室"（Love Lab），专门邀请一些新婚夫妇到实验室参加心理学的实验。他们希望通过观察这些新婚夫妇之间的互动、交流和沟通，来了解夫妻婚姻关系幸福的原因及影响夫妻关系的要素。

莱文森是我在伯克利加州大学的一位心理学同事，他是一个很神奇的心理学家，曾经担任过美国心理科学学会（APS）的主席，也曾多年担任伯克利加州大学"人格与社会研究中心"的主任。1997年,我从密歇根大学获得博士学位之后,就是莱文森和当时心理系的系主任沙利·扎迪克(Shally Zedeck)教授两人积极鼓励并支持我去伯克利任教的。

当那些新婚夫妇来到"爱情实验室"后,研究人员就会将每对夫妇连上电极,用以观测他们身心的反应(比如心率、血流量、出汗的次数与程度);而夫妻俩的任务就是聊一聊他们之间的关系:如何初次见面?生活中面临的主要问题是什么?生活中美好的共同经历有哪些?等等。

古德曼和莱文森主要是依据夫妻之间互动和沟通时的身心反应和行为差异来判断和预测夫妻之间的关系稳定程度和幸福感。他们根据多年的研究发现:夫妻之间沟通、交流的方式,对于婚姻稳定和幸福有着很大的影响。

通过分析夫妻双方之间的沟通方式与他们身心反应之间的对应关系,古德曼和莱文森发现,夫妻之间的沟通方式有很大的差异。有些人被称为关系高手(masters)。这些人在讨论他们的经历和他们生活中所面临的问题时,沟通风格往往是温馨、关怀、体贴、平静的,没有特别强烈的生理应激反应;尤其是他们能够通过对话来刻意营造一种彼此信任、相互支持、双方满意的亲密感。甚至这些人在实验研究之后的6年内始终保持非常愉快、积极的婚姻关系。

另外有些人则被称作关系祸害(disasters)。这些祸害婚姻关系的人,往往随时随地都做好了咄咄逼人地攻击对方或迎击对方的准备,所以,即使是在谈一些快乐的甚至是很平常的事情时,他们的血流、心跳也都会加快。因为这些祸害关系的人对任何事情都做好了一种"战或逃"的应激反应,即便是要与另一半坐下来好好说说话这样的事情,对他们来讲都会产生一种生理上的排斥。

研究发现,那些关系高手们往往会对自己配偶的任何话题,包括无聊的话题都表现出一种兴趣、关心、支持和迎合的态度;而那些祸害关系的人，总是表现出一种冷漠、不关心的态度，继续看电视、看报纸，完全没有回应，甚至是敷衍了事，更为恶劣的还会带上一些批评、挑剔，甚至是愤怒的负面情绪（比如说："别烦我，我正在看球呢"）。因此，古德曼和莱文森认为，只要根据夫妻双方的沟通方式、应对方式和身心反应，就能准确预测6年之后，他们夫妻关系的状况——是继续相爱还是离婚——其准确率甚至可以高达80%~90%，超过了很多心理学的预测水平（一般的心理变量对人类行为的预测水平只在30%左右）。

古德曼和莱文森所做研究的预测水平竟然可以高达80%以上，这可能意味着：夫妻之间能否维持友好幸福的婚姻关系，在很大程度上是由他们之间的互动、沟通和交流的方式所决定的。

## 当我哼着歌时，希望你能自然地唱下一段

1990年，古德曼和他的同事在华盛顿大学又设计了一个实验，先后邀请了130位新婚夫妇到"爱情实验室"待上一段时间，以观察他们和其他的夫妇在度假的时候会做的一些事情（比如做饭、打扫房间、听音乐、吃饭、聊天、闲逛，等等）。由于夫妻之间肯定都会有一些情感交流的需求，古德曼用了"恳求"（bid）这个概念来概括那些需求。古德曼发现，如何应对对方关于情感需求的"恳求"，会对夫妻之间的关系产生很大的影响。这个研究进一步证明了：决定婚姻关系是长久幸福还是短暂失败的一个很重要的因素是夫妻之间互动的方式。

在实验过程中，古德曼注意到，有个丈夫在看到了一只鸟飞过花园时，他会对自己的妻子说："快看，外面有只漂亮的小鸟。"其实，他这时的行为并不是为了夸奖那只鸟，而是希望能在自己妻子身上得到一种回应，表明妻子对他所说的事情感兴趣。这一刻，丈夫更关心的是夫妻之间心与心的联结，而不是真的要聊这只鸟。妻子在这个时候就面临两种选择：她既可以迎合、关心、

沟通、交流丈夫的这种情感需求（"真的是很漂亮！""在哪？让我看看！"），也可以冷漠、鄙视、批评丈夫的这种情感需求（"一只破鸟有什么值得大惊小怪的！""你能不能做点有用的事情！"）。尽管这些沟通看起来非常的微不足道，甚至有点傻傻的，但实际上反映了我们积极、健康的婚姻关系所需要具备的基本要素。

　　这两种不同的互动关系，对于婚姻关系的存续与否有着非常深远的影响。古德曼在接下来的6年中发现，离婚的夫妻中，有70%的夫妻之间所采取的是批评、冷漠的沟通方式；而夫妻沟通方式采取关心、迎合的离婚人士只占30%的比例。尤其应说明的是，在6年之后，仍然在一起的夫妻中，有87%的夫妻在"爱情实验室"时就表现出了关心、迎合对方情感需求的"恳求"。

　　由此可见，维持夫妻之间幸福的婚姻关系，最重要的既不是金钱、地位、美貌、权势，也不是孩子的学习、幸福、成功，更不是以轻视、挑剔、敌意的方式来对待对方；而是夫妻双方彼此的情感交流，是体贴、宽容、同情、支持，是以积极的、感恩的心态来尊重、欣赏对方。那些总是轻视、挑剔自己的伴侣，忽视伴侣的优点、积极的意义和情感的需求的人，往往是在为自己的婚姻埋下失败的种子。

　　另外，在婚姻中还有一个必不可少的环节，就是双方在面对不同的事物、人、价值、问题等持有不同的看法时，所采取的解决方式。这个时候的争吵往往非常考验夫妻之间的体贴和善意，但体贴并不意味着必须压制自己的感情，我们可以通过建设性的方式去解释自己的立场，同时，尽量在理解对方观点和看法的情况下表达自己的观点，这才是夫妻之间宽容和体贴的沟通方式。

　　一个很简单的例子，假设丈夫说："这一次，我们终于可以不用去你们家过年了。"如果是"祸害关系"的反应，那肯定是火冒三丈地说："你什么意思？是不是不喜欢我父母亲？是不是不喜欢我们家？"这就是把丈夫的话很快理解成一个对自己及自己家庭特点的一种反应。而"关系高手"对于类似问题的反应，虽然也很生气，但可能会希望对方解释一下，为什么会是这样？因为对方也许要表达的意思只是：终于，我们俩可以单独在一起过一个新年了，而不是对去对方家过新年有什么特别负面的想法。

当然，夫妻之间的沟通，也可以借助一些非言语的方式来进行。比如：小小的礼物，生日的鲜花，浪漫的诗篇，轻松幽默的段子，偶尔为对方按摩，以及欣赏对方的仪表服饰，等等，这些在日常生活中看似不起眼的细节，恰恰是关系高手的成功之道。

人类的婚姻关系，无论做何种选择，可能都只会有两种结果，不是相依为命，就是独来独往。在油盐酱醋茶的实际生活中，夫妻之间不可能只是一味地颂扬、欣赏、迎合，但也不应该全是挑剔、批评、敌意。因为我们的心里终究都是希望被陪伴的，挑剔、批评和敌意给我们的婚姻带不来幸福，只能带来孤独和孑然一身。下一次，当伴侣在哼歌时，试着配合他/她，接着唱下一段，你可能会收获不一样的体验。

# 母爱的真谛：冷酷的哈洛恒河猴实验的温暖启示

美国心理学会的前主席、威斯康辛大学（University of Wisconsin）著名的心理学家哈里·哈洛（Harry Harlow）在1958年心理学会的年度大会上，发表了一篇著名的主席致辞，题目叫做《母爱的本质》，曾经轰动一时。现在看来，也仍然具有重要的现实意义。

哈洛的报告之所以能引起如此震撼的反应，主要是他通过"独特的"甚至近乎"严酷的"恒河猴实验，证明了"母爱的本质"——母亲和孩子之间的肌肤接触对婴儿成长的意义、母子之间的关系，以及对孩子身心健康的影响。

当时美国的主流心理学受行为主义和弗洛伊德精神分析思想的影响很大，很多人错误地认为母亲和孩子之间过多的亲密接触会阻碍孩子的健康发展，会对孩子人格的发展产生负面的影响，从而使得他/她们在成人后变得过度依赖。而哈洛的实验研究恰好证明了母亲和孩子之间的亲密接触与情感满足及社会支持是促使一个人正常发展和健康成长的重要因素，彻底粉碎了当时的那些错误观念。

## "绒布妈妈"PK"铁丝妈妈"

哈洛为了证明他的"母爱本质论"，先将出生后的小猴子，交给两个"代理妈妈"来抚养：一个是能够给它提供奶水的"铁丝妈妈"，另一个则是全身包着舒适的绒毛能够给小猴子提供接触感的"绒布妈妈"。

结果显示，参与实验的小猴子更愿意和那个能够给它提供舒适感和依恋感的"绒布妈妈"呆在一起，而不是和那个只给它提供奶水却无法依恋的"铁丝妈妈"呆在一起。每天24个小时中有将近18个小时，小恒河猴会呆在能够给它抚触感的"绒布妈妈"怀里，而只有约3个小时的时间趴在能够给它提供奶水的"铁丝妈妈"怀里吸奶，其余的时间就是在两边跑来跑去。

这说明，母爱除了要给孩子提供奶水这样的生命支持和物质帮助之外，更重要的是提供给孩子接触感和依恋感这样的心理支持。也就是说，母爱的本质——绝对不是简单地满足孩子的饥饿和干渴的需求而已，它还应该包括对孩子的接触、爱抚和心理上的关怀。这些才是让孩子心理健康的根本保障。

为什么哈洛能够得出这样的结论？

因为他在实验过程中，设计了让两组猴子都听到一个特别奇怪的声音伴随着看到一个巨大的玩具，比如一个敲着鼓的泰迪熊玩具。那些能够获得抚触感的小猴子，会立马奔向自己的"母亲"，趴在它们怀里，慢慢地安静下来，因为与"妈妈"的接触能够提供给它心理安全的保障；而那些无法获得抚触感的小猴子，则立刻瘫了下来躺在地上，不但疯狂地抓挠自己，而且不断地撞击自己，还大声地尖叫。这样的表现与那些在精神病院里病情发作的患者的行为几乎完全一样。由此可见，母亲的心理支持是让婴儿健康成长的一个特别重要的基础。

哈洛所做的第二个实验更加让人震撼。他把实验用的小恒河猴分成两组，使它们没有自主选择哪种母爱的可能性。尽管这两组猴子喝的奶水和成长的环境都是一样的，但那些有机会接触妈妈的小猴子和那些没有机会体验呵护感和抚触感的小猴子，它们在成长过程中所表现出来的行为是完全不一样的。

特别值得我们警醒的是：缺乏母爱心理支持的影响是长期的，甚至可能是终生的。因为那些处于封闭条件下的恒河猴，在经历了前8个星期所造成的伤害之后，它们在后来就很难和其他猴子恢复正常的社会交往关系了。这种没有母爱心理关怀的影响，至少相当于人类婴儿前6个月的作用。因此，哈洛把早期母爱形成的关键期定为6个月。他建议，我们人类的婴儿和母亲最少要有6个月的时间经常在一起。换句话说，人类的产假起码要有6个月左右，才能保障孩子和妈妈之间长期的、亲密的爱的关系存在。

## 心理学界的梵高

哈洛的实验生动地证明了：**母爱的本质，主要是心理上的支持和肌肤上的接触，而不仅仅是单纯的生理满足**。所以，母亲养大一个孩子，主要的贡献是她们的关怀、支持、拥抱、接触、安全、依恋以及身体力行的教育和影响。相对来说，哈洛的研究和理论在当时是革命性的，从而也奠定了他在心理学历史上的崇高地位。

不过，哈洛的实验，从现在积极心理学的角度来讲，其做法有些过分。因为他采用了近乎"残忍"的做法，让那些刚出世的猴子处于一种孤独、压抑和绝望的环境中。以我们现在对动物实验的人道主义要求来看，哈洛的实验在现在肯定是无法获得心理学实验伦理委员会批准的。但他的主要工作实际上是在20世纪40~50年代完成的，论文也发表在20世纪50年代初期；而即便是在当时，他的实验也引起了很多的争议。但哈洛做这些实验的目的，是为了证明母爱是我们人类健康发展必需的条件，因此，其动机是善意的，其立意是高尚的。

令人遗憾的是，后来根据他助手的回忆，哈洛开展当时的实验，是在已经知道他妻子被诊断为癌症晚期，自己也正陷于抑郁症的痛苦之中，甚至一度住进了精神病院的情况下进行的。对此，我经常想，哈洛其实有点像是我们心理学界的梵高，画家留给世界的是美丽的图画，心理学家留给世界的是他们精妙绝伦的实验，科学家的研究和实验也就是他们自我表达和创造作品的过程。我们现在无从得知当时哈洛个人的心理痛苦和他所研究的课题之间是不是有什么关系，但他的人生经历已经证明了我们人类其实非常需要心理关怀和感情支持！这也许是所有的爱最本质的要素。

## 天生的"心理治疗师"

在哈洛的恒河猴实验中，他还发现了一些可以称之为"心理治疗师"的母猴。虽然这些母猴自己也在孤立的笼子里头生活，但每天有机会和其他的猴子进行互动，因此，从某种意义上来说，它们是正常成长的猴子。当这些猴子在长到三个月大的时候，哈洛让它们去接触那些在孤独绝望的环境中长大的、有心理疾病的猴子。结果意外地发现，这些具有"心理治疗师"天赋的猴子会执着地去跟那些"病猴"接触，并给予它们各种心理的支持和关怀。经过几个月的不离不弃，那些"病猴"居然能够慢慢地从创伤的阴影中走出来，恢复正常的社交功能。

有时候我也在想，我们这些执着地追求和践行积极心理学的人，是不是也有点像那些具有"心理治疗师"天赋的猴子？虽然自己也有很多需要面对和解决的人生问题，却依然自发地、本能地要去帮助那些更需要帮助的人。而那些需要帮助的人在积极心理学的影响下，也许真的可以走出心理的阴影，成为积极、快乐、幸福的人。这也正是我们为什么充满热忱和希望的原因所在。

我们人类的母亲也经常在不经意间扮演"心理治疗师"的角色，帮助她们的孩子解决在成长过程中或者成长之后出现的心理上的困惑、忧虑、烦躁、痛苦和失落。母爱的本质，其实最后落实下来的就是对孩子的心理关怀和积极心理的影响。

# 优雅地让她满意：男性可以帮助女性提高对自己身材的满意程度[①]

在互联网推动下信息爆炸的今天，女性越来越纠结于自己的身材。而放眼古今："翩若惊鸿，婉若游龙""冰肌自是生来瘦""隔户杨柳弱袅袅，恰似十五女儿腰"，对于女性的审美标准更多的是指向"苗条"二字，再加上当前各类媒体的宣传，就使得这种标准深深内化到了女性的心中。面对理想与现实的差距，落差与沮丧时常伴随女性的左右也就不足为奇了。因此，现代女性不乏有为了身材而去计算所谓的食物热量、由于多吃了甜品而感到懊恼、纠结于体重秤上的那个数字、甚至在健身的同时强行节食等情形。

## 要么瘦，要么死

从身边的女性在面对美食时的矜持，到新闻报道中因瘦身引发的厌食症等反面案例，我们可以感受到这场席卷全球的减肥瘦身之风，同样在影响我们中国女性的快乐和幸福感受。问题是，女性对自身身材的追求标准在不断提高的同时，对于自身身材的满意度却在不断降低。

一个人对于自身身体的美的看法，在心理学上称之为身体形象（body image）。根据心理学研究，一个对自己身体满意的人往往拥有更高的自尊、更高的自我评价，而对自己身体不满意的人则会有更大的

---

① 根据张卓然、杨正航的《心理学前沿问题讲座》作业改写。

情绪压力和沮丧感受。同时，对自己身体满意的人往往也会有更好的人际交往能力，而对自己身体不满意的人则可能带来更低水平的性生活频率、性满意度和婚姻满意度。因此，从女性幸福生活的角度来说，如何提高女性的身体满意度是一个值得关注的重要课题。

## 三重影响因素模型

大量的心理学研究发现：

① 看了更多宣传苗条女性形象的电视节目或时尚杂志的女性报告了更高的身体不满意度；

② 随机安排一些女性让她们看时尚杂志上极瘦的女性形象，她们报告了更高的身体不满意度；

③ 通过元分析（meta-analysis）可以得到媒体关于苗条女性的影响与女性对自身身体不满的高度相关。

根据三重影响因素模型可以得知，受到苗条模特的影响导致女性对自身身体不满意的机制，在于这样会使女性将"更瘦会更有吸引力"的社会标准内化，并使她们在比较之下更加认为自己的身体不具备吸引力。

那么，由该模型推论出的一个预测是，让女性接受不那么瘦的模特形象会不会使她们不那么严重地将苗条标准内化，进而体验到更高的身体满意度？事实上，已经有研究表明，经受偏胖体型影响的女性比经受苗条体型影响的女性报告了更高的自我满意度。

但这其中，可能还存在一个重要的调节变量——男性对于女性吸引力的偏好。

## 身材逆袭源于改变认知

根据社会认知理论，个体倾向于模仿那些对他们的品质和行为给予了奖励的人。所以，异性恋的女性之所以会将这个苗条模型内化，是因为她们发现，在媒体的宣传中，偏瘦者更多地被男性所喜欢（即奖励）。那么，假如告诉女性，其实"男性喜欢身材稍微丰满一些的女性"是否有可能会逆转这样的效应？也就是说，如果让女性相信"男性更喜欢偏胖的女性"会不会使得女性更不容易将苗条标准内化，并因此体验到对自己体形更高的满意度呢？

事实究竟如何，安德烈·梅尔泽（Andrea L. Meltzer）和詹姆斯·麦克纳尔蒂（James K. McNulty）通过三个实验证明了这种可能。

【实验1】研究者们向74名异性恋女性被试呈现8张仅显示丰满模特身材的图片，并向实验组告知"男性认为这些模特更具有吸引力"，而对于控制组则仅告知"这是广告模特的图片"，之后利用一个自尊量表中关于外貌的部分测量了女性被试的身体满意度。

结果发现，受到男性喜好观点影响的女性被试表现出更高的满意度（实验组$M=3.33$，$SE=0.14$；控制组$M=2.93$，$SE=0.14$），且差异显著。

但是，考虑到实验过程并没有进行严格意义上的控制，实验结果可能还受到其他一些因素的影响，如所选择的量表并不是专业测量身体满意度的量表，这有可能使结果可信度不够高；另外，没有预先测查两组的满意度水平，无法排除是否是分组造成了组间出现显著差异；再者，没有进行苗条模特和丰满模特影响的直接对比，使得苗条标准并不如预料中那么深入女性被试的心；然后，不能确定是男性对女性积极评价的内容（即丰满身材具有吸引力），还是男性对女性积极评价的形式使得女性被试提升了身体满意度；等等。于是，研究者又设计了实验2。

【实验2】研究者又选取了143名异性恋女性被试，随机分成三组，同样使用实验1中的照片，并通过伸缩调整构成苗条和丰满身材的对比，实验时分别告知三组被试三种不同的信息：男性偏好丰满身材、男性偏好苗条身材和无偏好信息告知，最后利用专业的身材满意度量表进行测量。

结果发现，受到男性喜好丰满身材观点影响的女性被试表现出更高的满意度，并且显著高于另外两组；而另外两组由于苗条的审美标准已经内化，并没有表现出显著差异。

考虑到整个研究只是出现了原因和结果，而并不清晰整个研究的内在机制，即女性心中"苗条身材"的重要性是否是中间变量，也不清楚是否只受男性的积极评价作用。研究人员于是设计了实验3。

【实验3】研究者进一步选取221名异性恋女性被试，随机分成三组，同样使用实验1中的图片，分别告知三组被试三类不同的信息：男性偏好丰满身材、女性偏好丰满身材和无偏好信息告知。为了检测女性心目中"苗条身材"的重要性是否是中间变量，采用被试报告苗条身材的重要性进行评价；同时利用专业的身材满意度量表进行测量。

结果发现，受到男性偏好丰满身材观点影响的女性被试的满意度提升显著高于另外两组，而另外两组之间没有表现出显著差异；同时，这种影响也会显著降低"苗条身材"在女性心目中的重要性，从而降低女性内心对于自我身材的不满。

从这三个逐级递进的实验研究来看，通过告知女性"男性偏好丰满或者平均身材的女性"，能够降低女性心目中对于苗条审美标准的内化程度，弱化获得一个苗条身材的重要性，进而使得女性在评价自身身材的时候不再自卑，提升女性自身的身材满意度。

当前，对于女性的苗条审美观依然甚嚣尘上，充斥于各大媒体之间。更有著名电视主持人放言："要么瘦，要么死"。或许在主流审美的大潮面前，本文的作用非常有限；但本文简单的评述，有可能会让部分知性的女性朋友一扫内心困扰已久的纠结与愁闷。所以说懂得一些心理学知识,幸福真的不难。

  杜陵评书贵瘦硬,
  此论未公吾不凭。
  短长肥瘦各有态,
  玉环飞燕谁敢憎。

  ——东坡之笔,虽言书法,其实用来形容各类女性的身材也是各具美感的。

  同时也提醒我们男同胞,如果看到心爱的她为了身材而纠结,请记得告诉她,其实,爱她的男性更喜欢她身材丰满些……

# 男人的爱美之心可否转化为美德之心

进化心理学有句名言：如果天下的女性都喜欢男人用手行走的话，世界上就会有一半的男人开始用手行走。这虽然只是句玩笑话，但已经有大量的心理学证据表明，为了取悦自己心仪的女性，男人是可以做出很多疯狂的事情的。这其实是人类在漫长的演化过程中，男性为了应对争夺伴侣而产生的竞争关系所形成的一种适应策略。

因而，从进化心理学的角度来看，男人对美女的欣赏、怜爱，其实并不都是龌龊之事。正所谓爱美之心，人皆有之。诗经讲"窈窕淑女，君子好逑"；今人说"自古英雄爱美人，英雄美人惺惺相惜"；其实都是再正常不过的事。古往今来，也由此产生了许多非常让人心动的故事——如"文君当垆，红拂夜奔"，成就"相如忘琴，李靖随性"。而当下平凡的人们，妻儿老小，相亲相爱，也绝对是我们应该追求的幸福生活。

那能否将这种听起来离经叛道，其实是正常的、自然的微妙心理，转化为提升男人高尚行为的正能量呢？

2012年，荷兰心理学家马克·冯·乌格（Mark Van Vugt）和英国心理学家温蒂·爱戴尔（Wendy Iredale）在《英国心理学杂志》（British Journal of Psychology）发表了一篇论文证明：男人喜欢取悦漂亮女性的原始冲动，可以转化为资助社会公益事业的积极心理能量！

## 美女在旁增加捐款数量

【研究一】他们召集了平均年龄为21岁的男、女学生各65名,来参加心理学实验以检验该想法。在实验中,研究人员发给每名学生三英镑(约合30元人民币),并告诉学生他们可以把任意数量的钱留着自己用,并把剩下的钱存进一个公共账户(都在计算机上单独操作完成)。在所有人分配完手头的钱后,研究人员会统计公共账户的总数额,然后,将这个数字翻番,再平均分给随机抽出的少数幸运者。

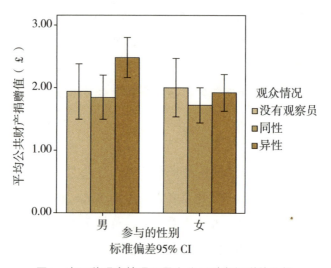

图4　在三种观察情况下男女公开财富捐赠的比较

实验过程中,在部分学生操作计算机选择分配数额的时候,他/她旁边约三英尺(约合一米)处会站立一名观察员,有时是男性,有时是女性。但这些学生并不知道这些非常美貌的观察员其实是精挑细选出来的:10名男性和10名女性的外观先由另外一些志愿者打分(为了不影响实验结果,这些打分的志愿者并不参与最终的实验),最后只有分数最高、颜值超群的两名男/女性才能入选——目的是为了让漂亮异性可能产生的效应达到最大。

实验结果完全符合研究者的预期——对男学生而言,在没有观察员或者由帅哥作为观察员的情况下,男生往公共账户里打的钱数相差无几;而在由美女作为观察员时,男生往公共账户里打的钱则明显上升(见图4)。相比之下,女生则没有出现这种情况,无论是帅哥还是美女,都不能让她们往公共账号里多打钱。

由于参与实验的总人数众多,往公共账户里打的钱越多,单个人可能拿到的钱就越少,因此,这个人也更加的"无私"或者说"利他"。显然,有美女在场,会让男性更加豪爽;而无论帅哥在场与否,女性则相对较少受影响。

## 美女照片对公共账户的影响

研究人员于是又设计了第二个实验来验证他们的理论。

【研究二】在这次实验中,他们选取了60名男生(平均年龄21岁)作为实验对象,并且每3人分成一组。这些男生需要决定如何将手头的1英镑(约合10元人民币)分配到私人账户和公共账户中去。

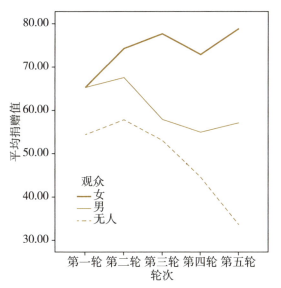

图5　5轮公开实验中男性在3种情况下平均捐赠值的比较

与第一个实验不同的是,这一次,钱的分配需要连续重复5次,在每一次的间隔中,被试可以得知其他组员的分配数额。与第一次实验类似,一些小组被分配了一名美女或帅哥观察员,不一样的是,观察员出现在电脑上而不是在被试身边进行观察。为了强化"实验有观察员"这个印象,这些参与实验的学生可以在电脑上看到观察员的照片。

结果与第一个实验一样,当这些男学生意识到有一名女性观察员正在观察他们对于资金的分配时,5轮往公共账户里打入的金额呈上升趋势。而在有男性观察员存在或者无观察员的情况下,往公共账户里汇入的金额则少了很多(见图5)。研究人员认为,这表明男性在女性面前更喜欢通过和其他男性竞争的方式来表现自己,试图打动或引起对方的注意。

## 爱美之心增加男人施惠之度

该研究可以带给我们很多启示。男人可以通过给自己买豪车、住豪宅、挥金如土等方式,来炫耀自己的财富以增加吸引力;同样,男人也可以采用慷慨大方地施惠于他人、贡献社会的方式,来让异性对自己印象深刻,甚至喜欢自己——因为这样表明你既有资源,又有爱心,具备两个动人心魄的优势,就更具吸引力了。何乐而不为呢?

当然,我们还应该意识到:即使是人性的弱点,也可以转化成正义的、积极的心理能量——因为在有魅力的女性面前,男人会变得更加勇敢、智慧、慷慨、利他。因此,一个积极善良的女性,可以把自己的魅力转化成促使自己男人进步的动力。但不排除一些不那么积极善良、甚至是有一些稍显邪恶的女性,会利用男人好美色的特点,坑害或摧毁一些优秀男人,以求自私自利。这是值得警惕的!

其实,中国心学的传统智慧,早就发现程朱理学中"存天理,灭人欲"的封建道德并不能让社会变得更加道德,反而是"致良知,知行合一"的自然之心,有可能让人成为圣贤。英雄豁达,当以发自内心的"公德之心"为本。

不过,积极心理学家可以多思考,有没有更合适的办法能让人性中善良的天使飞升起来,让我们社会中善良正义的力量强大起来,而不是总让阴险邪恶的力量得意得逞。"道法自然,恢弘正义",可能是值得考虑的途径。

PART 2
---
福流

看的是河边无名草,听的是幕间禽声躁。
——邵康节《邵夫子安乐窝碑文》

# 快乐与气味一样可以闻到吗[①]

人们常说"快乐是会传染的",荷兰的几位研究者可能为此找到了一些支持证据。他们的研究表明,个体在感到快乐时,身体会产生相应的化学信号;这些化学信号是一种有效沟通媒介,它能够让一个与自己无关的人感受到这种快乐,甚至同时也能产生快乐的感觉。

荷兰乌德勒支大学(Utrecht University)的高级研究员甘·瑟敏(Gun Semin)等研究人员在《心理科学》(Psychological Science)上发表了一篇研究——《快乐的气味》(A Sniff of Happiness)。先前已有的研究表明,汗味中的化学信号能传递出很多社会情感信息,例如:性别信息、遗传相似性以及情绪状态。腋窝汗腺所释放的物质与肾上腺素的分泌有关,人在不同情绪状态下的汗腺分泌物的化学构成不同,而一个人长期的生活经历会使他形成稳定的"情绪——气味"联结。这也是本实验最基本的理论支持。

然而,此前研究与情绪有关的化学信号所关注的主要集中在消极情绪方面,例如恐惧和厌恶。这些荷兰研究者希望知道,积极情绪是否也能够通过汗味传递。他们为此设计了一个不同寻常的实验,来检验人们在快乐状态下的汗水是否会影响闻到汗味的人的行为、感知和情绪状态。由于很多时候,我们并不清楚自身的情绪状态,因此,研究者舍弃了自我报告的方法,而采用了内隐分析法——通过分析闻到汗味的人的面部表情来判断他们的情绪状态。

---

① 根据余天娇、郭天雨的《心理学前沿讲座》作业改写。

## 第一阶段——采集不同情绪的体味

研究者征募了12名异性恋的白人男性（因为相对于女性，男性的汗腺更大且更活跃，而女性对同性恋男子和异性恋男子的汗味会采取不同的评估方式）作为气味提供者，采集他们在不同情绪状态下的汗味。

首先，研究者清洗并擦干了被试的腋下，然后在他们的腋窝处粘上吸水垫，再让他们进行了4次中文符号任务（Chinese symbol task）。接下来，被试开始观看一些不同性质的视频片段（恐怖的、快乐的、中性的），来试图诱发他们不同的情绪体验（恐惧、快乐、中性情绪）。每种类型的视频片段是按照情绪激烈程度由弱至强排序的，研究者希望能以此逐渐激发起被试的情绪体验。之后，被试又进行了9次中文符号任务，并记录每个人愉快或不愉快状态。最后，研究者取下被试腋窝上用来收集汗味的吸水垫，并将其储存在对应的瓶子里。

在研究期间，为了保证被试汗味的"纯正"，要求被试不能吸烟或服用任何药物，而且没有心理障碍，也禁止被试饮用酒类饮料、发生性行为、食用有刺激性味道的食物（如大蒜、洋葱等），以及过度运动。对数据分析证实，不同性质的视频片段确实影响了男性被试的情绪状态，在观看恐怖视频后的男性被试显示出了负面情绪，而观看快乐视频后的男性被试显示出了积极情绪。

## 第二阶段——情绪味道，难以掩饰其反应

研究者招募了没有心理障碍、呼吸系统疾病或其他疾病的36名异性恋的白人女性作为气味的接收者（女性的嗅觉相对于男性更加发达，对情绪信号也更加敏感）。

实验采用了双盲被试内设计（实验者和被试都不知道在实验过程中被试会接触到哪一种汗水样本）。实验者先为被试佩戴好面部肌电图（facial electromyography）设备，然后让她们观看一段用于放松的视频短

片,并做了一些内隐测验的练习。接着,让这些女性被试闻了收集在小瓶子中的男性汗味的吸水垫,最后完成内隐测验。

结果显示,在闻了"恐惧"的汗味后,这些女性被试的皱眉肌出现较大幅度的活动(内侧额肌肉的活动增加),该区域正好是恐惧表情的特征区域;而在闻了"高兴"的汗味后,女性被试的"迪香式微笑"更明显(脸部肌肉运动的幅度更大。迪香式微笑,Duchenne smile,又叫真实的微笑,当一个人发自内心地微笑时,眼角周围的肌肉会产生收缩,出现皱纹;而假笑只会牵动颧骨附近的肌肉,使嘴角向上翘)。这意味着,我们既能够闻到"恐惧",也能够闻到"快乐"。尽管我们无法说出闻到的是什么样的情绪,但我们的面部表情和知觉加工方式却可以告诉别人我们闻到了什么样的情绪。也就是说,虽然嘴上不一定能够恰当表达出来,但我们的身体反应却毫不掩饰。

据此,研究者认为,汗味的提供者和接收者之间存在一个"行为同步"。这就表明,人在感到快乐时,身体产生的相应的化学信号,同样会让接收到化学信号的人感受到这种快乐,并也产生快乐的感觉。但从目前来看,该研究的样本量比较小,还有待更多的后续研究进行验证。如果得到了确证,该发现就具有非常广泛的应用价值,或许在不远的将来,我们就能够在超市买到带着"幸福"气味的商品——只要闻一闻它的味道,就会让我们变得快乐许多。

如果真是这样的话,清新、自然的气息对于我们人类的幸福生活有着多么重要的影响!由此也让我们意识到,当空气中弥漫着刺鼻的有毒物质的时候,人们怎么可能感到快乐和幸福?在当下雾霾特别严重的时候,反思一下我们人类自己给自己带来的恶果——索取的资源越多,我们制造的尘埃也就越多——而改变我们的某些行为,也许可以多为他人,多为子孙,甚至也为我们自己贡献些"快乐与幸福"的味道!

# 为何传世古诗中念念不忘的是杭州丹桂

2015年秋季,我应邀去杭州为阿里巴巴总裁马云等人创办的湖畔大学首期创业企业总裁班讲授《积极心理学》课程。学生一如既往地优秀和卓越,教学一如既往地紧张和快乐。但是,令我印象深刻、情有独钟的,不是杭州西湖秋雨秋风中的妩媚多姿,或阿里巴巴湖畔大学的典雅清秀,反倒是杭州金秋时节丹桂飘香、沁人心肺的气息。

杭州丹桂飘香的气息不由自主地让我想起白居易老先生著名的《忆江南·江南忆》:江南忆,最忆是杭州。山寺月中寻桂子,郡亭枕上看潮头。何日更重游?

离开杭州之后的白居易,对杭州山寺中的桂树仍念念不忘。他老人家对古桂树情有独钟,想必是他不满足于鼻子闻满了桂香的气息,还沉浸在沁人心肺的桂花香中,来到月光下寻找落地的桂子,在收获之后满意地回房继续享受满屋桂花悠长的香气,而且也让我们后辈闻到从他淡淡的墨迹中溢出的千年桂花清香。

## 千年桂花香

白居易江南记忆中最深刻的,为什么是杭州金秋的丹桂香味儿呢?

首先,杭州的桂花香味,总让人觉得舒坦而不妖媚,醇厚而不缠绵,清甜而不浓郁,洁净而不猛烈。恰似我们积极心理学提倡的那种清爽的境界,使我们全身心沉浸在清心正气的感受之中,我们的心为之洁净，我们的神为之淡定，我们的行为之正义。

其次，越来越多的积极心理学研究发现，嗅觉对人们的积极情绪和心态有非常多的意想不到的影响作用。西方的教堂一定要有鲜花的香味，中国的庙里一定要点一根清新的香。这也就是为什么美国人在劝导自己的朋友要维持对生活的欣赏、自身健康和对幸福的关注的时候，经常说一句话——"要停下来闻一闻玫瑰的芬芳"（Stop to smell the roses）。这是因为嗅觉对我们心情的影响作用很大。

很长时间以来，人类科学家对嗅觉的重要性并没有足够的认识。美国医生协会在《创伤评估手册》中，对人类失去视觉的影响作用认定为85%，但对失去嗅觉对我们的影响作用只认定为5%。好像只要我们的眼睛能看到，耳朵能听见，还能说话就好了，而嗅觉起不了多大的作用。

这种误解可能是始于19世纪一位重要的解剖学家——保罗·布洛卡（Paul Broca）。他通过比较不同动物大脑中控制嗅觉的部分占整个大脑的比例，将哺乳类动物分为两类：一类是嗅觉发达型，比如狗，它们能通过灵敏的嗅觉感知外部世界；第二类是嗅觉不发达型，譬如人类和其他灵长类动物，以及海生哺乳动物，这些动物的嗅觉组织在大小和功能上都明显不如嗅觉发达型动物。新近的遗传学研究发现，在大多数哺乳类动物的基因中，存在能产生1000多种不同气味感受器的编码，但我们人类的基因只能编码产生400多种气味感受器。这似乎也证实了布洛卡的观点。

然而，更多的研究发现，这些数据可能是有误差的。特别是现代神经科学通过扫描发现，人类大脑中感知嗅觉的部分实际上多于布洛卡在100多年前通过解剖得出的结论。有研究者表示，虽然人类的气味感受器在数量上比其他哺乳类动物要少，但人的鼻子和大脑之间的联系却异常地活跃。和其他哺乳类动物相比，人类的每组气味感受器所连接的神经细胞更多。也就是说，我们的气味处理能力，也许更加强大。心理学家甚至发现，如果我们把眼睛蒙起来，鼻子塞起来，我们基本上吃不出苹果和洋葱的差别。所以，嗅觉对我们味觉的影响是非常大的。再好的山珍海味，闻不到香气时，我们也会味同嚼蜡。

最重要的是，科学家发现嗅觉信息首先通过人的"下丘脑"（负责记忆加工）和"边缘系统"（负责情绪加工），最后到达大脑皮层。因此，嗅觉很容易与我们的情感和记忆关联，从而影响到我们的思维和行动。这也许就是恋爱中的情侣喜欢烛光晚餐的原因。当蜡烛飘出的清香与爱情融合在一起的时候，就会让人们产生永世不忘的罗曼蒂克的甜蜜记忆。

## 香的不只是香味

有研究显示，睡觉前，在卧室里喷一些鲜花的香味，我们就容易做一些积极的梦；而喷一些不愉快的香味或者没有什么气味时，我们所做梦的性质就没有什么大的变化。

另外，香味也能刺激我们的购买行为。有人在美国拉斯维加斯的赌场，对一些赌博场所喷一些香味，发现能够增加一半以上的赌博行为。芝加哥大学的心理学研究也发现，同样的鞋子，相比那些摆在没有香味的屋里，如果摆在一个充满香味的屋里，购买率要多84%；而且，购买的价格也要平均高10英镑多。其实，很多的房地产商早已经知道如何用气味来吸引客户消费。例如，在房间里烤面包或者煮咖啡，让客户感受到家的气味，从而促进房子的销售。

荷兰的一些心理学家在酒吧里释放橙汁、海水或薄荷的味道，结果发现，与那些没有气味的酒吧相比，人们在这些酒吧里玩得更嗨、更开心、更疯狂。同样有研究发现，空气中淡淡的柑橘味，更能够让学生们自觉打扫卫生。

此外，香味也可以提高我们的睡眠质量，减缓我们的压力水平。无论是香草的味道、咖啡的味道还是玫瑰的味道都会使我们降低焦虑感、紧张感和手术后的疼痛感。我在加州大学伯克利分校心理系的学生们就发现，一杯咖啡的气味就可以让我们的心跳减缓，气息平和，也更容易让我们进入安静的状态。

研究还发现，女性更容易通过香味来发现男人和本人是不是匹配，她们更愿意喜欢那些和她们的气味相投的人。我们常说"闻香识女人"。其实，更准确的应该是"女人闻味识男人"。

甚至有研究发现，气味还能影响人的认知能力。北卡罗来纳大学威尔明顿分校（University of North Carolina Wilmington）的威廉·奥维曼（William Overman）和他的同事就发现，在对被试进行一项决策能力测试时，在空气中加入一些气味，不管是好闻的还是难闻的气味，被试的成绩都会大幅下降。因为这种气味会刺激我们大脑的情感区，使我们变得更加感性而非理性，从而影响到我们的成绩。但有研究表明，香味能够增加我们的工作专注程度，减少事故的发生，让我们的工作效率更高。对于学生而言，香味能够帮助我们恢复遗忘的记忆。

显然，好的气味，可以给我们带来积极心情的变化，并能够影响我们的思维、判断、情绪和行为的倾向性。因此，保持环境的清新，对我们的正能量激发绝对有极好的促进作用。

朋友，时不时去闻一闻大自然馈赠于我们的各种清新的香味吧。

# 拯救越发无聊的节假日，为幸福增值

春节是中国一个古老的节日，也是全年中最重要的一个节日。在千百年的历史发展中，中国人对于如何庆贺这个节日，形成了一些较为固定的风俗习惯，有许多还相传至今。各族人民均按照自己的春节习俗，举行各种各样的庆祝活动，具有各自浓厚且独特的民族风采。然而，现在有越来越多的人觉得年味儿一年比一年淡，记忆中那个让自己一想起就激动得睡不着觉的节日似乎越来越勾不起多大的兴趣。

如何将自己的节日或假期过得愉快、积极和有意义呢？不同的人肯定会有不同的看法、建议和妙招。心理学家当然也有与众不同的看法。今天我就从思维和决策心理学的角度，从增值未来幸福感的角度，谈一谈"如何度过一个有价值、有意义、能幸福的节日"。

2002年诺贝尔经济学奖获得者、著名心理学家丹尼尔·卡尼曼（Daniel Kahneman）教授曾经在其著作《思考，快与慢》（Thinking, Fast and Slow）一书中提出：人类对幸福的理解，其实有很多判断的误区。

一个很重要的表现是我们经常混淆"两个自我"——经验自我（experiencing self）和记忆自我（remembering self）的区别。当然，他这并不是说我们人有两个心灵的存在，而是说我们在经历某一段事情的时候，我们的实际体验和记忆之间是有偏差的，我们人其实经常受到记忆自我的影响。

另外，我们的记忆自我通常有些霸道，它关注的是如何提升我们未来的记忆，而不是我们现在的体验。换句话说，记忆自我不太关心我们现实的体验到底是什么样子，它只关心我们未来会怎样记忆现在的这种体验。因此，我们往往愿意为快乐的体验留下记录（如照相、快拍等），而不愿意在下雨天和不快乐的情形时照相，这是因为人的记忆自我是想为我们的未来留下愉快的记忆。

我们的记忆自我经常玩的一个小伎俩叫做过程忽略（duration neglect），就是说我们以后的记忆根本不太关注我们现在的体验到底有多长。以前，我们通常以为一件快乐的事情拖得越久，我们就会越快乐；但现在看来，在未来的记忆中，我们根本就不会记得快乐事情的长度，我们只会记得快乐事情的强度。因此，如果我们想要节日过得很愉快的话，应该尽量多做一些短的，但是让我们特别开心的事情。

想一想，我们到一个地方旅游、听一场音乐会或经历一件事情，我们都会非常急切地拿出手机来拍下各种各样的照片，却忽略了去欣赏或体验当时的心情。这是因为我们已经下意识地意识到自己对这件事情的回忆，将会影响我们对这个事情的体验。换句话说，这些事情的幸福、快乐的价值，很大程度上都会受到我们未来对这些事情的回忆的影响。

我们所具有的这种心理特性，对我们现在如何度过这个节日和假期又有什么启示呢？想想你现在的体验可能会受到你预期的一个星期之后、一个月之后和未来的选择性记忆的影响，如果未来所记住的当前体验倾向于正面的话，那么，我们的这个节日就可以肯定是过得幸福的、有价值的；如果未来的记忆倾向于把现在的体验想成不快乐的话，那么，我们这次的体验就过得没有什么意义，或者没有什么积极的价值。

因此，此刻我们再回到"如何过一个有价值的幸福节日"这个问题，视角是不是就可以不一样啦？所以，我的建议就变成了"如何让你现在的节日体验变得更积极，以便让你以后的记忆更幸福"？

## 幸福增值的六大原则：私人定制你的节假日

正所谓"事在人为"，遵循以下六大原则就可能增加我们节假日的幸福值。

第一，要有活动。因为我们人类记得更多的是我们自己行动的体验，所以，过一个幸福的、有意义的、有价值的春节一定要有活动。我们不妨回忆一下自己对过去春节的记忆，肯定都跟活动有关系：包饺子、吃饭、看春晚、放鞭炮等。但在当前新的历史条件下，有些活动，我们可以并且推荐继续做，比如说包饺子、看春晚、探亲访友等；而有些活动就可能不适宜做了，比如说放鞭炮。由于现在雾霾问题过于严重，我们就不应该只为了自己的快乐，而去伤害他人和自己，增加雾霾的严重性。因此，为了自己、他人和家人（特别是老人和孩子）的健康，也为了改善环境问题，少放为宜。

生命在于运动，幸福在于行动。那么，我们能策划哪些可以增加快乐价值的活动来替代放鞭炮这样的活动呢？比如：锻炼身体、跑马拉松、爬山、旅游、唱歌、听音乐会等能够让我们动起来的，更健康、更有益、更时尚的户外活动，这些都将会成为未来形成美好记忆的基础。

第二，要有感情。节日是我们家庭团聚、亲人相会、朋友见面和爱人幽会的时节，这时的感情活动永远是我们人类身心体验中最强烈的、最值得回味的。因此，在节日里一定要有一些情感的交流和互动，而不只是忙忙碌碌地做一些事务性的事情；即使远在他乡，无法回家团聚的人们，哪怕是在节日期间打个电话、发个短信、通个邮件，都有利于彼此感情的联结和维系。

第三，要有巅峰体验。我们的主观意识经常会选择性地只记住生活中的一部分东西，而实际上我们经历的事情要多得多。换句话说，我们在经历某一件事情的时候，很少会客观地量化我们所有的感受，而只会记住这一段经历中间一些突出的感受。我们记住的通常是最令我们兴奋的高潮部分，或者是最后结局的部分，或者是其中让我们体验到特别感受的一两件事情。

心理学家已经发现，人们记忆中记得住的一定是那些让我们特别亢奋、特别激动、特别幸福的巅峰体验。这种巅峰体验，有可能是突如其来的，也可能是由我们设计出来的。它们往往是一种强烈的福流，能让我们达到天人合一、物我两忘的境界，忘掉了时间和空间的存在——"此时不知是何时，此身不知在何处。"生活中有很多事情能够让我们如痴如醉、幸福酣畅、流连忘返——这就是我经常谈到的福流体验或巅峰体验。

**第四，要有记忆**。也就是要尽量留下一些值得记忆的事情，比如说：照片、摄像、录音、日记、笔记、感言或者微信、微博等，所有能够记录和反映我们有过这种幸福体验、快乐节日的一切媒介都可以。所以，手机晒幸福，其实也是我们增加幸福值很重要的手段和方法，微信、微博、日记等也都一样可以帮助我们重构美好的记忆。

**第五，要有完美结局**。也就是说，我们应该为自己留下一个完美的尾声和结局。我们应该把一切最有可能让我们开心的事情，留到最后去做，因为，我们未来记住的往往是美好结局的部分。比如一个美好的音乐会，如果结尾出现让我们感到特别刺耳的噪音，那么，这个噪音就会让我们对这场音乐会所有的记忆变成负面或不愉快的。王宝钏守寒窑十八年，苦不堪言，但结局美好，所以自己仍觉得值。因此，一定要给自己的节日安排一个愉快的尾声。

**第六，要有意义**。无论是过节还是平常的生活，如果能够找到其价值和意义，往往是最能让我们体验幸福的时候。因此，在节日中找到事情的意义，不只会让现在的我们活得很开心，也会让未来的我们有很幸福的记忆。

节日的意义是要靠自己去发现的，一个具有积极心态的人往往更容易找到积极的意义。而节日的意义可以是增加我们与亲人之间的感情；也可以是净化自己的心灵；也可以是为乡亲们服务做贡献；还可以是衣锦还乡，荣归故里的快乐。无论做任何事情，我们只有发现它的价值和意义，我们做起来才会痛快酣畅，回味起来也才会幸福满足。

　　当然，每个人的具体情况不一样，每个家庭的具体情况也都不一样。因此，到底采用什么样的方式和方法比较好，我相信我们大家一定会根据心理学的原则，创造出适合自己的具体技巧和方法。

# 希望的功效远不止是一碗"鸡汤"

爆竹声中一岁除,春风送暖入屠苏。千门万户曈曈日,总把新桃换旧符。

每当岁月交替,辞旧迎新之际,人们总是要对未来一年表达新的希望、新的祝福、新的追求。从国家主席到平民百姓,祈福新年已经是我们现代生活必不可少的公共仪式和生活习惯。为什么我们要辞旧迎新?为什么我们要立新年愿望?

这些人们心中最盼望的期待和愿望,在积极心理学中被称为一种美好的心理能力——希望感(hope)。

希望是我们日常生活中经常用到的一个概念。很长时间以来,我们只是把希望当作一种心灵鸡汤,励志、鼓励的方式,甚至还有些人可能把它当作一种空谈、虚幻和精神鸦片。因为感觉它既不能解决生活中的实际问题,也不能为我们指明行动的方向。所以,它只能作为诗人爱谈的一个主题或祝福,或者是宣传工作者们喜欢搬弄的词藻和概念。但大多数人可能不知道,希望感其实是积极心理学一个很重要的核心概念。

## 积极心理学关于希望感的研究

1991年,著名心理学家查尔斯·斯奈德(Charles Snyder)提出了他的希望感理论(hope theory)。他认为希望感包括"意志

（agency）和策略（pathways）"这两个成分，一个有希望感的人不光要有意志去实现自己希望的目标，更要有一些实现自己目标的策略和方法。

希望感理论认为，希望感并不是一种心灵鸡汤或者让大家愉快的一种感觉，而是一种动态的认知动机系统（dynamic cognitive motivational system）。由此可见，希望感首先是我们的认知，然后才会有我们要的情绪反应。

与希望感有关的认知主要是学习目标（learning goals）。希望感能够让我们去不断进步并得到提升，而那些具有学习目标的人，更可能去形成一种长期的、稳定的行动策略来实现自己的目标，并且随时观察自己的进步，从而不偏离行动的方向。大量的研究已经证明，学习目标与我们的成功有很大的关系。不管是在学术成功上，还是体育运动、艺术、科学、商务当中，都与树立学习目标有很大的关系。

而那些没有希望感的人，通常在生活中经历的是一种目标失控感。也就是说这样的人往往想走捷径，不愿意冒险、不愿意接受挑战、不愿意接受成长的机会。他们在失败之后通常会选择放弃原先的目标，并且经常伴随一些习得性无助感，即他们对自己的生活环境缺乏主动控制的能力，也不相信自己有这样的工作能力，这样的人往往是没有希望感的人。

斯奈德还发明了一种测量希望感的量表，用来测个体"特质上的希望水平"和"状态中的希望水平"。我们说的"特质"是一种稳定的性格特点，"状态"指的是在特定时期展现出来的一种表现。有些人的希望感天生就很强，这属于特质上的希望感个体差异；也有些事情或环境会促使人们的希望感增强，这属于状态中的希望感个体差异。希望感量表已经被翻译成二十多种语言，它使用的是通常的评定量表，包括意志分量表（例题如"我是不是总是积极地追求我的目标"）和策略分量表（例题如"解决任何问题都有大量的方法"）。

通过研究，斯奈德等人发现，希望与积极的人生收获有很大的关系。他们做了个研究，专门分析了"希望感对学生六个月后的学习成绩的影响"，发现希望感与较好的学习成绩密切相关——希望感强的孩子未来的学业成绩要好一些，而且获得的学位也要高一些。

## 希望感的研究意义重大

最近，心理学家利兹·黛（Liz Day）和她的同事还发现，希望感强的人，不只是学业成绩要好一些，他们的智商也要高一些，产生不同想法的发散性思维也要强一些，也更加负责任，而且对每个主意都有更细致的分析。

希望感和发散性思维之间的关系很容易理解，因为发散性思维就是要在单位时间内能够想到很多不同的观点、想法和方法。而希望感也包括对于自己想做的事情能够想到很多解决问题的方法。

还有研究发现，希望感与运动成绩有很大的关系。职业运动员，他们的希望感水平要比非运动员要高很多。这种影响甚至超过了训练、自尊水平、自信水平和情绪的影响作用。因此，对自己有比较高的希望感有可能让自己获得比较高的竞技成绩。

但希望感与乐观还是有些不同。乐观代表的是一种相信一切都会很好的一般的希望。因此，乐观虽然表示对未来结果有积极的心态，但没有考虑到个人对结果的控制作用，以及强烈的主动性。凯文·兰登（Kevin Rand）就发现，希望感其实比乐观可以更好地预测学生的学业成绩，甚至希望感水平比学生的法学入学成绩（SAT）还能够预测其在法学院的学习成果。

另外，希望感和较好的适应水平也存在正相关。研究发现，有较高希望感水平的人，记得更多的是正面的评论和发生在自己身上的正面事件；而那些希望感水平比较低的人，记得更多的是负面的评论和负面的事件。因此，那些希望感高的人，通常有比较高的自尊水平，希望感也让他们对目标充满了激情，而不是充满了恐惧。

最后，高的希望感水平与一个人的健康密切相关。希望感水平高的人通常对痛苦有更高的容忍水平。一些脊髓受伤的病人，或者是烧伤的青少年，较强的希望感使他们对问题有更好的适应，比较少抑郁，而且康复得比较快，同时与照料人的互动更加积极。一些癌症病人如果希望感强的话，他们更愿意去寻找解决问题的知识和应对疾病的正确态度。

所有这些积极心理学的希望感研究表明，我们人类真的是要培养一种对未来的希望感；希望感会让我们有行动的动机，更让我们有行动的方法。

## 培养你的希望感，做更好的自己

如何培养我们的希望感呢？斯奈德其实也已经给了我们一个行动的实施方案。

**第一步，培养目标导向的思维**。目标导向的思维，也就是给自己树立一个明确的目标。比如说今年我要提职，今年我要考上研究生，今年我要找到一个对象等。

斯奈德建议，最好的目标是那些可以实现、同时又不那么容易实现的目标。为此，他提出来一个设定目标的SMART原则，即我们设定的目标应该是：具体的（specific）、可以测量的（measurable）、可以实现的（attainable）、有关的（relevant）、有时效的（time-bound）。

**第二步，找到成功的方法**。我们要相信自己一定能够找到实现这些事情、这些目标的路径和方法。越是有创造性的人，越容易觉得自己有希望。

设定目标后，我们不妨经常想一想，能不能找到好几种实现目标的路径和方法？然后选择一种最可能成功的方法去执行。

**第三步，落实行为的改变**。"心动不如行动"。希望感理论一个很重要的方面，就是强调个人的主动精神。因此，我们要实现我们的希望，一定要主动采取行动。另外，对我们的希望感影响最大的因素通常是时间不够。这也要求我们一定要争取立即采取行动。

　　一个好的办法就是能够养成一种习惯。习惯形成后，我们就会发现既省时，又省力，更省我们的心神。长期的目标，尤其需要有一种坚持精神。因此，形成习惯就显得特别重要了。

　　这也就是提醒我们，做一个希望感强的人，首先应懂得如何正确地管理自己的时间，要给我们认为重要的目标留出更多的时间，而不太重要的目标少留些时间，或者根本就不用考虑了。

# 笑得由衷不由衷？你的人生将清晰表白

1860年，法国医生迪香（Duchenne，也被译成杜兴）第一个尝试对人类的微笑表情进行科学研究。他通过采用电流刺激实验对象的面部肌肉收缩来激活某种情绪和情感，并摄影纪录下每种情绪和情感对应的面部肌肉活动。他发现，真实的微笑信号不光是微笑肌（附在口腔和颧骨上）受到刺激，使得我们的嘴角被拉起；它也会激活眼睛周围的小肌肉，导致眼睛周围出现皱纹（俗称鱼尾纹），这是种愉悦的纯净笑容，非常具有感染力和亲和力；而职业性的伪装笑容往往只有面颊提升、嘴角的笑，却没有眼角的微笑。因此，中国有句俗话形容这样的笑是"皮笑肉不笑"，用科学心理学的表述应该是"皮笑眼不笑"。

一个世纪之后，当代著名心理学家保罗·艾克曼（Paul Ekman）发现，迪香的结论是正确的：我们不可能假冒真实的微笑！当我们看到一个笑脸时，一定要去看其眼睛周围的细纹，如果有像鱼尾纹一样皱纹，那么，这笑容就是真正幸福或者愉快的微笑，否则就只是礼节性的装笑。嘴角的微笑可以控制，而眼角的微笑是控制不了的。为了表示对这位法国科学家的敬意，艾克曼建议以后将所有带有眼角皱纹的真心微笑统称为"迪香式微笑"。

## 笑容预测婚姻，靠谱

2001年，我的好友、美国伯克利加州大学心理学系的达契尔·卡特纳（Dacher Keltner）教授和学生李安妮·哈克（LeeAnne Harker）分析了位于伯克利附近奥克兰市的米尔学院（Mill College）1960届毕业的114名女生的毕业手册，分析她们在1958年到1960年所照的照片。除三张没笑外，所有女生都在笑。但只有50位女同学流露的是迪香式微笑，61位女生展露的是非迪香式的礼节性微笑。

30年之后，卡特纳和哈克再去回访这些女生。结果发现，那些以迪香式微笑上镜的女学生，30年之后最初结婚的人数比例较高，最后离婚的人数比例却低，自我评价的幸福指数也较高。

美国迪堡大学心理系教授马修·赫滕斯坦（Mathew Hertenstein）等人也收集了306名心理系校友和349名其他系的校友年鉴照片。由两名受过训练的实验人员（经过训练以后两人打分接近，误差较小）对每一张照片里人物的眼角肌和颧骨肌活动的强度打分，再将两块肌肉活动强度的得分相加作为笑容的程度。

研究人员稍后又通过邮件了解了这些人后来的婚姻状况。将照片里的笑容程度比对后发现，"笑容程度"在某种意义上能够预测日后的婚姻状况。照片里笑得越灿烂的人，婚姻越幸福，离婚的可能性越低；笑容越少的人，婚姻幸福水平相对低些，离婚的可能性高些；而且男性和女性的趋势是一样的。

## 颜施——笑得最灿烂=笑得最少+7

美国密歇根州的韦恩州立大学（Wayne State University）的欧内斯特·阿贝尔（Ernest Abel）和迈克尔·克鲁格（Michael Kruger）收集了来自1952年的美国职业棒球大联盟选手注册时拍的登记照片，挑出230张目光注视相机的照片，并放大两倍。然后，邀请其他人对打乱顺序的230

张照片按照嘴周围的肌肉、颧骨肌、眼角周围的肌肉、眼轮匝肌等活动情况打分。

结果发现，截至2009年6月1日，照片里笑容越灿烂的球员，寿命越长。笑得最灿烂的一组球员比最不会笑的一组球员的平均寿命要长7岁！

不过，对于职业球员而言，影响寿命的因素有很多。所以，研究人员排除了一些可能的因素，比如出生年份、身体质量指数（body mass index）、职业生涯长度、婚姻状况、所上的大学等，得到的结果仍然是"笑容程度效应"非常显著，也就是说确实可以通过"笑容程度"来预测寿命。

会不会是因为这些人的笑容比较有吸引力，所以他们得分更高，人生也更顺利呢？为了排除照片中面孔吸引力的影响，实验人员又进行了后续研究。他们重新评定了照片的吸引力得分，但结果发现，吸引力得分并不能预测寿命。

综上可知，照片里笑容越多的人，离婚的可能性越小，寿命越长；反之，笑容越少的人，离婚的可能性越大，寿命越短。

为什么会这样呢？

心理学家认为，经常性的笑容反映个体某种稳定的人格特质和潜在的情绪状态。具有这些积极心理特质的人可能会主动寻找与自己特质相适应的环境或人；而有积极情绪基因的人可能会找到有利于愉快婚姻的环境，甚至是找到本来就具有积极情绪的伴侣。

另外，笑容也能够传达幸福、友好、愉快的信息。照片里爱笑的人，现实生活中可能更爱笑，而笑容里传达的友好信息有助于维护稳定的亲密关系。还有，情绪是可以传染的。看到照片里的人在笑，看的人也会无意中展现出笑的表情。那么，经常看伴侣笑的照片，不知不觉地跟着笑，和伴侣的关系自然会得到提高。

由此就不难理解佛教教导我们的话：即使是穷人也可以做出施舍。最简单、最直接、最便宜的施舍就是对人微笑，即"颜施"。而从积极心理学的角度看,关于迪香式微笑的研究,很好地诠释了"颜施"的意义和价值。

  让我们的生活充满"迪香式微笑":
  对大自然微笑,能让我们心旷神怡;
  对朋友们微笑,能送去温暖和友谊;
  对陌生人微笑,能重塑我们中国礼仪之邦的美誉;
  更要对我们的亲人们微笑,他们是我们生命的价值和意义。
  关键还要对自己微笑,能让我们心中充满感恩、幸福和爱意!

# 幽默面前并非人人平等

幽默是积极心理学所关注和研究的领域之一，它是人类特有的心理和行为现象。婴儿从四个月开始会笑，两岁半开始就知道讨人喜欢（知道通过一些行动和言语来让父母亲高兴），到了六七岁之后，他们每个人都可以开始讲笑话或对笑话产生相应的反应。已有的研究也发现，幽默感强的孩子，更容易得到父母亲及其他人的关注和喜爱，也更容易有积极的社会关系和个人魅力，更容易产生自信和影响他人的优势。

纯粹从生物进化的角度来讲，很难说幽默是自然选择的结果。因为人类的进化，除了自然选择之外，还有一个很重要的选择机制——性选择。也就是说，在与异性交往的过程中，具有幽默感的男性更容易得到女性的喜爱，因而更容易有优先选择配偶的机会。所以，相对而言，有幽默感的男性具有更多与异性交往的机会，从而获得生殖上的成功而产生后代。这就是为什么男性讲笑话的比例要比女性高很多的原因。

那男性喜欢讲笑话的女性吗？

心理学家理查德·怀斯曼（Richard Wiseman）在其畅销书《怪诞心理学》一书中就报告，根据他长达一年多的研究发现，男女两性在讲笑话和对笑话作反应的比例上有很大的差别。

① 男性喜欢讲笑话，而且也喜欢女性听他们讲笑话，但不喜欢听女性讲笑话；

② 71%的女性在男性讲笑话的时候愿意笑出声来，而只有39%的男

性在女性讲笑话的时候，愿意笑出声来；

③ 63%的女性讲笑话，基本上都是自嘲，而男性的笑话，只有12%是自嘲。

由此可见，幽默感是男性吸引力的重要标志，而男性不一定喜欢听女性讲笑话。

## 论幽默的重要性：智商的判定标准之一

在现代生活中，幽默感不单单是男人魅力的重要体现，对我们大家的生活和工作也都很重要。根据已有的研究发现，我个人认为，幽默重要的原因主要体现在以下四个方面。

第一，幽默是智力和创造力的体现。很多春晚的幽默作品和吐槽，确实出人意料，让人拍案叫绝。可以看出来，创作这些作品的人应该都是些思维敏捷、言语表达流畅，并且具有创造精神的人。

关于幽默起源的人种发生学研究发现，人类最早的幽默来自于各种各样的游戏，而这些游戏恰恰是智力、体力和性格在行为中的综合体现。通过游戏，我们人类掌握了很多生存的技能。在漫长的人类生存历史中，有较高智力和创造力的人，往往更容易活下来，并且活得很好，这样就使得智商和创造力具有了进化选择的优势。因此，由游戏活动所引发出来的幽默就成了这种生存能力高低的一种标志。

第二，幽默是我们快乐和幸福的源泉。有幽默感的人很容易形成社会关系的凝聚力和获得认同感。六千五百万年的人类演化历史，使我们人类的大脑越来越聪明，同时也使得我们形成了对未来的追求和向往，以及对新奇事物的喜爱和偏好。因此，人类其实是厌倦常态、常规、重复、单调的生活的。这种喜新厌旧的情绪有可能会使我们对自己的伴侣产生厌倦、难以形成长久稳定的关系，也就不能很好地繁衍和培养后代。而一个具有幽默感的人，善于从日常生活中发现新异现象，容易产生快乐和幸福体验。所以，幽默也是抵制厌倦的一种重要的手段。

有幽默感的人容易让自己的伴侣产生新奇的感觉，从而保持长期稳定的关系。

第三，幽默能够释放我们的性压抑和攻击情绪。弗洛伊德认为，幽默是过分的性压抑与攻击行为紧张得到释放的一种结果。他有一句特别有名的名言："一根雪茄可能就只是一根雪茄，但一个笑话就绝对不仅仅只是一个笑话。"（A cigar may just be a cigar, but a joke is never just a joke）一个小的笑话、幽默和吐槽，可以降低我们的焦虑水平，增加我们的快乐、健康与幸福水平。

其实我们也可以从别人喜欢讲的笑话里头，发现他所关心、焦虑和担忧的问题。一个经常嘲笑别人长相的人，可能对自己的长相有过分的焦虑和关注；一个喜欢谈身高的人，可能也是因为自己的身高有缺陷；而爱讲官员腐败、明星八卦、富人出丑之类笑话的人，可能也是因为对这些"特权"人物的一种嫉妒、焦虑和愤怒情绪的自然流露。

第四，幽默可能也是一种身心健康的积极反应。最近的神经心理学研究就发现，右脑半球有损伤的人很难对幽默和笑话产生反应；精神病人就缺乏幽默感；心情不好、精神压抑的人，也不会对正常的吐槽和幽默产生任何积极的反应。因此，可以这么说，没有幽默感的人是"脑残"的人。

当然，不是所有的吐槽、笑话都是好笑的，特别是那些通过嘲笑别人而产生优越感的笑话，就是一种伤害和心理攻击。亚里士多德就曾经说过：通过嘲笑别人的生理缺陷、区域局限和地位差异的笑话而产生优越感，对于被嘲笑的人，会造成很大的心理伤害；对于嘲笑的人，就是一种不道德。

克劳德·斯蒂尔（Claude Steele，他是我在密西根大学的博士生导师之一，现任伯克利加州大学的常务副校长和教务长）曾经提出一个著名的心理学理论——"刻板印象威胁"（stereotype threat）来解释这种嘲弄所带来的负面心理效果。至今，已经有300多篇发表的心理学研究论文证明了这种成见对于被嘲弄的人所产生的焦虑、抑郁和负面的影响。

所谓的"刻板印象威胁"指的就是：如果在某个环境里，个体担忧或者焦虑自己的行为会验证别人对于自己所属社会团体的负面刻板印象，那么，这种焦虑就会影响到他的表现，使得他的成绩变差、心情变坏、行为受到干扰。比如说一个金发女郎在听到有关"金发女郎胸大无脑"的笑话之后，那么，她就会产生一种"刻板印象威胁"，接下来去做有关智力测验时的表现会很差。同样，一个来自农村的人在听到有关"农村人的笑话"之后，那么他的表现和行为也一样会受到干扰和影响。因此，以刻板印象嘲弄别人，这些人的心理和行为必然会受到伤害，而这种伤害，反过来又有可能确认嘲弄的成见和刻板印象。

对我们的幽默感最大的限制还是来自于各种意识形态和文化控制。一些极端主义分子和恐怖分子是很不喜欢各种吐槽、幽默和笑话的；信奉集权主义和威权主义的人，也是缺乏幽默感的人。因为他们没有信心，也没有积极的心态，想的更多的是自己的利益、地位和尊严。这也就是为什么在很多极权主义社会里，幽默和笑话往往是反抗集权的有效方法之一。

改革开放30年以来，中国社会和文化已经发生了翻天覆地的变化，我们有了更加充分的个人自由。因此，网络笑话、讽刺和吐槽越来越受到宽容和理解，这是中国社会文明和进步的反映。特别难得的是，有一些自嘲，表现了对自身能力的自信和境界的升华。社会学家罗杰·布朗（Roger Brown）就发现，所有的笑话、幽默通常是由有自信的、社会地位较高的、有领导才华的人首先开始和启动的。因此，幽默和自嘲是一种领导能力的充分体现，也是增强社会凝聚力和团体关系的一种重要方法。

从某种意义上来讲，幽默和自嘲也淋漓尽致地展示了"慧眼禅心"，因为有"慧眼"才能意识到社会中新奇的、不一样的角度，有"禅心"才能够宽容、理解、积极、快乐地应对各种生活中的挑战、矛盾和怪诞。

# 为什么铜牌选手会比银牌选手更开心

2014年底的一个上午,在给清华大学心理学系研究生讲《社会心理学》专题课程中,我们讨论了康奈尔大学的著名心理学家吉洛维奇和他的学生的一篇经典研究报告。题目是《少一些可能更好:奥林匹克奖牌选手的反事实思维与他们的满足感之间的关系》(When less is more: Counterfactual thinking and satisfaction among Olympic medalists)。这篇文章发表在1995年的《人格与社会心理学杂志》上,是社会心理学和积极心理学经常涉及到的一个经典实验。

## 银牌选手为什么不会迪香式微笑

为什么拿铜牌的运动员会出现迪香式微笑,而拿银牌的运动员却不会?

在托马斯·吉洛维奇(Thomas Gilovich)和他的两个学生——麦迪(Medvec)和马蒂(Madey)所做的这个研究中,请康奈尔大学的学生评价了1992年巴塞罗那夏季奥运会各种比赛的奖牌选手在冲过终点时和在领奖台上时的情绪表现。利用一个十级评分量表,分别请学生对这些选手脸上所表现出来的从痛苦到开心之间的那种表情程度进行打分。结果他们发现,在比赛结果刚刚宣布的时候,在从痛苦到开心的十级量表上,银牌选手的平均得分4.8分,而铜牌选手的得分高达7.1分。在颁奖仪式上,铜牌选手的快乐表情有所收敛,但仍有5.7分之高,而银牌选手变得更不开心,快乐表情变成4.3分。统计分析显示,铜牌选手与银牌选手的开心程度差异在统计水平上是显著的。

按照我们通常的理解，人们的开心程度应该是与他的成绩高低有对应关系的。如果我们表现得好，成绩优越，我们应该开心，表现不好，成绩不优越，我们应该不开心。按照这种逻辑，银牌选手应该比铜牌选手开心，因为他只是一人之下，却在众人之上。吉诺维奇等发现，产生这种意外结果的主要原因是这两种人的反事实思维不一样的。所有的人都在进行反事实思维，即如果怎么样，就会怎么样。银牌选手的反事实思维肯定是往上比较的，因为他只要再努力一下，就一定可以获得金牌，这就是往上比的反事实思维。铜牌选手更可能是往下比的的反事实思维，因为差一点他可能就是第四名，得不到奖牌。而对于银牌选手而言，奖牌已经到手，后悔的是差一点就得金牌，所以，往上比的反事实思维是很自然的。而铜牌选手差一点就没有奖牌，因此，往下比的反事实思维更自然些。比的方向不同，对人的影响也就不同。

十几年后，我的好朋友、美国旧金山州立大学的大卫·松本（David Matsumoto）教授和美国《世界柔道杂志》（The World of Judo Magazine）的编辑巴布·威廉汉姆（Bob Willingham）对在雅典举行的2004年夏季奥运会上，获得柔道比赛的金牌、银牌和铜牌选手的面部表情进行了计算机分析，特别是他们在比赛刚刚结束之后的表情和站在领奖台上的表情之差，令人感悟。他们发现金牌选手和铜牌选手在赢得比赛后，都出现了灿烂的微笑，而没有一个银牌选手在比赛结束后露出笑脸的。更有趣的是，银牌选手甚至还表现出悲伤、轻蔑和冷漠等各种负面情绪反应。换句话说，银牌选手不光表现得不开心，甚至还会表现出强烈的负面情绪体验。不过，这两位学者发现，在领奖台上，银牌选手还是会露出笑脸来的。事实上，96%的运动员在领奖台上都会微笑。不过仔细分析一下这些选手的面部表情，这两位科学家发现，银牌选手的微笑大部分是伪装出来的，他/她们的微笑很多是礼节性的微笑。而金牌和铜牌选手都出现了心理学家称之为迪香式微笑的真心快乐——这种微笑是一种发自内心的、有感染力的、愉快的真心微笑。因此，这两位心理学家认为，那些表现出真心微笑的运动员在比赛结束后和在领奖台上的表情基本是一样的，而那些在比赛结束没有表现出真心微笑的，在领奖台上往往要装出礼貌性的微笑。由此可见，银牌选手确实是不如铜牌选手开心。

## 心理学关于开心的基本发现

这些研究生动地说明了心理学的一个基本发现：一个人的成就、获得和收益到底有多大，与他的幸福没有完全的正比关系，反而是和他的认识和判断有相当大的关系。当我们往上比的时候，我们很难感受到自己已经获得的成就；当我们往下比的时候，反而会感觉到"退一步海阔天空"的愉快。当你的工资涨了500元钱的时候，你也许会非常开心；可是当得知你的同事涨了1000元的时候，你可能就会感觉特别地难受。但是如果你之前的预期是300元钱，实际上达到500元钱，你可能也会很开心。如果你的同事他之前的预期是1500元，实际上只收到了1000元的预期，那么他可能就很不开心。这就意味着，真正影响了我们人生的幸福和快乐的，是我们人类的预期和比较。

在那天上午的课上，我们还讨论了文化差异的问题，因为2004年雅典奥运会柔道比赛选手的面部表情是跨文化的研究结果。也就是说，不管获奖选手来自哪种文化，都可以得出同样的表情差异。

## 转换视角

俗话说，"文无第一，武无第二"。体育比赛谁好谁坏，发奖金谁多谁少，还能有客观标准。但现实生活中，谁的日子过得好一些，谁的孩子聪明一些，谁的丈夫成就大一些，以及谁的老婆漂亮一些，都是复杂的综合的概念，没有绝对的客观标准。这个时候，我们不妨想一想，我们的生活中拥有什么，我有哪些别人没有的特长，我有哪些别人不具备的优势，我们的精神、追求、理想和文化等，这些没有客观标准的生活体验，是不是也是丰富多彩的？

因此，我特别提倡人们的精神追求，在一定的物质基础满足之后，精神追求可以给我们无限的心理资本。它不是简单的否定事实的阿Q精神，而是我们追求灵性、悟性、善性、感性的文化精神，这二者之间是完全不同的。因此，我们不妨多一些对自己拥有的生活的感激，少一些比别人缺失的焦虑，这样才能够真正地获得生活的幸福和快乐。

# 女神与心理学的神奇碰撞

33岁的娜塔莉·波特曼（Natalie Portman）受邀回母校参加了2015届哈佛毕业典礼并发表演讲。当天她演讲主题是"Make Your Inexperience An Asset"（把缺乏经验变成你的优势）。演讲视频上线后，轰动一时。

## 从女神到学霸

为什么她会如此受欢迎呢？有个说法我很喜欢，"当女神遇到心理学后，传奇就由此产生"。

娜塔莉·波特曼是位出色的演员。她在以色列耶路撒冷出生，但成长于美国。13岁时，她就因出演了第一部电影一炮而红，这部电影的名字叫《这个杀手不太冷》。如果说刚才你还不知道她是谁，那么现在应该知道了吧。18岁，她就出演了美国传奇电影系列之《星球大战前传1：幽灵威胁》，还担任女主角——年轻的女王阿蜜达娜，令人惊艳。

1999年进入哈佛大学攻读心理学专业，4年后的2003年，获得心理学学士学位。从她的教授们众口一词的赞美声中，可想而知她的智商和情商有多高——她的心理学成绩基本上都是A。更为神奇的是她还选修了哈佛大学"臭名昭著"的法学教授阿伦·德肖微茨（Alan Dershowitz）的《神经心理学与法学》课程，居然也得了A。因为这种跨学科的课程是最难学的，一无教材，二无常规，再加上一个古怪、任意和任性的老师，实在是难为了作为学生的她。

2010年，娜塔莉出演《黑天鹅》，并凭借在该片中的出色表演获得奥斯卡最佳女主角奖。她应该是第二位毕业于哈佛大学而又获得奥斯卡奖的优秀演员。

即使人生的成就到此为止，也已经非常辉煌了。但她后来却表示还要去攻读心理学博士，并选择了基础心理学研究方向。她读本科时就已经发表的研究报告刊登在顶级的神经心理学杂志《神经成像》（Neuroimage）上，到2015年文章的引用率已超过20次。

## 事物恒存性知觉

娜塔莉到底研究了什么样的心理学问题呢？

在这篇以她真实姓名娜塔莉·赫许勒（Natalie Hershlag）[①]发表的题为《大脑前额叶在事物恒存性知觉中的活动：近红外光谱的证据》一文中，她和其他几位神经心理学家研究了人类一岁内的婴儿的一种认知能力——事物恒存性知觉：即刚才看到过的事物，虽然现在看不到了，但实际上还是存在的。

长期以来，心理学家猜测大脑前额叶在这种心理活动中起了很大的作用，但苦于没有证据，因为婴儿不会好好地待在核磁成像设备里任由心理学家测试。娜塔莉和她的同事发明的这种新方法——近红外光谱——能在不影响婴儿的情况下测试婴儿的大脑活动。结果表明，当婴儿开始有了事物恒存性的认识时，大脑前额叶确实开始活动了。

虽然这只是心理学中一个很小的研究，但这样一个漂亮得可以靠脸吃饭的大明星能够花时间和精力，去研究如此基础的心理学问题，真的

---

[①] 娜塔莉·波特曼为她的艺名。

值得我们推崇和学习。

近年来，越来越多的优秀女生选择了心理学作为自己研读的专业，在有些名校的心理学专业，男女比例甚至已经接近1∶7。在这样的情况下出现几位像娜塔莉这样的女神应该是很正常的现象。我在这里也衷心希望中国的女神们也多多学习科学，尤其是来研修心理学。让大家明白，美女的智商其实也是蛮高的。

顺便再透露一下，娜塔莉目前已是一个男孩的母亲，她的丈夫本杰明·米派德（Benjamin Millepied）是一位芭蕾舞演员兼编舞家。这一切说明了，女博士一样可以是好演员、好女人、好母亲、好妻子。

常言道：判断一个学科有没有价值的直观标准是看其从业人员的平均颜值。女神都在学心理学，你还犹豫什么呢？欢迎大家都来学习心理学，热爱心理学，做一个真正的知"心"人！

# 心灵雾霾可以用科学来治理

经济的快速发展，让我们的生活节奏越来越快，各种压力也随之而来，使得我们的心灵很是压抑，催生了诸多精神垃圾，从而造就心灵雾霾。部分心理承受能力较差的人，在心灵雾霾的污染下失去了幸福的能力。希望积极心理学能成为吹走心灵雾霾的那一阵风，让大家的生活重新拥有幸福的蓝天。

## 拨开心灵的雾霾，还生活一片蓝天

经常有人问积极心理学家：幸福真的那么重要吗？大量的心理学研究已经表明，幸福的人身体更健康、更长寿；平均而言，快乐的人比不快乐的人要多活7年。这7年增寿意味着什么？我们不妨拿吸烟来进行比较，一般而言，吸烟的平均危害是减寿2.5年。如果一个烟民每天不停地抽烟，从17岁开始到71岁死亡，那么香烟对他的寿命伤害甚至可以达到6.5年。由此可见，幸福对我们人体健康的影响，远远超过吸烟对我们人体健康的影响。

世界卫生组织在2014年9月4日"世界预防自杀日"到来之际发布的调查报告显示，全球平均每40秒就有一人自杀，每年自杀死亡人数已经超过战争和自然灾害致死人数之和。这是世卫组织耗时10年、调研全球172个国家后得出的统计数据。可见，自杀已经成为严峻的公共健康问题。自杀的诱因主要有几大类，如抑郁、承受巨大压力、生活处境困难、与亲友之间的矛盾激烈等，但概括起来莫过于三个字——不幸福。

现在我们应该清醒地意识到，单纯追求经济的发展并不能保证给人民带来幸福感。美国著名心理学家戴维·迈尔斯（David Myers）在《美国悖论》一书中就提到，虽然过去的30年，美国的经济指数增长了，但是美国人的幸福感并没有由此而增加。也有研究表明，在工业化国家里，中国人在工作中得到的幸福比例是最低的。

## 积极心理学创造幸福生活的5个要素

2010年，富士康总裁郭台铭邀请了海内外的心理学、社会学、管理学及精神病学等方面专家到富士康，寻找摆脱"连跳"阴影的出路，我是受邀者之一。我个人认为，富士康的问题是企业转型中的心理危机问题，具有普遍性，不是简单的心理、病理问题。

所以，我是全力支持积极心理学走进企业的。因为积极心理学走进企业，首先能给企业一个如何使员工快乐的客观标准，比如环境、阳光、体育活动。这些都是客观增加幸福感的方法，企业可以轻而易举地去操作。其次，还可以提供一些主观的标准，比如公民精神、互相支持、认同。通过积极心理学的组织设计，让企业家能够学会怎么去做这些事情。再有，就是个人的心态调整，可以做很多普及教育和咨询的工作，让员工觉得开心。

那么，如何用积极心理学创造幸福的生活呢？我总结了创造幸福生活的5个要素：笑、动、说、观、心。

笑：指的是微笑。

动：包括行动和运动，做善事、闻香、锻炼身体等。

说：就是沟通、交流、表达，积极地鼓励。

观：是指用心去看生活中的真、善、美，很多时候人们看不到有益的事情，不是因为笨傻，是看到了又没看见，心理学上叫做无意识盲。所以一定要有慧眼，让自己慢下来、停下来，用心去看周围的真、善、美，你会发现这个社会不单调、不枯燥。

心：就是一种感觉，一定要用心去感受世界。很多人活在这个世上心是不动的，没有让他激动的事情，没有令他感动的人，没有使他振奋的事，就像行尸走肉一样生活一辈子。只有具备基本的心理体验活动，你才能知道什么是真实的快乐。

幸福是人类一个永恒的话题，长久以来，人们关注幸福、追求幸福、谈论幸福、体验幸福。无论是哲学家，还是我们普通人，对幸福的向往，谁都憧憬过；对幸福的回忆，谁都珍藏过；对幸福的滋味，谁都品尝过。

然而，不同的文化，不同的族群，对幸福的看法也不尽相同。孔子认为：仁，就是幸福；亚里士多德认为：不走极端，选择中道，就是幸福的黄金法则；古希腊人的幸福：要求人们在大千世界找准自己的位置；历代中国人的观念：尽忠尽孝、光宗耀祖、履行职责、服务社会、关心他人也是幸福。

## 科学分析幸福的元素

2002年的诺贝尔经济学奖获得者，著名心理学家丹尼尔·卡尼曼则从心理学的角度赋予了幸福4个方面的意义。

① *总体的幸福感*。简单地说，就是你对自己总体生活中的状况基本满意。生活有方方面面，有时候，你可能在自己的工作中感受不到任何幸福，但你的家庭让你感到温暖和幸福，总体幸福感让我们跨越了这些具体方面的局限，来对自己的幸福程度下一个平均的评价。

② *快乐的性格*。性格有着跨情境和跨时间的一致性和稳定性。所以，幸福的人，往往是有快乐性格的人，他们喜欢社会、喜欢他人，对未来充满向往和期待。幸福的人生活的动机更加强烈，应付挑战和困难的意志更加坚决，对成功的渴望和行动也更加明显。尤其是他们乐观向上的性格和心态容易得到他人的帮助、支持和社会的欣赏——我们总以为那些废寝忘食、舍生忘死的天才人物所取得的伟大成就是由他们的高

速度、快节奏、紧张的工作带来的。其实这是一种误解，快乐的人创意更多，成就更大。因此，幸福其实就是最重要的生产力。幸福也是提升生产力最直接、最有效的方法。

③ 积极的情绪。人有悲欢离合，月有阴晴圆缺，此事古难全。人生活在社会环境之中，社会环境的变化让我们无时无刻不在体验情绪。喜怒哀乐，是我们常有的情绪，但是心理学家发现：人还有很多积极的情绪，比如感恩、同情、敬畏、福流，等等，在这样的情绪下，我们也会感到幸福。

④ 愉悦的感觉。每当我们漫步沙滩，雨中跳跃，月下谈心，品尝美食，闻到花香，甚至温柔地触摸时，都会感到一种身心的愉悦。虽然这种愉悦只是感觉，但它会影响到我们的情绪。因此，身心的愉悦，是幸福最直接的体现。

# 什么情况会导致渴望自己并不喜欢的东西

在《伊索寓言》中,有个《狐狸与葡萄》的故事,说的是有只狐狸特别渴望吃到葡萄藤上熟透了的葡萄,它就跳起来去摘,但不够高;再跳起来,还是够不着;再跳起来……狐狸试了又试,最终也没有成功摘到葡萄。最后,它决定放弃,就边走边说:"我敢肯定,它是酸的。"狐狸下意识地接受了自己其实并不是特别想要吃到这些葡萄的想法,于是,它便能够"心安理得"地离开了。这就是著名的心理防御机制——"酸葡萄心理"的由来。

现代心理学的研究也发现,即使狐狸继续尝试下去,并且最终得到了它所渴望的葡萄,它最后也很可能会觉得自己其实没有那么喜欢这些葡萄。这就意味着,我们在某个时候也许会渴望得到自己其实并不喜欢的东西。

## 渴望和喜欢来自不同的通道吗

在一般的情况下,"渴望"和"喜欢"是紧密联系在一起的——我们渴望得到自己喜欢的东西,同时我们也喜欢自己渴望得到的东西。但是,事实可能并不如此。

密歇根大学的心理学家坎特·布瑞吉(Kent Berridge)及其同事的研究发现,人类的"渴望"与"喜欢"可能是由两种不同的神经反应通道和不同的大脑加工区域来完成的。

心理学家如果想要研究人类或动物的渴望程度,通常可以通过测量其行为表现来获得。比如，渴望获得食品的老鼠，可以通过它行动的速度、频率和次数来反映出它的渴望程度。

那么，如何来测量喜欢程度呢？坎特发明了一个方法，就是通过考察人类或动物的情绪行为表现（特别是面部表情），来定量评定他/它们的情绪反应。比如，一只猴子或老鼠在面对喜欢的食物时，就会出现愉快的表情，更为明显的是表现出一些相应的动作，比如舔嘴唇。在类似的情况下，人类也会有同样的反应。对于我们想吃的食品，我们不仅会吃它，还会吃得很多；同时，我们也会有一些诸如舔嘴唇、咽口水等行为表现，从而使周围的人也能看出来我们对这些食品的偏爱。

通过这样的测量技术，坎特等人发现：人类的"渴望"和"喜欢"，其实是由大脑不同的神经通道来完成的。"喜欢"的神经通道位于人类大脑皮质的下部，如果采用电极刺激这些区域，特别是刺激伏核区，人类或动物就能产生积极快乐的情绪。但是，我们毕竟不能用脑外科手术把电极埋置在伏核区来进行电击。另外一种刺激该区域的方法，是通过摄入一种类似鸦片的神经化学激素，这种激素的作用有点像大麻、海洛因等毒品的作用，它同样能让人类或动物产生积极的快乐情绪。

另外，坎特等人的研究还发现，控制人类"渴望"区域的神经系统是与"喜欢"区域的神经系统互相联接的，也都在大脑皮层的下部；只是，"渴望"比"喜欢"的神经分布更为广泛，而且是受不同的神经化学激素所刺激——影响"渴望"的神经化学激素主要由多巴胺产生。

有意思的是，很多药品上瘾的人，他们的兴奋反射区域主要是在"渴望"区域。因此，这些人经常表示他们特别"渴望"这些药品，但他们并不见得"喜欢"这些药品。正如我们很多人在拼命地追求官位、权力、财富等，但扪心自问，自己的内心其实并不一定特别喜欢这些东西。

## 得到了未必珍惜，得不到的才会挂念

除此之外，最近的一项心理学研究还发现，如果我们正渴望某样事物,却又特别难以获得的时候,内心对它的欲望会变得越来越强烈。但在终于获得了那个自己渴望的东西之后,我们对它的喜爱却也会随之消失。这是人类心理一个很微妙的地方,有可能正是我们先前过于渴望得到,在这个过程中过多地消耗了心理的能量,因而当我们终于获得原先所渴望的东西时,反而已经变得有点讨厌它了。这在某种程度上也提醒我们年轻人,在恋爱过程中,如果真的喜欢对方,就需要掌握好一个度,别过于为难对方。

总而言之,"渴望"和"喜欢"的词义已经清晰地提示我们,它们有着不同的意义;有关这两者的心理学研究也已经明确地告诉我们:"喜欢"和"渴望"是由两种不同的神经系统来完成的。"喜欢"与幸福和快乐的感受相关,而"渴望"则不一定会带来幸福和快乐的体验。因此,虽然在通常情况下,我们会渴望得到自己喜欢的东西,并且也喜欢我们所渴望得到的东西;但是,我们并不总是会渴望得到自己喜欢的东西,也未必总是会喜欢我们所渴望得到的东西。

来看看现实生活中的我们,最渴望得到的,也许是美色(包括性),也许是物质(包括财富),也许是威望(包括权力)。但是,当真的都得到了这些所渴望的东西时,我们也许会发现,它们其实并没有原先以为的那么高贵和华丽,也不一定会让我们感到快乐和满足,更别提能够让我们觉得幸福和荣耀了。

正如生活中最珍贵、最美好的东西都是免费的一样,所有能让我们真正喜欢的,也许恰恰是那些朴素无华而又真实长久的事物,比如亲情、友谊、工作、学习、运动、艺术、希望,等等。因此,智慧的人们,千万不要被我们所"渴望"的轻易欺骗了。

# 文人悲秋和"季节性情绪障碍"

自美男子宋玉赋《楚辞·九辩》以来，中国文人便有悲秋一说。宋玉写道："悲哉，秋之为气也！萧瑟兮草木摇落而变衰。"杜甫在《登高》一诗中也写道："无边落木萧萧下，不尽长江滚滚来。万里悲秋常作客，百年多病独登台。"抒发了诗人一种伤逝、忧国、老病、孤独的心境。

更加生动，如电影蒙太奇一般描述秋瑟的是著名诗人马致远的《天净沙·秋思》，他用"枯藤老树昏鸦，小桥流水人家，古道西风瘦马。夕阳西下，断肠人在天涯"极为经典地勾勒出一个天涯游子在秋日黄昏之际自己的茫然、孤独、感伤、无奈、寂寞，堪称传神之作。秋之伤感，莫过如此。而刘禹锡的一句"自古逢秋悲寂寥"，更似刻意形成一种文化印象：秋天永远是跟悲伤的情绪相联系的。

心理学家发现，悲秋可能并不只是所谓的文人颓废或无聊之作，而是借景抒情另有他意。其实，这种普遍的悲秋情绪很有可能反映的是我们都可能存在的季节性情绪波动。

1984年，美国国家精神健康研究所的科学家罗曼·罗森塔尔（Romain Rosenthal）和他的同事第一次命名人都可能体验到的一种季节性情绪波动而引发的抑郁倾向，它被称为季节性情绪障碍（Seasonal Affective Disorde，简称SAD，取悲伤之意）。

这种季节性的情绪波动问题是由于季节的变化，特别是秋冬之交，环境、气温及生活规律的改变让人产生的一种抑郁的倾向。这种倾向在其他季节相对较轻，但是，在特定的季节特别是秋冬之交比较突出，因此，也有人把它叫做冬天抑郁症（也有极个别人能体验到春天抑郁症）。

心理学家暂时还不是特别清楚"季节性情绪障碍"产生的原因。可能更多的是由于日照时间减少对于我们人类生物节律的一种影响。因此，延长光照时间和晒太阳的时间可能对我们的心情会有一些正面的帮助。

怎么知道我们可能有季节性的情绪障碍呢？一般来讲，它的突出症状表现为贪睡、白天疲倦、不想起床、一定程度的焦躁、精力的下降、性欲的减退、思维和注意难度增强、食欲猛增，引起体重增加，特别是对甜食和碳水化合物的渴望。

那么，如何去克服这种由季节变化所产生的轻度的抑郁倾向呢？

第一，积极主动地参加体育锻炼。积极心理学的研究发现：运动可以帮助我们克服轻度的抑郁倾向。主动积极地参加体育锻炼十到十五分钟后，大脑会分泌出多巴胺刺激我们的快乐中枢，让我们产生积极的神经生物化学激素。所以，每天适量的运动（时间、强度因人而异，一般是在半小时左右），就可以有效避免抑郁的感受。

第二，尽量增加晒太阳和光照的时间。清华大学心理学系已故教授罗伯斯就坚持每天三十分钟日光浴，以增加体内维生素D的含量。有研究发现，维生素D水平较低会增加女人患抑郁症的风险。增加晒太阳的时间会帮助身体自身完成维生素D的合成，改善新陈代谢和内分泌功能，也帮助我们改善自己的心情。

第三，建立积极的社会关系。走亲访友，特别是与具有积极心态的朋友多来往、多交流、多沟通，倾诉自己的心声。参加朋友的聚会，参与自发的社会公益活动。在帮助别人的同时也会改善自己的心情。

第四，抽出一部分时间做自己喜欢的事情。无论是集邮、打球、摄影、种花，只要是能够让心力集中在自己想做的事情上，就会短暂地忘记外在环境如萧瑟秋风对我们的影响。把自己的注意力集中在自己的精神世界和文化世界上，比如，看电影、看书、听音乐，也会让我们避免季节性情绪的波动，达到物我两忘、心驰神往的一种高尚境界，使我们获得产生一种心灵自由的快感。

总而言之，不要把悲秋当作只有文人才会出现的颓废心态，这其实是一种很正常的人类情绪波动和触景生情的自然反映。很多优秀的人都会短暂地体验到这种情绪的波动，它不是一种严重的心理疾病，只要有积极的人生态度和生活方式都可以加以克服。毛泽东就曾经讲过一句名言："萧瑟秋风今又是，换了人间。"它的意义是，秋冬之交乃自然常态，但生活环境、质量的改变，可以让我们换一种态度来认识秋天的萧瑟。正如《岳阳楼记》所述："不以物喜，不以己悲"，也许就是我们应该具备的一种正确的积极心态。

# 做一个真正的勇士，敢于直面惨淡的成绩单

每到学期末放假之前，是中国大、中、小学考试的时间，以检验一学期或者一学年的学习情况。但很多同学在刻苦经历这段时间之后仍然不得安心，因为还要面对可能是让自己痛苦、焦虑、不安的考试成绩。显而易见，考试成绩肯定是让几人欢喜几人忧，几人得意几人愁。特别是对一些考试成绩不好的同学来讲，如何应对惨不忍睹的考试成绩，不只是影响个人心情的问题，甚至会影响个人的健康和生命。2014年年末，在美国旧金山金门大桥就有两位在美国名校读书的中国留学生试图自杀，仅仅是因为自己考试成绩不好，觉得没脸见人。

很多同学都遇到过考试成绩不理想的情况，现在，我想从老师的角度来谈一谈应对考试成绩不理想的方法和技巧。这不是学术分析，只是出于对这些同学的关心和同情。我作为过来人，也曾经得过非常差的考试成绩。特别是在北京大学心理学系学习初期，由于对心理学不是很喜欢，因此把很多时间都花在看杂书、听讲座、学音乐、搞艺术上，结果，我在北大心理学系第一年的考试成绩，是我一生中所得过的最低的分。后来，痛定思痛，"改邪归正"，在接下来的几年里，学习成绩不断提高，也因此，得以被作为"进步明显"的学生，留在北京大学心理学系任教。

## 三步走,云淡风轻

根据我的个人经验,如何应对惨不忍睹的考试成绩呢?

我想,这可以分成三步走。第一步是接受现实,第二步是采取行动,第三步是争取好成绩。

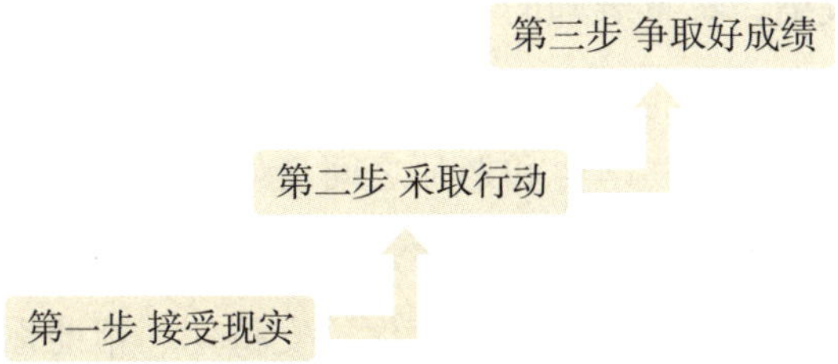

第三步 争取好成绩

第二步 采取行动

第一步 接受现实

图6 提高成绩"三步法"

**第一步,接受现实**。首先是不要紧张,每个人在生命的某个阶段都会得到自己认为不好的成绩。因为成绩不好,对不同的人来讲,标准是不一样的,也许有些人会认为得了B是不好的成绩,也许有些人认为不及格才是不好的成绩。因此,基本上每个人都会有觉得自己的成绩不太好的时候。所以,即使得了不好的成绩,也千万不要觉得世界末日到了。因为所有的人,只要努力,只要有计划,只要有行动,都可以从不好的成绩中"咸鱼翻身"。

具体步骤,可以先深呼吸一下,接着去做一些其他事情转移自己的注意力,听音乐、看电影、跑步,然后再想想为什么会考成这样。

待心情平静以后,再去想自己到底错在什么地方?是不是老师布置的复习范围不正确?或者是他们没有仔细地核对你的答案?你是不是理解了所学习的内容?花在学习上的时间是不是还不够?答题时是不是看错了题目?等等。

如果你自己不是很清楚这些问题,不妨问问你的同学,看看他们的理解和回答是不是和你的一样。这样你就可以知道为什么他们考得比你要好。找到了原因,你就可以进行分析,针对下一次考试,自己应该如何去改正?是不是要做不同的事情?如果让你重新来准备这次考试的话，你要有哪些改变？是不是你的时间分配出了问题？是不是身体出了问题？是不是家庭关系、父母亲的态度等各方面出了问题？如果能改，尽量调整好。

**第二步，采取行动。**如果能够马上和你的老师进行沟通，其实应该跟你的老师谈一谈，寻求老师的支持和帮助。和老师的交流，表示你关心自己的学习成绩，尊重老师的教学、知识和经验，也许还能够改善你和老师的关系。

心理学家早就发现，学生和老师之间良好的互动关系，是考试成功非常重要的心理因素。当老师认为你是一个会学习、爱学习、愿学习的好学生的时候，他会下意识地去照顾你、支持你、帮助你。因此，表现出良好的学习和改正的意愿是获得好成绩非常重要的一步。如果能够有机会补考，或者是做其他事情来提高成绩，就一定要抓住机会，争取做得更好。

当然，与此同时，你也要认真考虑如何能够真正提高你的学习成绩？是不是需要改变你的学习方法、学习态度？看一看老师和同学有什么建议，特别重要的是一定要认真重视未来的学习，争取把自己的成绩变得更好。

**学习成绩不是我们能力的体现，它只是我们学习态度和学习时间的体现。**所以，不要因为一次考试成绩不好，就对自己的能力产生怀疑，要怀疑的是自己所用的学习方法以及自己对学习的重视程度。斯坦福大学心理学家卡罗尔·德韦克（Carol Dweck）认为：有这样的认识才是学习成功的关健。在《成长的心态》（Mindset）一书中，她把那些将成绩看成是能力体现的思维习惯称之为"固化心态"，而把成绩看成是阶段性行为反映的思维习惯称之为"变化心态"。显然，后一种心态更利于我们自己和孩子成长。

有了这种认识，我们就可以通过寻找各种各样的帮助来改善或提高我们的成绩，因为我国社会是重视教育和学习的社会。这个时候，可以去找一下辅导员，或者是业余的补课老师，或者是学校的咨询师来帮助你调整或改变学习方法。也可以找学长,或者是图书馆的工作人员等其他人来帮助你学习到更多有用的知识,特别是人文知识,可以帮你的人其实是很多的。

当然更重要的是,要更加认真地对待学习,更加有效地去学习,并找到自己的弱点在什么地方,尽量去克服这些弱点,以免它们影响自己未来的考试。

我个人的一个秘诀,就是去琢磨透自己的生理、心理和智力的变化规律。尽管目前还没有任何系统的心理学证据能够证明这些规律的存在,但我尽量地让自己相信"有失必有得、有得必有失","祸福相依"等辩证思维。这一次考试考得很好,下一次就要小心,可能会考不好。这次不好,下次就可能考得很好。并且尽量将那些出现高分周期的时间调整到重要的考试时刻,而最重要的是没有必要追求每次考试都是全班第一。

第三步,争取好成绩。首先就是要确定自己的学习风格。每个人的学习风格是不太一样的。有些人记忆超群,回忆知识的能力比较强,那么,你就尽量把自己的记忆能力发挥到极致;有些人喜欢视觉加工信息:画图、画表、罗列事实等等,那么,你就尽量把你所学的知识进行再加工,变成你喜欢的视觉材料。还有一些人也许是喜欢看视频、看录像,而不是听课,那就尽量多复习录像、录音材料,以帮助你记忆、理解所学的知识。如果你发现自己最好的信息加工方式是听自己说话,你就不妨读出来,自己听一听,边读、边听、边记,也许能够帮助你更好地理解所需要掌握的知识。

我在北京大学读本科的时候,因为爱联想,所以发现自己在上课时经常走神。于是,我就尽量强迫自己多记笔记,因为一边听一边记就使我没有多少时间走神。而且重新整理笔记成为帮助我复习的一种好办法。

很多人相信"临阵磨枪,不快也光",喜欢考前冲刺。但其实,在考前一天拼命地学习,反而对第二天的考试有很大的伤害。还有,学习时间长并不意味着学习效果好。我们要成为有效的学习者，就需要提高我们有效学习的时间。

## 提升智商的良好契机

最近，美国德州大学心理学教授山姆·高斯林（Sam Gosling，毕业于伯克利加州大学心理系）和他的学生就发现，经常进行模拟测试其实是个很好的学习方法。不断地通过模拟测试做题，能帮助我们学习、记忆、理解、消化所学知识。因此，经常用提示卡或者尝试回答每一章节后面的问题，或者请别人考考我们，都有可能会提升我们的考试成绩。

同时，分散性学习永远是一种有效的学习方法。在不同的时候学习不同的知识，有效地分配自己学习的时间和材料，是能够帮助我们学习好知识的方法之一。千万不要在考试之前突击复习，因为这已经是被反复证明非常不好的学习方法。

当然，最重要的还是要有一种积极的心态。就像我告诉我的学生，很多成就大事的人，并不一定是考试成绩最好的学生。很多优秀的人士，在人生的某些阶段，其实都得过很低的分数。马云自己就讲过，他高考考了三次才考上，而且数学成绩基本上是个位数的分数，离零分无穷地接近；中国台湾的李远哲教授，当年在台大考化学，只得了60分，但仍然不妨碍他后来去伯克利攻读研究生，并获得诺贝尔化学奖；卡罗尔·格雷德（Carol Greider）当年报考伯克利大学生物学系的GRE成绩非常差，但是她善于利用自己的优势，花了很多时间帮助老师在实验室做研究，破格被伯克利大学录取，后来成为历史上最年轻的诺贝尔生物和医学奖的获得者；我自己当年在北京大学心理学系学习，第一次考普通心理学时，差点不及格，后来不也是还有机会任教于北大、清华和美国的伯克利大学嘛。

因此，当我们面对惨不忍睹的考试成绩的时候，想一想，有什么可以改进的方法？想一想，我自己有哪些学习方面的优势和特点？更重要的是想一想,自己未来想做什么样的事情?如果我们的目标是清晰的、明确的,考试成绩差这样的打击,其实是可以克服和弥补的。

　　人的生命远比考试有意义,人的幸福远比成绩更重要。人生不由所谓的起跑线所决定,而是由你自己的选择和奋斗过程所决定。相信前途永远在前头!

# 积极心理学：我跟阿Q不一样

推动积极心理学事业以来，经常遇到这样的提问：你推荐的积极心理学是不是一种精神胜利法？它和阿Q精神究竟有什么不同？

阿Q是鲁迅先生1921年在《晨报》副刊上发表的中篇小说《阿Q正传》的主人公：一个横遭压迫、备受屈辱的雇农流浪汉，他在任何情况下都能自己安慰自己，都自以为是"胜利者"。猛然一看，积极心理学提倡的积极心态好像也是类似的，建议大家要以积极、阳光、快乐、主动的心理来面对生活中的磨难、痛苦、挫折和失败，这不是精神胜利法又是什么呢？

这其实不仅是对积极心理学的误解，也是对阿Q精神的误解。

关于阿Q精神和精神胜利法，百度百科上有很详尽的解释。我引用其中原北京大学中文系教授黄修己先生在《中国现代文学发展史》中非常透彻又简明的论述：

> 这就是他的自欺欺人、自轻、自贱、自嘲、自解、自甘屈辱，而又妄自尊大、自我陶醉等种种表现。简言之，是在失败与屈辱面前，不敢正视现实，而使用虚假的胜利来在精神上实行自我安慰，自我麻醉，或者即刻忘却。例如，他挨了人家的打，便用"儿子打老子"来安慰自己，并自认为是胜利了。由于这种病态精神的支配，他便永远难振作起来以求自强，并永远在屈辱中苟活。他的一生就是一部受尽屈辱的血泪史。直到最后糊里糊涂地被杀，还在"二十年后又是一条好汉"的呼喊中，完成了最后一次精神胜利。

从中我们可以看出，阿Q精神的实质是否定现实、自欺自贱、不求反抗、甘于屈辱。它是我们心理学家已经发现的16种心理防御机制（psychological defense mechanism）中的两种，属于逃避型和自骗型消极心理防御机制的结合。虽然它可以让人在遭受困难与挫折后减轻或免除心理压力，短时间就恢复心理平衡，但其消极意义也是非常明显的，可以让人因压力的短暂缓解而自欺欺人，出现自我麻醉，不求改变从而导致更加严重的心理疾病。

## 阿Q精神所存在的问题

阿Q精神中的否定（denial）是一种比较原始而简单的心理防御机制，它"否定"不愉快的事件，当作根本就没有发生，来获取心理上暂时的安慰。比如，小孩子闯了祸，用双手把眼睛蒙起来；面对绝症，或亲人的死亡，许多人会本能地说"这不是真的"；被人批评，假装没听见，等等。其他如"眼不见心不烦"、"掩耳盗铃"都是否定作用的表现。

阿Q精神中的"精神胜利"就是典型的合理化（rationalization），又称文饰作用。是个体无意识地用似乎合理的解释来为难以接受的行为辩护，以掩饰自己的无能、过失，或者龌龊，以减免焦虑的痛苦和维护自尊免受伤害以使其可以接受。这个理论有两个很著名的案例，一个是酸葡萄心理——尽量丑化自己没有满足的欲望，一个是甜柠檬心理——尽量美化自己已经满足的欲望。很多强迫型神经官能症（obsessive neurosis）和幻想型精神病（paranoid psychosis）患者就常使用此种方法来处理其心理问题。

由此可见，阿Q精神是病态的、消极的，有时是有害的，甚至邪恶的。试想一下，当我们心理学家在面对一个被家暴的女性、一个被性侵犯的女孩、一个被迫害的弱势人士、一个被蒙骗的无辜孩子等不幸人士的求助时，我们能只告诉她/他们要一分为二、要合理化、要"积极"吗？还需要有能解决问题的具体行动！

## 积极心理学不是"鸡汤",更不是"阿Q"

积极心理学是建立在科学原则基础上的一个新兴领域,科学的一个基本原则就是相对的真实性。我们不一定能够完全知道自然世界和人类生活中所有真实的情况,但起码我们不能否定事实、证据和现实。同样是面对雾霾天气,"阿Q精神"通常是不承认它存在,或者以为无论官民大家都是"平等的"受害者而淡化它的危险,甚至变态地认为它是人间最美好的体验;但"积极心态"想到的却是如何去应对、如何去改变、如何去进步。

因此,我们积极心理学家所说的"积极"不是要去混淆是非、粉饰太平、歌功颂德或者自我麻痹。我们只是相信,人类的积极心理,如幸福、审美、创造、善良、道德甚至信仰等让我们人成其为人的东西,同样值得我们心理学家去研究;而不只是关注人类的如焦虑、抑郁、自杀、竞争、斗争等消极心理——而这恰恰是20世纪人类学术界所关注的重点!

我个人认为,积极心理学是不是能够成功发展,在很大程度上取决于它的科学性,这也正是它区别于其他心灵鸡汤、政治说教和宗教信仰的地方。令人欣喜的是,在过去十年里,积极心理学发现了很多经得起检验的相对真实事实,这样的科学发现是非常值得自豪的。我这里就举九个有科学证据的例子("九"在中国传统文化中是代表极致的数字),积极心理学研究已经发现:

① 大部分人是心理健康的,而且是快乐的;
② 人心是坚强的,不幸是可以克服甚至超越的;除了刻骨铭心的爱人亡故之痛比较长久之外,其他痛苦都有可能较快康复;
③ 人性是善良的,即使是婴儿也有善恶之辨;
④ 情感在我们生活中有很重要的意义,情商比智商重要;
⑤ 信仰很重要,人要心存敬畏;

⑥ 养生重要，养心比养生更重要，积极心态是长寿的重要原因；

⑦ 关心他人很重要，良好的人际关系是幸福感的重要来源；而良好的社会关系是我们应对各种挫折和失败的最好保障；

⑧ 金钱对幸福的效应是边际递减的，有钱的人把钱花在别的有意义的事上更容易产生幸福感；

⑨ 幸福的生活是可以学的；知行合一是有道理的；追求高尚，甚至只是心向往之也比无动于衷、自甘堕落要好得多。

当然，积极心理学还是个年轻的学术思潮，它还有很多未知的问题亟需探索和发现。但我们有足够的证据支持积极心理学不是"心灵鸡汤"，更不是阿Q的"精神胜利法"；它所关注的是人心中的善良天性，人类社会的正能量，以及我们共同具备的灵性、悟性、感性和德性！

问大家一个现实的问题：

假设您已经举办了一个party（晚会），但有人提出了一些不同的意见。对此，阿Q精神的反应会是什么样的？积极心理学的反应又是什么样的呢？

不要说我没有告诉你答案哦！

# 过度相信乐观作用的"陷阱"[①]

人们一直对乐观主义的作用深信不疑,在网络上也随处可见"乐观是成功之源"、"只要乐观,就能成功"等类似成功学观点的心灵鸡汤。然而,是否过分高估了"乐观即可带来成功"这一信念的作用?一项来自犹他大学(University of Utah)和加州大学(University of California)的最新研究发现:

① 人们喜欢乐观主义可能是因为相信它会提高我们的成就。
② 实际上,我们可能过分高估了乐观能给成功带来的作用。

## 人们为何如此推崇乐观主义

乐观主义为何备受推崇?许多心理学研究者试图对此做出解释,积极心理学中的一些研究也验证了乐观的好处。比如,通过积极思考可以改善人们的社会关系,提高幸福感和健康水平等;另有研究者发现乐观主义可以促使人们形成趋近取向(approach orientation),使得人们更努力地向目标靠拢,而不是选择回避,因此也更有可能成功;还有一个大家普遍认同的原因,或许在于人们相信乐观主义可以提高个体的表现,更好地完成任务,从而实现成功——这也就是乐观提升表现假设(optimism performance hypothesis)。

为验证人们相信该假设是人们推崇乐观主义的原因,研究者进行了

---
① 根据杨璐的作业改写。

如下的实验研究。

研究者通过网络（M-Turk上）招募了305名被试，实验分为两步进行。

首先，被试会随机读到一个关于决策的故事。共有四个故事，举其中一个为例：简（Jane）获得了一笔遗产，同时，她拥有该生意的主导权，可以自行决定公司的发展方向，制定公司决策等。她想将这笔钱投资做生意，如果成功，会获得巨额收益，而一旦失败，则将完全失去这笔钱。另外三个故事类似，皆为包含风险的决策，如主人公是否接受心脏手术、申请奖学金、举办聚会。

然后，告诉被试故事中主人公简投资该生意的实际成功率为70%，但是简自己并不知道。分别让被试猜测，当简认为她的成功率为85%、70%、55%时，他们认为简最后成功的机率。

其中，85%对应简为乐观的信念，70%对应准确，55%对应悲观。通过比较不同乐观水平下，被试认为简成功的不同可能性，来验证研究者的假设——人们是否认为乐观的信念会带来成功。

结果显示：故事中人物的乐观情况主效应显著，即相比悲观（M=60.34%）和准确组，当被试得知故事中的主人公拥有乐观信念时，会认为其更可能成功（M=73.39%）。

该实验说明，人们相信"乐观主义信念会促进人们成功"的观点，也验证了"乐观提升表现假设"存在于现实生活中。

## 乐观信念的作用被高估了吗

上述实验验证了"人们相信乐观主义会提升我们的表现，让我们更成功"这一信念的存在，也是人们推崇乐观主义的原因。可这一信念的真实作用如何呢？我们对乐观主义的作用是否存在盲目崇拜呢？另外，有研究者发现，自我效能（self-efficacy，人们对自己能力的主观判断，也即自我能力感）会影响人们在完成任务时的努力程度和坚持度，但不会直接影响人们的任务表现。而乐观主义和自我效能之间密切相关，乐观主义信念的作用会不会也和自我效能的作用类似呢？研究者通过实验进行了验证。

研究者在网络上招募了150名被试，分为参与组（experienced）（即真实参与实验任务）和观察组（predicted）（了解参与组情况，并进行预测）两组。

参与组被试共经历两个步骤。第一步，研究人员发放给参与组被试5张人物照片，让被试猜测照片中人物的年龄。填写完毕后，研究人员随机将被试分配为高/低乐观两组（和他们猜年龄的表现无关）。研究人员告诉高乐观组被试，根据刚才的测试，我们认为您在真实测试中的正确率为70%，而低乐观组则被告知正确率为30%。第二步，告诉被试正式任务开始，给被试10张人物照片让其猜测年龄。通过比较高、低乐观组被试的答题正确率来验证乐观信念的作用。对于观察组的被试，研究人员详细介绍了参与组情况，并让他们推测参与组被试在正式任务中的正确率。

结果显示：参与组中，高、低乐观信念并不会直接影响人们的任务表现（M高乐观=42.3% vs. M低乐观=39.4%），即高乐观组的实际表现并没有比低乐观组更好；而观察组中，人们却普遍推测高乐观组的任务表现会更好（M高乐观=60.7% vs. M低乐观=46.5%）。（见图7）

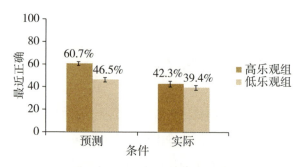

图7　高低乐观组的实际表现与人们对高低乐观组任务表现的推测

该结论说明了，乐观主义的信念并不会直接提升人们的实际任务表现，反而是人们高估了它的作用。

## 做一个客观的乐观主义者

根据上述研究，我们现在是否可以得出"乐观对人们的表现并没有促进作用"这样的结论？但这显然不完全是研究者的意图。

作为积极心理学一直倡导的乐观主义，已有大量的研究佐证"乐观有利于提高我们的幸福感，促进成功"，而该研究却证实了：乐观主义信念并不是我们实现成功的决定因素。研究者一方面验证了自己的疑问，另一方面也提醒我们，现实生活中所存在的"盲目崇拜乐观作用信念"的偏见和误差，反而可能导致我们忽略现实，减少风险防范，成为阻碍我们成功路上的"陷阱"。

因此，如果用一句话概括本研究的启示，那就是：想要实现成功，仅仅依靠"仰望星空，微笑乐观"是远远不够的，归根结底，我们还需要脚踏实地地提升自身实力，并不懈地向目标奋进。

# 联合国"国际幸福日"纪实

题记:2014年3月20日,彭凯平教授应联合国新闻部邀请,赴美国纽约参加了第二个"国际幸福日"的纪念活动,并在联大会场做了有关《幸福科学及在中国实践》的主题报告,引发与会听众的兴趣,并经由联合国网络电视向全球实况转播。当天晚上,中国中央电视台《晚间新闻》对此作了专题报道。这应该是积极心理学在中国发展历史上一个重要的标志性事件。

## 国际幸福日的意义

早春的纽约,春寒料峭,乍暖还寒。一大早,我们就赶赴联合国新闻部参加会议的新闻发布会。在入口处,已经有了来自世界各地的人们在排队准备接受安检后参加这一天的"国际幸福日"庆典活动。尽管至今还没有能用来衡量"幸福"这种源自内心美好感受的全球统一标准,但追求幸福和快乐却是我们全人类共同的目标和愿望。尤其是看到现场有很多中小学生幸福而又踊跃地等待着当天的纪念活动,让我备感欣慰。

本次纪念活动在欢快的《幸福之歌》中开始,首先由联合国新闻部外联司非政府组织关系处主任杰弗里·布雷兹(Jeffrey Brez)宣读联合国秘书长潘基文的致辞,声明指出,"如今各国在探讨人类的可持续发展时,日益频繁地谈及幸福和福祉的概念,并且已经有许多国家开始采取切实可行的措施,在立法和政策制定过程中推行这两个概念"。潘基文秘书长强调,"虽然幸福的含义因人而异,但我们可达成这样一个共识:幸福意味着努力结束冲突、贫穷和其他不幸的境况……幸福也是人类大家庭每一个成员都抱有的一种深深向往,不应剥夺任何人追求幸福的权利,而应向所有的人开启幸福之门。该愿望包含在《联合国宪章》关于促进和平、正义、人权、社会进步及改善民生的承诺之中"。因此,联合国呼吁"消除贫穷,促进社会包容和文化间和谐,敦促国际社会采取切实行动,结束冲突和贫困,确保人人享有社会进步带来的幸福和福祉"!

目前,我们人类还有许多同胞生活在种种不幸的处境之中,如果由联合国大会来确认"幸福和福祉是全世界人类生活中的普世目标和愿望"将具有深远的现实意义。因此,联大在2012年6月28日通过了66/281号决议,宣布每年的3月20日为"国际幸福日",并强调"幸福是人类共同的追求,是人类生命的目的,也是世界各国发展的指导方针"。于是,确定2014年纪念活动的主题是探讨"幸福对全球社区的影响",希望探索出各个国家、各个组织和机构、普通公民、媒体和技术公司是如何推广、宣传、发展人类的幸福运动的。

会议是由著名作家和电影导演克里斯蒂娜·史蒂文斯(Christina Stevens)主持的。她在开幕式中先介绍了参加会议的主题发言嘉宾,三位政府代表,分别是丹麦驻联合国代表伊布·彼得森(Ib Petersen)、前伊拉克驻联合国代表哈米德·巴亚提(HamidAI-Bayati)、萨尔瓦多驻联合国代表卡洛斯·恩里克·加西亚·冈萨雷斯(Carlos Enrique Garcia Gonzalez);以及三位民间代表,分别是卢旺达种族大屠杀的幸存者和作家肯索丽·尼西姆威(Consolee Nishimwe)、美国南达克达大学学生凯伦·拉森(Kaylen Larson)和我本人。

三位政府代表主要是从各国政府如何支持本国的幸福运动和用"公民幸福指数"替代人均GDP的可行性、实用性、经验与教训等方面发表了主题演讲。

## 最幸福国家的启迪

丹麦是连续三年荣获联合国"幸福国家"排名第一位的国家。在丹麦驻联合国代表伊布·彼得森看来,"丹麦人最幸福"的说法让他颇感意外,因为丹麦的天气很糟糕、税收很高、足球队甚至无法入围巴西世界杯……"但哥本哈根大学新成立的'幸福研究学院'总结的八点成功经验,或许能带给其他国家一些启迪:第一,丹麦人的幸福来自高度的信任感。除了人与人之间的互信,还包括民众对政府的透明、廉洁、效率和能力的信心。第二,低犯罪率和完善的社会保障制度给了丹麦人较高的安全感。第三,高国民收入带来高质量的生活水平。第四,自由。丹麦自1849年颁布的宪法中就明确规定了言论、集会、财产自由等一系列权利,丹麦人有权决定自己的生活。第五,高就业率。获得就业机会不仅意味着能确保家庭收入,更是社会关系融洽的关键,同时也使丹麦人在展示自我价值的过程中更有意义。第六,民主。这主要体现在较高的民众参政议政水平上,议会选举时投票率通常都在85%以上。第七,社会凝聚力。约530万丹麦人中有近200万人在参与各类社团的志愿者服务活动。第八,保持个人生活、家庭以及工作之间的和谐,丹麦人乐于适度工作,并享受生活。"伊布·彼得森认为,丹麦的经验体现了幸福是人类共同追求的主题,丹麦很乐意与世界各国人民共享丹麦的经验。他平和、简练的发言很能反映北欧人民那种淡定从容的气质。

前伊拉克驻联合国代表哈米德·巴亚提是联合国66/281号"幸福决议"的主要撰稿人。他认为:"幸福源于内心。"尽管当今世界"利益纷争、弱肉强食,战火和硝烟从未平息过",但在这个发展与博弈并存的时代,"平安、和谐、幸福"仍然是人类共同的追求。因此,他呼吁"全世界人民必须团结起来,杜绝战争,消除贫困,美化地球,共同实现'世界幸福'这一全人类最伟大的目标"!他的发言结合了自己个人的经历,强调幸福是战胜灾难、冲突和战争最好的方法,幸福是人类充满希望、自信的核心精神支柱。我个人感觉类似的故事他已经讲了很多次，有种圆滑、老练的外交家气质。

萨尔瓦多驻联合国代表卡洛斯·恩里克·加西亚·冈萨雷斯特别强调了艺术及艺术教育在人类增强幸福方面的具体作用。他很有南美人民的热情、随性、平易近人的气质。

## 卢旺达幸存者的幸福追求

参加这次大会主题发言的前两位民间代表：一位是来自卢旺达种族大屠杀的幸存者和作家肯索丽·尼西姆威。她从14岁开始便一直生存在种族灭绝的恐惧之中，其父亲和三个弟弟都死于从1994年开始的种族灭绝大屠杀；她在不断的逃亡和恐惧中顽强地生活下来，成为了一位有名的作家。她的著作《极端考验：一个大屠杀幸存者的痛苦、坚强与希望的故事》，曾是美国2012年畅销书之一。肯索丽主要谈了个人通过对幸福的追求来战胜种族的偏见、歧视和战争的阴影。另一位是美国南达克达大学学生凯伦·拉森，她是全美家庭事业和社区服务领袖会（FCCCLA）的主席。她代表年轻一代谈了幸福对我们人类未来的意义，以及在为社区服务和帮助世界人民实现幸福方面所做的工作。这两位嘉宾分别代表非洲和美洲、第三世界和西方世界、妇女和学生，以及更多的是从个人的角度谈了幸福对自己的意义。她们的发言与我作为亚太地区的代表，同时也是科学和教育界的代表，准备讲幸福对集体的作用形成了很好的呼应。

## 幸福科学在中国的推广与实践

我是最后一个发言的嘉宾，主持人开玩笑地说："听完了学生的发言之后，我们该听教授的了。"在报告开始之前，我首先播放了我的好朋友、央视著名编导姜诗明和我的学生倪子君为我精心编制的将近两分钟的宣传片，专业的制作、美丽的画面、动听的音乐，震撼了全场的观众。会后很多外国朋友感叹说这是他们所见过的宣传幸福科学最好的短片，有一种高端、大气、上档次的感觉。

我的报告着重谈了幸福科学对于中国和人类的意义。首先，我介绍了中国人民为什么要关注幸福的问题，因为过去30年里，中国社会经济的飞速发展增强了人民的物质利益，但也带来了很多社会心理的伤害，中国人民的幸福指数在联合国的多次调查当中，排名都在90多位，这显然与中国的大国地位与经济实力不相匹配。不过这也不是中国一国独有的问题——人类在过去的200年中，在意义和幸福两个重要的心理维度上出现了严重的滑坡，造成这种明显滑坡的原因，包括功利主义、社会达尔文主义、个人主义以及工业化所带来的影响，这些方面在中国近代发展的轨迹上也都有所反映。这就是为什么在中国推广幸福科学和积极心理学显得很有必要。

其次，我介绍了在中国开展的积极心理学研究。这方面主要介绍了我们清华大学行为与大数据研究中心所做的"中国幸福指数的测量"和"中国幸福地图的编制"。我们结合世界幸福科学的前沿理论和中国文化的实际情况，第一次创建了世界上最完全的中文幸福词库，采用了将近1250多个幸福测量指标，并且第一次用大数据衡量了国家水平的幸福指数变迁，做了幸福地图的绘制。

再次，我还介绍了清华大学心理学系在"幸福园丁"公益项目方面所做出的贡献。清华大学心理学系在中国有识之士的支持下，成立了"幸福园丁"公益基金，主要是为了帮助中国偏远地区的校长和老师学习积极心理学，掌握和提升让孩子幸福的技巧和方法。

最后，我还谈到了中国积极心理学会（筹）在帮助宣传、普及和推广积极心理学方面的一些措施、方针及有效的方法。在回答听众提问时，我特别谈到了民间组织、社会机构、公司和个人在积极运动方面的作用，并提到CPPA到现在为止还是一个民间组织，在很多方面是热心幸福事业、关注他人幸福的志愿者所从事的工作。但在短期内已经有了非常大的影响，并且得到了大家的认同和欣赏。

在主题报告结束后，与会听众纷纷就企业在幸福运动中的作用、各级政府在幸福政策方面的制定以及年轻人在幸福运动中的地位等方面进行了深入的交流和热情的探讨。

纪念活动结束时，会场再次响起了欢快的《幸福之歌》。

我能够有幸代表中国参加联合国举办的"国际幸福日"纪念活动，个人认为这既体现了世界各国对我国积极心理学的期望和支持，也体现了联合国对我国人民幸福事业的关注和欣赏。我国需要积极心理学，我国人民也一定会为世界人民的幸福事业做出重要的贡献。

# 让你目光短浅的是愤怒吗[①]

当一个人极端愤怒时往往就无法深谋远虑，正如传统文学作品中的人物——无论张飞还是李逵，动不动便要杀他个片甲不留的猛将，似乎永远是计略不足的；而能够在谈笑间使樯橹灰飞烟灭的，如诸葛孔明般的，总是带着了然于胸的淡淡微笑。愤怒情绪是否真的会影响人们的思维活动？发表在《人格与社会心理学期刊》（Journal of Personality and Social Psychology）的心理学研究表明：愤怒情绪确实使人变得"目光短浅"——当看到令人愤怒的图片之后，人们更难注意到事物的整体，注意范围也变窄了。

来自美国阿拉巴马大学（The University of Alabama）的盖布尔教授和其同事普尔、哈慕·琼斯（Gable，Poole & Harmon Jones，2015）使用了心理学领域研究注意的经典实验——奈文（Navon）任务——探究愤怒情绪对人们心理、认知活动的影响。

研究者先让招募到的大学生志愿者分别看两组图片，一组图片令人产生愤怒情绪，而另一组则是不含情绪信息的景物图片。看完图片之后，这些志愿者被要求完成奈文任务，即辨认图片中代表整体信息的字母或者代表局部信息的字母。研究结果显示，在看完令人愤怒的图片后，志愿者在辨认代表整体信息的字母所需要的时间大大增加，这表示人们在愤怒时的注意范围变小了，而难以关注到事物的整体信息。

除此之外，盖布尔教授和其同事还研究了愤怒情绪对人们进行归类

[①] 根据过继成思的作业改写。

任务的影响。

该研究任务很简单，即判断某个事物（如骆驼）是否属于某类事物（如交通工具）。如果人们更加关注事物的个性（如骆驼有自己的情感、意识），那么则更倾向认为该事物不属于某个范畴；如果人们更加关注事物与范畴的共性（如骆驼能够载人交通），那么则更倾向于认为该事物属于某个范畴。盖布尔教授和其同事的研究发现，当看完令人愤怒的图片后，人们更倾向于不把具体的事物归到一个类别中。也就是说人们在概念思维上的"视野"变窄了，更多地看到事物的个性，而非个体和类别的联系。

当然，愤怒情绪对我们心理活动的影响程度也存在个体差异，即不同个性的人受愤怒的影响也不同。

盖布尔教授和其同事在研究中发现，更努力追求目标、更容易受奖励影响的人，也更容易被愤怒情绪减小认知的"视野"。努力追求奖励不是坏事，但是这种个性往往体现出对目标的趋近动机——当您离一个东西近了，自然也就更多看到的是局部了。从这种观点出发，盖布尔教授和其同事提出了一些可能避开愤怒情绪影响人们"认知视野"的途径——当愤怒使您产生接近某件事物的动机时（"我生气地想打他一拳"），那么阻断接近这件事物的渠道（"退一步海阔天空，您可能看到更远"）可以减小愤怒情绪的影响。此外，当您生气时，并非想要趋近，而是能保持自身，也能减小愤怒对认知的负面影响。

现在我们已经知道愤怒会使人变得"短视"，那么在现实社会中，愤怒的影响会带来什么样的后果呢？盖布尔教授和其同事对此也提出了一些自己的看法。他们认为愤怒之所以会引发很多攻击性行为，人们变得"短视"是其中重要的原因，因为在愤怒时，人们不仅从注意上只看到局部的信息，而且从概念上只看到眼前的。因此，人们在愤怒时往往忽视了很多可能和平解决的方式，进而采取最便捷的攻击性行为。而更进一步，发生在2015年11月13日晚的巴黎恐怖袭击事件震惊全球，愤怒便可能是促进极端主义行为的重要原因。战时，我们需要"同仇敌忾"才能实现"万众一心",聚焦到一个目标;而在和平发展的当下,注意解决问题的多元角度才是我们需要努力的方向。

最后,我们来看一看心理学理论是如何解释愤怒情绪使我们"短视"这一现象的。来自美国密歇根大学的芭芭拉·弗里迪克逊(Barbara L.Fredrickson)教授提出了"扩展——建立模型",认为积极情绪为人们提供了一种安全、稳定的环境,进而扩展人们当下的思维和行为范围,并且能建立起长久的心理能量。相反,消极情绪(如愤怒、紧张、悲伤、失望)作为一种应对紧急的、受威胁的生存危机时的反应,使人们的思维和行为范围更为关注能带来直接、即时利益的事物之上,而不关注长期的利益。

愤怒情绪作为人类的基本情绪之一,有其进化的适应意义,但我们也需要清楚愤怒的负面作用——使我们的"视野"变窄,难以关注事物全局。希望大家在愤怒时,能想起这篇短文,并能试着"退一步海阔天空";而在平时,能注意培养积极的情绪,从而使自己的视野更加开阔,境界更加高尚。

# 悲伤时听伤感音乐会让你更积极吗

2014年出版的网络科学杂志"PLoS ONE"发表了塔鲁夫（Taruffi）和凯尔奇（Koelsch）（2014）所写的一篇很有趣的文章，题目是《伤感音乐的矛盾效应：一篇网络调查研究》（The paradox of music-evoked sadness: an online survey）。

这两位学者试图破解伤感音乐的悖论，目的是想看一看，为什么还是有那么多的人喜欢伤感音乐？他们做了一个网络调查，询问了772个实验参与者。这些人来自不同的文化、不同的年龄、不同的社会阶层，主要是想了解他们对伤感音乐的体会。

他们根据被试的反应，总结出来76个原因，并根据该报告总结出76条体验，然后，再根据这些体验编制了一个调查量表，让被试在一个没有任何音乐的环境里，安静地回答这76个问题。结果发现，在听伤感音乐的时候最频繁出现的不是忧郁和悲伤的情绪，而是怀旧的情绪。

换句话说，人们通常以为伤感音乐激发的一定是伤感的情绪。但很多时候发现，伤感音乐激发的是人们情绪的回忆，最鲜明的是怀旧的情绪。因此，伤感音乐能触发人们的同理心、同情心，以及关心他人和理解他人的社会心理。

以前，很多人认为伤感音乐的主要作用是让人意识到自己不是世界上唯一的伤心人。因为音乐是一种社会交往的工具，让人可以分担其他人同时感到的痛苦。这就是为什么艾尔顿·约翰（Elton John）的《风中的蜡烛》在全世界都有传播，因为它是在戴安娜王妃去世之后发表的，

能够让全世界很多戴安娜的粉丝分担这份痛苦,而不是一个人独自承受那份伤痛。

但这个研究基本否定了以前伤感音乐的心理效应,并且该研究也发现,伤感音乐激发的情绪反应,实际上是非常复杂的,受到了同情心和同理心的影响。从某种意义上讲,伤感音乐也会有一些正面、积极的作用,就是能够对我们的负面情绪起到一种调节和安慰的作用。这些正面的情绪反应,可能就是伤感音乐受到很多人喜欢的原因,让我们对自己美好的情绪记忆产生一种积极体验。

当然，这个研究还有很多不清楚的地方，毕竟只是一个网络研究，很多的结论也只是相关性的研究结果，没有实验控制和操纵，很难得出明确的结论。

而且，从某种意义上讲，可能还有很大的个体差异。如文章中提到对于情绪不稳定的人来讲，伤感音乐可能反而会起到更好的情绪调节作用，缓和他们经常能体会到的一些负面情绪的因素。因此，对于生活基本快乐的人建议多听一些欢快的音乐；但时运不济、人生坎坷的人似乎听一些伤感的音乐，反而更有可能起到一些正面的调节作用。

我对这个研究感兴趣的主要原因，在于还想说明：积极心理学其实还有很多需要探索和研究的问题，人类的心理其实很微妙、很复杂。

正如苏格拉底所说："未经审视的人生是不值得过的。"我个人觉得：未经研究论证的心理学观点也是不值得信任的。因为我们有很多对心理学朴素的、直观的认识，尤其是积极心理学，在某种程度上讲，还是有很多观点缺乏系统的、严谨的科学验证。即使我们自认为天然真理的快乐音乐的快乐效果，伤感音乐的负面效果，也都值得重新审视和研究。

> "想当然"不是科学的态度，"是不是"才是需要验证的问题，而"为什么"更是最重要的目标。

# 和当代最杰出的心理学家聊聊天

感恩节之际,我们每个人都有自己该感谢的人和事。我特别想感谢曾经指导过我的老师以及和我一起工作过的心理学同仁们、同事们。从1979年投身到心理学的学习、研究、教学和普及工作以来,我已经和成千上万的老师、同学和社会人士有过学习、工作、生活的经历,所有这些人都给了我很大的帮助。我衷心地向各位表达我的感谢。

我特别相信佛祖释迦牟尼说过的一句话:"无论你遇见谁,他都是你生命中该出现的人,绝非偶然,他一定会教给你一些什么……"所以,孔子说:"三人行,必有我师焉。"因此,大家其实也都是我的老师!

当然,有些老师是绝对与众不同的,这就是在我成长过程中受教过、共事过、一起工作过的最杰出的心理学家们。

## 当代最杰出的心理学家们

最近,美国弗吉尼亚大学心理学教授,原美国伊利诺州立大学著名心理学家,埃德·迪纳(Ed Diener)教授完成了一篇对第二次世界大战之后,人类最伟大的杰出心理学家的数据分析,结果如表1。

表1　二战后人类最伟大的杰出心理学家前20名

| 排名 | 姓名 |
| --- | --- |
| 1 | 阿尔伯特·班杜拉(BANDURA, Albert) |
| 2 | 让·皮亚杰(PIAGET, Jean) |

续表

| 排名 | 姓名 |
|---|---|
| 3 | 丹尼尔·卡尼曼（KAHNEMAN, Daniel） |
| 4 | 理查德·拉扎勒斯（LAZARUS, Richard） |
| 5 | 马丁·塞利格曼（SELIGMAN, Martin） |
| 6 | B.F.斯金纳（SKINNER, B.F.） |
| 7 | 诺姆·乔姆斯基（CHOMSKY, Noam） |
| 8 | 谢利·泰勒（TAYLOR, Shelley） |
| 9 | 阿莫斯·特沃斯基（TVERSKY, Amos） |
| 10 | 埃德·迪纳（DIENER, Ed） |
| 11 | 赫伯特·西蒙（SIMON Herbert） |
| 12 | 卡尔·罗杰斯（ROGERS, Carl） |
| 13 | 拉里·斯奎尔（SQUIRE, Larry） |
| 14 | 约翰·安德森（ANDERSON, John） |
| 15 | 保罗·艾克曼（EKMAN, Paul） |
| 16 | 安道尔·托尔文（TULVING, Endel） |
| 17 | 戈登·奥尔波特（ALLPORT, Gordon） |
| 18 | 约翰·鲍尔比（BOWLBY, John） |
| 19 | 理查德·尼斯贝特（NISBETT, Richard） |
| 20 | 唐纳德·坎贝尔（CAMPBELL, Donala） |

这份排名不包括我们以前所熟悉的威廉·詹姆斯、巴甫洛夫、弗洛伊德等二战之前的经典心理学家，主要是由二战后的心理学家组成。

利用多种来源，迪纳收集到了348位杰出心理学家名单，最终将评选出其中最杰出的200位。迪纳是通过借鉴心理学家海格博卢姆（Haggbloom）曾经采用的评选20世纪100位杰出心理学家的方法，确立了测量"杰出性"的3种标准：引用率、教科书覆盖率、重大奖项（其中，引用率包括总引用率与单篇作品最高引用；重大奖项包括来自于美国心理学会和心理科学协会的奖项）。最后，为了进一步验证，研究者还查看了这些心理学家在维基百科上的介绍。有趣的是，排名越靠前的心理学家在维基百科上的介绍往往也越多。

最后的数据显示，当代心理学家的排名呈明显的正偏态，这意味着，最杰出的几位心理学家将其他的心理学家远远地甩在了后面。杰出的心理学家们所取得的成就大多在他们50岁以后,并且他们中的大多数人直到晚年还投身在工作之中。

## 我的导师尼斯贝特教授

在以上排名中,位列第19位的理查德·尼斯贝特(Richard Nisbett)教授,就是我在美国密歇根大学攻读博士学位的恩师。他是一个永不停歇的思想者和科学的播种者,培养了很多优秀的心理学大师,有很多人已经成为美国社会心理学界的领军人物(有一项研究发现,尼斯贝特培养的学生占据了美国一流心理学系、社会心理学专业将近20%的领导岗位)。他不光学问做得好,人品也非常突出和优秀,对我产生了深远的影响。

其实,我与他的第一次接触还是我在北京大学的时候,他到北京大学心理系来讲学。当时,我刚刚本科毕业留校任教,正好旁听了尼斯贝特在北大开设的社会心理学课程。我是一个上课从来都不喜欢记笔记的人,但尼斯贝特的课程让我第一次认认真真地做了笔记,可能是因为他所讲的社会心理学对我而言是一个全新的陌生领域。

尼斯贝特作为当代社会心理学的奠基人之一,他所开设的社会心理学,让我有一种柳暗花明、耳目一新的感觉,印象非常深刻。北京大学心理学系从1978年以来,一直没有开设社会心理学的课程,直到1982年才邀请吴江霖先生开始开设社会心理学课程,让我对它产生了浓厚的兴趣。但我个人感觉吴先生的社会心理学讲的是二战之前的内容,而且,更多的偏重于社会学的社会心理学,而不是心理学的社会心理学(这两者之间还是有很大的差异的)。只不过后来我接受北大的恩师陈仲庚老师的任务,准备开设"文革"后的首次心理测验课程,由于工作的需要,我在北大就没能发展我对社会心理学的学习兴趣。

1989年1月20日,我去美国密歇根大学心理系做访问学者。没想到又重新和尼斯贝特有交集,并有幸成了他的学生。尼斯贝特给我最深刻的印象,是他把科学研究作为自己的事业。

1995年,我曾经有机会成为福特公司派驻中国的代表之一,年薪非常高。当我向尼斯贝特汇报我的这一个可能的机会时,他把我邀请到家里,进行了将近3个小时的谈心。他特别提出,上帝给每个人安排好了位置,科学家其实行使着上帝的职责,代表上帝判断人间的真伪。而我和他的生命交集一定是有别的意义在其中。这是我第一次被宗教式的使命感所震撼。我长期以来认为,教授也就是一个工作岗位而已,做科学研究也就是我们安身立命的方式和手段。但对尼斯贝特来讲,科学是一项神圣的事业、高尚的事业、天意的事业。这是我以前从来没有感受过的职业使命感。但尼斯贝特本人并不是一个宗教信徒,他有科学家的理性和对人类生命的挚爱,所以才把心理学研究当作神圣的事业。他经常说的一句话是:"一个优秀的科学家,永远是在追求、探索未知的领域。"因此,他不可能一辈子只做一件简单的事情,他一定是要追求让他心动的新课题。尼斯贝特的一生确实是追求科学发展的一生,我甚至都觉得他在遵循一种科学探索的规律,每十年他都要换一个研究方向。通常都是以大量的科学研究论文开始,然后以1~2篇理论综述结尾,最后以1~2本理论著作结束。因此,在他40年的学术研究中,他基本上是每10年就有一个重大的学术重点课题。20世纪70年代他关注的是归因问题,成了社会心理学归因研究的大师;80年代他关注人类决策的问题,成为和卡里曼、托瓦斯基齐名的人类决策的心理学家,被提名为诺贝尔经济学奖候选人;90年代他开始关注文化的问题,成为文化心理学的奠基人之一;到了21世纪,尼斯贝特更多地关注人类的社会智力和社会问题。因此,他是一个永远追求不息的攀登者、开拓者和播种者。和这样的导师一起工作,绝对是一种终身受益的体验。

同时,尼斯贝特教授也是一个非常慷慨的人。在我和哥伦比亚大学商学院迈克尔·莫里斯(Michael Morris)教授完成《文化与归因》论文时,他把自己的名字从作者名单中去掉,因为他认为我和迈克尔·莫里斯是这篇文章贡献最大的人,他非常满意我们所做的工作,而不需要署上他的名字。虽然这项工作从开始到结束，他倾注了大量的心血。另外，尼斯贝特的畅销书《思维的版图》总结了他自己和学生在文化心理学方面的工作。但是在他序言的开篇，却特别提到了一个普通的中国学生——我对他的思想的冲击和影响。这也让我特别地感动，因为很少有这样的学术大腕能够讲出来他最初的创意来自一个普通的中国学生。让我对他敬佩之至。

## 近距离接触最杰出的心理学家

在埃德·迪纳教授所列出的20位当代最杰出的心理学家中，我和其中的10位心理学家有过亲密的接触和共事的经历。排名第1位的阿尔伯特·班杜拉（Albert Bandura）教授，我们曾经在斯坦福的暑期工作坊一起讲过课）。排名第3位的丹尼尔·卡尼曼（Daniel Kahneman）教授，2002年诺贝尔经济学奖获得者，我在伯克利心理系托尔曼大楼（Tolman Hall）的办公室3029就是卡尼曼以前使用过的办公室，并且1997年7月1日我去伯克利上班的第一天就遇到了他。排名第4位的理查德·拉扎勒斯（Richard Lazarus）教授，是我伯克利的同事，办公室就在一起。他是认知情绪理论的奠基人，我们在伯克利共事了3年，直到他退休。排名第5位的马丁·塞利格曼（Martin Seligman）教授，是我从事积极心理学最重要的支持者和合作者，好几次国际积极心理学大会，都是马丁请我做主题发言；他也为我们中国积极心理学的发展做出了巨大的贡献，因此，我把他当作我现在从事的积极心理学事业的同事。同时，他的几位优秀的学生也在清华大学积极心理学研究中心工作，帮助我推动积极心理学在中国的发展）。排在第8位的谢利·泰勒（Shelley Taylor）教授，1997年我获得UCLA教职聘任邀请的主要推动者就是他，因此，我们有好几次一起会面、聚餐、谈工作，并一起参加美国心理学会科学领导小组的领导工作。排在第9位的阿莫斯·特沃斯基（Amos Tversky）教授，他是尼斯贝特教授的至友，我经常陪他们两个人喝酒聊天，一起开会。如果不是英年早逝,他一定是和卡尼曼教授一起共享诺贝尔奖的。他们两人的故事也算是心理学界"高山流水遇知音"的典型了。排在第10位的迪纳(Ed Diener)教授,当代最著名的心理学家之一,也是积极心理学的奠基人之一。我曾经在UIUC美国伊利诺伊大学心理学系多次和迪纳相逢,包括在国际积极心理学联合会理事会共事。迪纳是最有影响的积极心理学家之一,曾经被《纽约时报》认为是为人类的幸福做出过最伟大贡献的研究者。排在第11位的赫伯特·西蒙(Herbert Simon)教授,是第一个获得诺贝尔经济学奖的心理学家,1979年获诺贝尔奖后来北京大学心理学系访问,他应该是第一个访问中国的诺贝尔经济学奖获得者,也可能是第一位访问中国的非华裔的诺贝尔奖获得者。他当时很亲切、随和、低调,是不能和现在获得诺贝尔奖的人在中国的排场相比拟的。我们后来又在美国心理学会心理科学领导委员会共事。排名第15位的保罗·艾克曼(Paul Ekman)教授,也是我在伯克利文化与人格研究所的同事,他所开创的情绪研究,应该是当代情绪革命最早的先驱之一。

  总而言之,以我的亲身经历,和这些科学大师们在一起,感觉不到他们的盛气凌人、蛮横霸道,而是很亲切随和、单纯可爱。真正的大师并不喜欢人们的顶礼膜拜,而是欣赏平等地交流和沟通。反倒是胸无点墨、狭隘心虚的人需要摆出架势来吓唬别人。

## 感慨与感恩

  我们中国人经常用"春蚕到死丝方尽,蜡炬成灰泪始干"来赞誉老师,我觉得这样的赞誉不是很恰当。**教师是一种高尚的职业、幸福的职业、伟大的职业。** 在人类5000多年的文明历史中,出现了无数的职业,此起彼伏、层出不穷,但只有两个职业能永垂不朽,彪炳千秋,在任何文化和社会都存在。一个是类似各种宗教中的传教士,另一个就是类似教师这样的职业。因此,从事教育工作是人最幸运的工作,也是最伟大的工作,甚至是最幸福的工作;因为沟通是快乐的、交流是舒适的、帮助他人是幸福的。能够从事这样的工作，我们应该感到一种自豪和骄傲。如果我们的教师自己觉得我们做的只是奉献、牺牲的工作，那就可能要怪我们的社会、我们的体制，怪我们周围的人不尊重知识、不尊重文化、不尊重教育。

因此，在感恩节这个特殊的日子，我特别想对曾经关怀、爱护和支持过我的老师们诚挚地说一声：老师，感谢您曾给予过的指导和指引。我尤其想借此倾诉我对尼斯贝特老师的感谢之情，他让我学会了如何做人、如何做事、如何做研究以及如何做教授，至今都一直深深地影响着我的为人、处事、为师！虽然我们中国人比较内敛，不善言表，但大家可以趁这样的日子，对我们该感谢的人和事说出我们心底的由衷感谢。同时，我们也要感谢社会让我们有这样的工作机会和社会身份。感谢老师、感谢同仁、感谢大家！

PART 3
## 正心

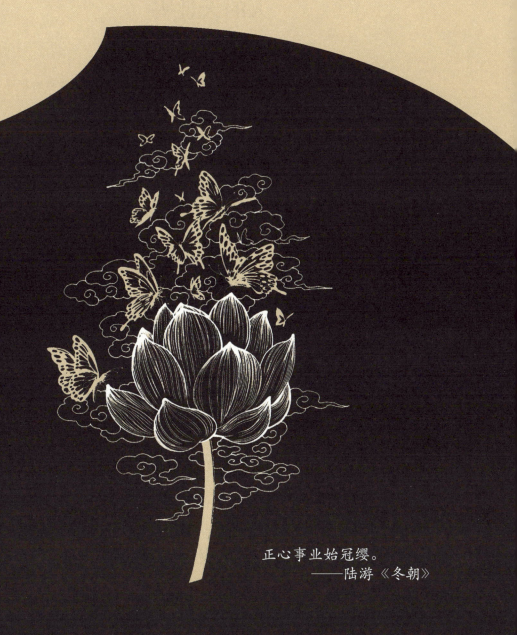

正心事业始冠缨。
——陆游《冬朝》

# 红尘炼心——道德与正义真的是人的天性吗

乔纳森·海特（Jonathan Haidt）是2014年美国总统科学奖的获得者，是心理学界从事道德心理学研究的第三代学者的领军人物之一。

第一代道德心理学是以精神分析理论为基础的弗洛伊德（Freud）学派。他们更多的是把道德问题，作为超我概念来加以分析，是把它作为对本我——人的欲望、本能、冲动的一种文化控制、监督、干预来理解。

第二代道德心理学是以科尔伯格（kohlberg）为领军人物，主要是从发展与教育心理学的角度来谈论道德意识的产生和道德观念的形成。

第三代道德心理学研究者包括乔纳森、达克·卡特勒（Dacher Keltner）、珍·米勒（Joan Miller）、乔舒亚·格林（Joshua Greene）等新一代的道德心理学家。这其中，尤其以乔纳森所做工作的影响最为深远。作为和他相识多年的同行，我由衷地敬佩乔纳森的学术成就、执着的学术精神和勤奋的工作态度。

乔纳森应我的邀请来清华大学演讲，主要介绍了他的新书《正义之心》。这本书着重强调了人类的道德意识、正义之心是一种人类的本能，是人心的一种积极主动的反应，是人类进化选择出来的一种竞争的优势。因此，无论是人心向往善良和高尚，还是人心厌恶邪恶和卑鄙，都是我们人类的灵性、悟性、德性的一种体现。乔纳森一个重要的工作就是，分析了道德的多元，他在《正义之心》里提出6大道德基础，每个人遵循的、信奉的、实现的道德原则其实并不完全一样，比如有人比较强调理性的法律，有人比较强调感情的直觉，有人比较强调天然道德，有些人比较强调社会契约，这都是各种各样道德基础上的差异。当然，心理学家从事道德的研究，与伦理学家、神学家和社会工作者的角度不同，我们更关注证据、证明和证伪，需要有实验的观察、统计的分析、逻辑的推断，更要有思想的贡献。

## 为何道德和正义是我们人类的一种本能和天性呢

**首先，我们发现，人类习惯性地、主动地把道德和人类出现的第一个情绪紧密相连。**

人类是一种充满复杂情绪体验的生物，但是人类最早出现的情绪不是快乐，不是愤怒，而是厌恶。人类的婴儿在出生后两个星期就会出现厌恶的表情；更有意思的是，人类下意识地把人们的道德和厌恶联系在了一起。因此，遇到很多不道德的事情时，人们的自然反应是恶心、厌恶，觉得这种事情肮脏，不洁、不净、令人作呕等等。

所以，乔纳森的第一个心理学实验就是从一堆堪称奇葩的提问开始，他让人对一些人类的行为做出判断，看这些行为是不是不道德。比如说：

① 有一户人家的狗在家门口被撞死了，他们听说狗肉很香，所以切开了狗的尸体煮了吃，没有任何人看到他们所做的一切，你觉得他们做的事情道德吗？

② 一个女人清理橱柜时，发现了一面旧的美国国旗，她现在也用不了这面国旗了，所以她决定将它剪成碎块用来拖厕所的地板，你觉得她做得对吗？

他甚至还提出一些更加稀奇古怪的案例：

假设有两个兄妹，一个九岁，一个十岁，躲在大树后效法接吻，你觉得他们做得对吗？

还有更奇葩的问题：

有个男人，每周五下午去超市买一只冻鸡回来。但是在烹饪之前，他一定要和这只鸡发生性行为，然后再把它煮了吃掉，你觉得他这样做道德吗？

针对上述离奇的问题，并没有任何法律或政策规定我们不能那样做。但是，绝大多数人都会本能地觉得做这样的事情恶心、别扭、怪诞、荒谬，因而不值得去做，也不应该去做，那是不道德的行为。

换句话说，人类的道德与不道德可能是建立在这种"对劲和不对劲"的感觉基础之上。这与我们中国人所说的"为人不做亏心事，半夜不怕鬼敲门"的观念非常相似。这就是为什么越来越多的道德心理学家意识到我国哲学家王阳明的"良知理论"可能是有科学道理的（所谓的良知就是不用觉察都会觉得对还是不对的一种感觉）。因此，乔纳森的道德心理学实验研究其实在某种程度上证明了我国心学的伟大，良知其实就是一种情绪体验。

编写这些稀奇古怪的人类行为的时候，乔纳森才刚满24岁，这也是他在宾州大学心理学系读研究生时所做的第一个研究。而这项研究让他有了一个很重要的发现：人类道德判断的依据并不是我们通常所理解的政策、规范、法律、原则，而是人类朴素的、自然的、本能的反应。所有这些反应建立的基础，不是我们通常所说的理性，而是我们通常轻视的情绪。西方哲学家、经济学家、社会学家、政治学家等通常推崇强调理性在人类思维中的重要性，恰恰低估了感情在人类思维中的作用。

其次，道德是人类的一种天性，还在于我们人类对"对与错"的判断，不完全是靠后天的教育才领略到的。

著名心理学家科尔伯格就发明了一系列的道德两难问题，其中最著名的问题是一个叫海恩斯的男人，是不是可以闯进药店去偷药来拯救他垂死的妻子？心理学家就发现，各年龄阶段的孩子会随着自己心理的成熟而发展出对这个问题的善恶判断。也就是说，当孩子没有到一定年龄的时候，家长无论怎样解释"这件事情的道德意义有多大"，也不会起作用；但是当孩子的心理成熟到一定阶段之后，只要跟小朋友一起玩一个游戏，就可以理解公平正义到底是怎么回事。因此，可以说，人类的道德意识是我们心理成熟的一种体现，这就与孟子所说的一样：恻隐之心，是非之心，源自天然。

其实关于"对与错"这一点，道德心理学就很好地平衡了道德中"情"和"理"这两个维度。这在中国哲学中也是一个讨论了很长时间的命题，是循情，还是循理？心理学家发现，人在某种意义上讲有情，但也有理，但是情在先，理在后。这是心理学家的一个贡献，而乔纳森在这个领域所做的贡献是最多的。

再次，道德与正义之心属于我们人类的天性，还体现在我们人的行为经常下意识地不由自主地受到道德理念的影响。

乔纳森就做过一个有趣的实验，他们对来参加实验的人进行催眠，使被试无论何时听到某一个单词的时候都会感到厌恶。乔纳森使被试做出反应的这个单词叫做"拿"（take）。比如有这样一个案例：一个自称是坚定反腐的国会议员，自己却偷偷地从烟草公司那里"拿"贿赂。不出意外，在乔纳森所准备的六个故事中，只要出现了催眠的密码词——"拿"，不用提供任何的信息，大家就会对故事的主人公（比如说这个议员），提出严厉的批评。

然而，问题在于，即使有些故事的主人公，并没有做任何不道德的事情，但如果用了"拿"这个字，同样会使被试对他们表现出厌恶反应。比如，乔纳森就让这些参加实验的人读一个故事：有一个学生会的主席在和老师讨论"如何安排课程的讨论时间"，用的说法就是"他建议拿那些吸引教授和学生的话题"作为讨论的主题，这个故事没有任何违背道德的情节，但还是有1/3的受测者谴责这位学生会主席，因为他们受到了"拿"这个概念的影响。

联想到我们中国的反腐运动，现在就容易明白：为什么它这么容易受到大众的热烈推崇。在很大程度上，因为它也是我们人类的一种道德和正义之心的自然流露，是国人良知的行为体现。

## 道德判断需要科学的态度

正是因为道德和正义是我们的一种天性，就使得每个人都希望自己所相信的、所判断的、所坚守的是最道德的。乔纳森的《正义之心》花了很大篇幅阐述了"因为人类的这种天然道德追求心态，使得每个人都认为自己占领了道德的制高点"。这就是为什么在西方国家，如美国，有很多的政治团体、宗教团体、不同的民族团体，总是有一些调停不了的矛盾。同样在我们国家，网络的舆论大战，各个社会阶层、利益集团的不同看法，都在试图以说明对方不道德来证明自己的道德优越。即使如雾霾这样对错分明的事情，也还有人会去挑剔柴静的个人道德问题，来否定她提供信息的重要性，可想而知人类的共识是多么难以达成。

因此，乔纳森特别提出，我们对不同的道德判断，应该有一种科学的态度。就像孟子在2600年前说过的那样，"理义之悦我心，犹刍豢之悦我口"。换句话说，凡"悦心"的"理义"，都是深入浅出的，对于心灵来说就像好吃的肉一样，有不同的感觉，而这种感觉都有其存在的合理性。因此，我们应该理解：每一个人其实都是从自己认为的道德角度去看问题，每一个问题都是事物反映的一个角度，没有绝对的对和错，更不要提倡所谓的斗争和批评精神，以及非黑即白的极端思维。当然，同样还需要注意的一点就是道德判断的度的问题。度过了，就不道德了。但任何事情一定要有心，有情，才能够守德，否则就会过德，而过德对我们的伤害会很大。

如何改变人类这种"我对你错"的习惯呢？我个人觉得，可以多了解一些心理学的知识，了解人性、人情、人欲，多一些大度之心、菩萨之心、民主和宽容之心。至少我们不轻易以道德的名义去诋毁与自己看法不同的人。换句话说，那些与我们自己政治观念不同的人、价值理念不同的人，其实也和我们一样，有着同样的真诚之心，同样的道德之心和正义之心。他们只是不喜欢我们的口味，但并不意味着他们智商有缺陷、情商有不足、童年有心理阴影，其实他们的逻辑和我们的逻辑是一样的。只有跳出绝对的白与黑的道德框架，我们才会有一种平和的心态，去审视各种群体对道德不同的口味。当然，这种心态说起来容易，做起来很难。

# 多助一次人,少生一次病——"道德分子"催产素解释利他性对于生病的作用[①]

当抛开所有的舆论与道德因素,您是否曾扪心自问:在遇到老人倒地这样的情形,扶,还是不扶呢?这本不该成为一个问题,正如古人所说,"恻隐之心,人皆有之",有人摔倒了,搭把手,扶一下,是再正常不过的事了,无需任何思考或犹豫。但当前社会上发生的一些事情,难免使我们产生或多或少的犹豫,因为这似乎已经不单单关乎道德层面,甚至有可能已经上升到法律层面。扶,还是不扶?俨然已成为一个问题。

然而,越来越多的心理学研究却发现,即使是从自私自利的角度出发来看待问题,我们最好也要与人为善,多帮助别人,因为这种善意迟早会回馈到我们自己身上。一篇发表于2013年的有关催产素受体基因多态性和利他行为影响压力缓解与疾病减少的文章,解释了为什么做好事,最终受益的还是我们自己。

## 催产素为什么被称为道德分子

下面先简单介绍一下本研究所涉及的几个生物学概念(如果您真的不喜欢看生物学术语,也可以直接跳过去看本研究的结果部分)。

---

① 根据刘静远的文章改写。

① 什么是催产素

催产素（Oxytocin），是一种垂体神经激素。它在哺乳动物分娩时起到引发子宫收缩，刺激乳汁分泌的作用，于是在临床上主要被用于催生引产，由此得名"催产素"。但它不只在生孩子的女人身上有，在不生孩子的女人身上也有，甚至在男人身上也有。因此，它不应该只起催产的作用。确实，它具有广泛的生理功能，尤其是能调节中枢神经系统。心理学的研究进一步发现，催产素在人类的母婴关系和社会关系形成中也发挥着重要作用：催产素既能影响亲子依恋和父母教养行为，也能促进人际信任、亲密关系及慷慨行为。催产素也因此被称为"爱情激素"或者"道德分子"。

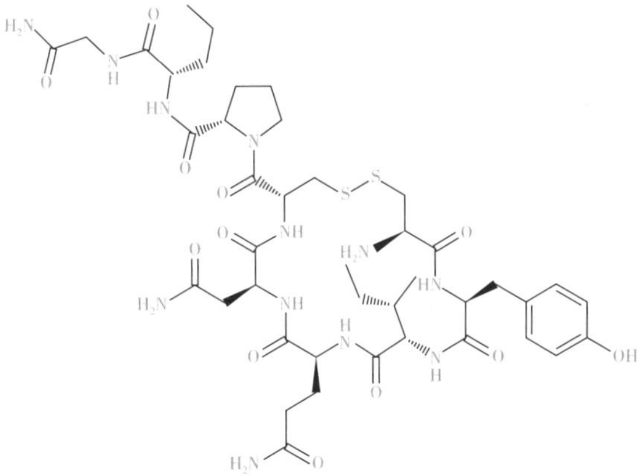

图8　催产素分子结构

② 催产素受体

催产素受体是一类存在于细胞膜上的特殊蛋白质，它能够与细胞外的催产素分子结合，进而激活细胞内的一系列生物化学反应，使催产素的作用得以发挥。

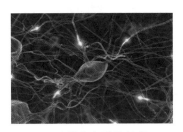

图9　催产素受体结构

③催产素受体基因多态性

催产素受体基因是编码催产素受体的DNA分子。DNA分子是由A、T、C、G这四种核苷酸构成（其中A、T是一对，C、G是一对）。有研究发现，催产素受体基因的多个位点上都具有单核苷酸多态性；也就是说，其DNA分子上的某一个位置存在碱基置换现象，即A、T和C、G间发生互换。比如在催产素受体基因的rs53576这一位点上，就有三种基因型表现：AA、AG和GG。目前，关于催产素受体基因多态性与社会行为的研究都是按照这种划分形式，对这一位点上的三种基因型进行的探讨。

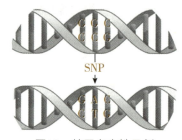

图10　基因多态性示例

## 耗时十年的研究思路

心理学家耗时十几年来开展本研究，主要采用了田野研究的方法。具体从2002年起，每隔一年、分三次调查1916个人所经历的压力事件、参与社会公益事业的情况及身体疾病的数量；并在2008年时，又采集了这些被试的唾液样本进行基因分型实验；最后将一年间及两年间压力事件的变化、利他行为的变化以及疾病数量的变化情况与催产素受体基因多态性之间的关系进行了多层泊松回归分析。

图11　基本研究思路

# 研究结果

## 一、别人有难搭把手，自己少生一次病

分析该研究的结果表明，利他行为与压力事件之间具有很强的交互作用。我们可以看到，当人们的利他行为较少时，IRR（也就是发病率）为1.15，它表示，近期的压力事件每增加一个单位，个体得病数量就会增加1.15个单位，说明当人们的利他行为较少时，近期压力事件的增加可以很好地预测身体疾病数量的增多。而当人们较多参与社会公益事业时，相比之下，这种效应不那么明显。也就是说，不爱帮助他人的人，生活中的不如意，会对自己健康产生影响；而利他行为可以明显缓冲压力对身体健康的损害。所以，我们在不经意间帮了别人一个小忙，却有可能因此而少得一次病。当然，对于一直在帮助别人的人来说，这个作用并不明显。

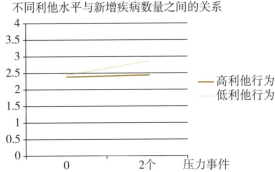

不同利他水平与新增疾病数量之间的关系

利他行为与压力事件间的交互作用
当人们的利他行为较少时，近期压力事件的增加可很好地
预测身体疾病数量的增多；相对于较高利他行为时影响稍小

图12 利他行为与压力事件间的交互作用

## 二、"自私的基因"？其实并不自私

研究还发现，对于不同催产素受体基因型的个体来说，压力事件对身体健康的影响作用并不同。如，压力水平会影响AA或AG型人的身体健康状况，压力越大，这些人的得病次数可能会越多；但是对于GG型的人来说，身体健康状况却不会受到压力水平的影响。这是一个非常有趣的发现。难不成AA或AG型的人天生就脆弱或者抗压能力差吗？

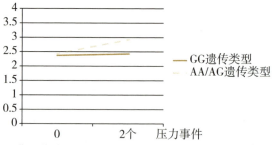

近期的压力水平会增加AA/AG型个体的得病数量，
但不影响GG型个体的得病数量

图13　压力事件对不同催产素受体基因型个体身体健康的影响作用

我们再来看看其他研究结果的解释。对于AA或AG型的人来说，当他们的利他行为较少时，高压就可以预测高的发病率；但当他们具有较多的亲社会行为时，压力水平与身体状况之间便没有了这种相关性。也就是说，对于AA或AG型的人来说，利他行为在压力损害身体健康的过程中有可能起到一种缓冲作用。所以，不是AA或AG型的人天生就脆弱或抗压能力差，而是他们平时的利他行为较少，相应地所产生的催产素也较少，低于能够缓冲压力对健康损害的阈限。而当利他行为较多时，这种缓冲作用便得以体现。

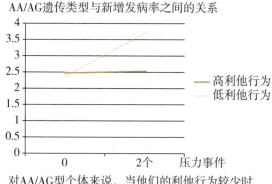

对AA/AG型个体来说，当他们的利他行为较少时，
高压力水平可较好预测高发病率
但在他们有较多利他行为时却没有这种相关性

图14　AA/AG基因型个体的利他行为能够缓冲压力损害身体健康的作用

但对于GG型的人来说，压力的增加对其身体健康状况似乎并没有影

响，并且与其参与亲社会行为的多少也没有关系。

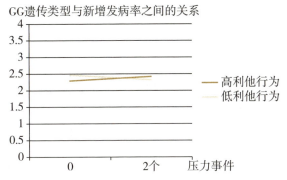

近期压力不能预测GG型个体的发病率，无论是
他们的利他行为少时，还是利他行为多时

图15　GG基因型个体的利他行为与压力事件之间不存在交互作用

这可能是因为GG型的人本身参与的亲社会行为就比较多。该观点得到了很多文献的支持，所以，这个研究中所谓的低利他可能只是一种相对低利他，从实际利他行为的数量来看，低利他的GG型的人所做的利他行为可能要多于高利他的AA或AG型的人，所以，对于GG型的人来说，他们所参与的亲社会行为，即便是相对较少，也已经足以起到缓冲压力对健康的损害作用。

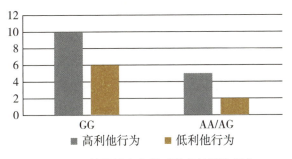

图16　GG基因型个体相对较多的利他行为

当然，基因与利他行为之间，还有很多复杂的问题没有研究明白。但无论怎样，不管我们是什么基因型的人，分配适当的精力做一些帮助他人的事，可能对我们来说都是有好处的。那么，回到最初的问题，在遇到老人跌倒时，我们还是应该扶一把，即使只是出于我们个人健康的考虑。

# 文化资本——"气质"的积极心理学解读[①]

曾经,朋友圈被"主要看气质"刷屏。

这件事情说来有趣,主要看"气质",那么次要看什么呢?看"颜值"呗——都说这是个看脸的社会。然而,即便是看脸,也不是脸蛋看起来漂亮就是女/男神了,何况并非每人都有脸可看。如今虽有化妆自拍和修图神器,有时终囿于自身颜面不好以脸示人,或者那美貌也许只能存活在美颜相机/手机里。气质则不一样,气质一说激发了大家不甘示弱、纷纷晒出自己照片的热情,谁都可以发张照片去晒一晒,因为"主要看气质"。

但是,我们日常使用的"气质"一词,通常情况下并非是心理学意义上的"气质"。日常所说的"气质"是指一个人看起来的风度、样子。垂髫孩童、翩翩少年、谦谦君子、窈窕淑女、耄耋老人等莫不具有自己独特的气质。日常所谓的气质大抵如此,我们在展笑蹙眉之间气质自生,它反映了个体的品味、格调以及举手投足间所散发出异于常人的星星点点。而心理学意义上的"气质"则包含更丰富的内容。

## "人格差异"造就不同气质

人格心理学讲的气质,是指相对稳定的、具有生物基础的个性特点

---

① 根据喻丰的文章改写。

和风格气度（个体差异）。实际上，"格"这个词本意为"木长貌"，也就是树木繁盛的样子；由此可知，"人格"无非就是我们人看起来的样子，这与我们通常所说的气质异曲同工。而当我们从学术的角度讲"气质"时，我们更偏向于指代个体看起来稳定的模样背后的生物学基础。因为"气质"（temperament）一词实际上源于拉丁文，本意"混合"。混合何物？混合的是古罗马医生盖伦（Galen，公元129年~199年）在希波克拉底（古希腊文Ἱπποκράτης，公元前460年~前370年）的基础上所创立的体液说里的不同体液。盖伦也就是最先提出"气质"这一概念的人。

盖伦根据人体内各种体液所占比例的不同将人分成了四类：胆汁质、粘液质、多血质和抑郁质。

> 胆汁质者黄胆汁占优势，易发怒，动作激烈；
> 粘液质者粘液占优势，善思考，冷静平缓；
> 多血质者血液占优势，有热情，欢快活跃；
> 抑郁质者黑胆汁占优势，有毅力，忧郁沮丧。

虽然其对气质类型特征的描述较为接近事实，并且也提供了一种研究人格的思路（提出一些不同的类型，每一类包含一些特定的特征，类型与类型之间彼此存在差异），但其以体液作为气质类型划分的依据欠缺科学性。

## 教育孩子，因"气质"施教

后来，英国心理学家艾森克（Eysenck）提出的人格PEN模型中，内外向和神经质两个维度交替形成的4个象限正好分别对应于4种气质类型，使得古老的体液理论得以被重新审视。但在通常情况下，人格心理学更倾向于采用"气质"而非"人格"来描述幼小儿童，因为在儿童早期，他/她们的社会性还处于发展过程中，呈现出来的样子更多是基于他/她们的生物学基础，即更多是气质型的。

现代气质理论之一的"气质发展理论",是由美国纽约大学医学中心的教授托马斯和蔡斯(Thomas & Chess)等人在对婴儿进行大量追踪研究的基础上提出来的,认为婴儿出生后不久即在气质上表现出彼此不同的个体差异,并区分出9个维度来衡量儿童的气质。分别是:

活动水平(如进食、穿衣或睡觉时是否乱动);
规律性(如是否按规律进食或排泄);
分心程度(如是否容易被叫唤);
趋避程度(如对陌生人的接受程度);
适应性(如融入新环境的难易程度);
注意广度和坚持性(如是否不受阻碍而坚持完成某事);
反应强度(如喜怒哀乐是否都很大声);
反应阈限(如尿布需要多湿孩子才会哭);
心境质量(如友好与不友好、愉悦与不高兴行为的比例)。

据此,他们将孩子分为了三类,40%的孩子属于容易型,在上述9个维度上都表现良好;10%的孩子属于困难型,在上述9个维度上表现不佳;还有15%的孩子属于慢热型,介于以上二者之间(其余35%属于混合型。因此,也有观点分4类:容易型、困难型、慢热型、中间型)。

由于每一种气质类型都可能形成某些积极或消极的性格品质,每一种气质类型的儿童都可以成为品学兼优的人才。因此,建议家长或教师要了解儿童的气质类型和特点,并在抚养和教育儿童的过程中,注意与儿童的气质特点进行"调适",从而达到有针对性地去帮助儿童发展积极品质,防止或克服消极品质的目的。

## 气质更应是种"文化资本"

现在大家谈论的"气质"可能并非心理学家所说的"气质",反倒更像是积极心理学家正在探讨的"文化资本"。法国社会学家皮矣尔·布迪厄（Pierre Bourdieu）认为，一个人拥有的资源除了通常熟知的经济资本（以占有的资产和物质为衡量指标）和社会资本（以具备的社会关系和社会地位为衡量指标），还包括文化资本。文化资本又有三种存在形式：物品化形式（即可以直接传递的文化产品，如书籍、绘画、古董等），制度化形式（即以文凭或证书确认的所掌握的知识、文化和技能）和具身化形式（即通过教育与学习形成的身体、精神和行动三位一体的教养、品味和风度）。苏轼所谓的"腹有诗书气自华"就是反映了文化的具身化过程。

因此，我们认为所谓的"气质"其实就是具身化的文化资本，它是长期学习、修炼和践行的结果；它最终只属于特定的个人，无法通过馈赠、买卖或交换来获得。换句话说，这种文化资本般的气质是金钱买不来的，但在一个文明和昌盛的社会，它倒是的确有可能转化成金钱和地位。

我们曾经设计过一个实验来验证文化资本的转换机制。我们告诉学生，"刘静云"是一位风度翩翩、满腹经纶的教授或者是一个有名无实、金玉其外的教授。他在海边散步时捡到一枚在1985年时价值1000元的戒指。那么，您觉得戒指现在值多少钱？刘静云为丢戒指者会有多着急、有多不安以及会花多大力气寻找失主？后几个问题的答案不言而喻，而前一个假设问题的答案则是由真才实学支撑起的气质要远远高于所谓的浮萍飘影的气质。这就是所谓的文化资本的价值——知识还是有些力量的。

总的来说，研究之"气质"和日常之"气质"并不完全相同。作为研究对象，气质浑然天成，可变甚难；而作为日常生活，气质提升易如反掌，饱读诗书便可。正如清朝中兴名臣曾国藩所言"唯读书则可以变其气质"。

# 宽恕之心在中国的蝴蝶效应

人类生活中难以承受的生命之重,是亲人、爱人、朋友、同事、尊重的人等对自己的伤害、误解、欺骗和背叛,严重的如他人的陷害、口角、争执、执法过度、意外伤害等,这些都会使我们感受到极大的愤怒、悲伤、抱怨、悔恨、挫折、失落、痛苦、恐慌和焦虑,并由此而衍生出猜疑、冷漠、警惕、误解、冲突、憎恨和报复,严重的会影响我们的生活质量,甚至可能使我们质疑自己生命存在的价值和意义,以及社会的公平和友善。

显然,如何应对、化解、调适、处理、修复、转化生命中不可承受之重,如何找到超越伤害的意义和积极的心理,使生命获得新的希望和人生价值,使心灵获得一种安宁和自由,是心理学无法回避的一个重要研究课题,也是积极心理学研究和应用要面对的一个重要课题。

## 从科学角度认识"宽恕"

长期以来,"宽恕"一直被看作是宗教神学的主题,而不是科学研究的主题,所以一直被我们所曲解,甚至有人把"宽恕"看作是基督教的独特概念——基督教的宽恕之心,源于对上帝的感恩,因为其宽恕了我们的原罪;所以,我们也应该宽恕其他人的任何罪过。其实,"宽恕"自古以来就是中华民族的一种美德,中国文化把"宽恕"与孔子所倡导的"己所不欲,勿施于人"的"恕道",视为同一种美德,认为

"恕道"是宽容之道，是一种人际参与，是"共存"的意思。古人云："以恕己之心恕人，则全交；以责人之心责己，则寡过"；曾国藩也曾说过："善莫大于恕。"其意义都非常明确，宽恕别人等于善待自己。可见，我们中国人的宽恕之道，来自于我们对他人的尊重，来自于为人处事的一种道德规范，是我们维系社会和谐、人际和谐、自我和谐的根本法宝。

宽恕的对立面是报复，它是指受到伤害的个体，以攻击、惩罚、伤害的手段和方式，施加给那些曾经带给自己伤害、挫折、痛苦的人，以宣泄心中仇恨、不满的负面情绪。从本质上来讲，对伤害者的惩罚和报复是客观存在的，有深刻的人性基础和社会历史文化的根源。

无论是在东方还是西方，复仇思想是普遍存在的，"有仇必报"、"君子报仇，十年不晚"、"以牙还牙，以血还血"、"以其人之道还治其人之身"等传统的观念，实际上使得我们在社会文化和心态上，相信报复的正义性和必要性。这种集体的无意识，使我们很少反省报复过程中所蕴含的残忍和丑恶，以及它对当事人的精力、时间、心灵、精神和社会性的伤害。报复心理的存在，只会使受害者更加沉浸在痛苦的漩涡中，而无法解脱，无法获得真正的快乐和轻松。

心理学的研究发现，相对于其他的攻击行为，报复的破坏性更强，因为它有强烈的、不断延续的性质。也就是说，报复会在伤害者和受害者之间形成强烈的、持续不断的、相互反应的恶性循环，直至变成"冤冤相报何时了"的仇怨。

传统的观念认为，宽恕就是遗忘过去的事实，其实并不如此。现在的心理学研究发现，真正的宽恕是记得。宽恕并不是姑息错误或者是弱者的被迫反应，宽恕不是软弱、退缩、无能、迁就的同义语。可以这么说，宽恕是一种更富智慧的方法，它提醒我们不要重蹈痛苦和不公正的类似行为。宽恕展示的是爱心和坚强，它是积极、主动、善良、伟大的同义词。

## 宽恕是一种积极心理资本

1984年，考夫曼（Kaufman）提出，宽恕就是放弃怨恨。1989年平格莱顿（Pingleton）认为，宽恕是指受害者受到伤害之后，放弃报复和惩罚伤害者的权利和需求。1987年，诺斯（North）把宽恕定义为：个人克服由伤害者所引起的愤怒情绪时所经历的心理过程。认为宽恕包括避免负性情感和呈现正性情感两种心理成分。

著名心理学家博迈斯特（Baumeister）和艾斯林（Exline）提出，宽恕是情绪和行为的一种混合状态，它既代表着受害者的负面情绪的逐渐减弱，也代表着行动上的积极正面的反应。

心理学家恩莱特（Enright）把宽恕定义为：受害者对伤害者在"认知、情感和行为反应"三个方面变化的心理过程。他认为，可以从"认知、情感、行为"三个方面来考虑个体在经受伤害事件后的宽恕历程，该过程可分为七个阶段：一是经历到伤害并觉察到伤害给其心理上造成的负面影响和结果；二是感到并产生解决问题的心理需要；三是决定以仁慈和公平的策略来解决问题；四是产生宽恕的动机；五是决定去实施宽恕；六是执行内在的宽恕策略；七是感到有付出宽恕行动的需要并以实际行动回应对方。当然，这种宽恕的心路历程，在顺序上并不是一成不变的，有研究发现，有的可以出现后退和跳跃现象，而且还有很大的个体差异。

研究宽恕的两位著名研究者麦卡洛（McCullough）和沃斯顿（Worthington）曾经将宽恕主要定义为：人类在动机上的变化。1997年，他们在《人格与社会心理学杂志》上发表了一篇很有影响的有关宽恕的研究，他们认为，宽恕指的是受害者在动机方面的变化，一是逐渐地降低报复对方的动机；二是逐渐地降低维持敌对情绪的动机；三是逐渐增加与对方和解的动机。也就是说，宽恕并不代表完全遗忘对方的过错，而是自己在意愿上体现出能宽容对待对方的过错。

1999年麦卡洛提出宽恕的利他、共情、迁就等成分，指出宽恕的本质，在于受害者对于伤害者在动机上有利他行为的改变，这种改变削弱了受害者仇视和报复伤害者的内在动机，同时增强了受害者善待伤害者的正性动机，有利于二者之间的和解。麦卡洛特别强调，宽恕并不单是个人的动机变化的结果，而是一个亲社会动机的互动变化的结果。

因此，宽恕是一种积极心理的资本，一种优势力量，一种亲社会的利他行为；它也是个体的一种重要的、正面的、积极的人格和性格品质，能够让我们转化过去的负性体验，恢复内心的宁静和谐，一致稳定，从而获得正向的情绪体验。宽恕的社会利他性质，是我们应该提倡的正向美德和积极的善良行为；宽恕也是我们处理现实生活中消极方面的一种积极态度和选择，是一种积极的策略和道德情感。

## 宽恕和不宽恕的体验性心理实验

心理学家夏洛特·威特利特（Charlotte Witvliet）和他的同事发现，宽恕有积极健康的价值和意义。他们在《心理科学》（Psychological Science）上报告了他们完成的一项研究工作，发现宽恕能够让受伤的人从负面情绪中解放出来，从而产生情绪上和行为上的积极效应。包括降低焦虑、减少负面情绪、较少的心血管疾病和较好的免疫系统功能。而毫不宽恕的记忆和报复的心理形象，能够让人产生强烈的负面情绪反应，包括了负性的面部肌肉表情、强化的心血管疾病和对交感神经系统的活动产生的负面作用，其实与极度的愤怒和恐惧所带来的负面作用是一样的。

他们调查了七十多位美国密歇根州霍普学院的本科生，让他们回忆他们曾经被伤害和被其他人不公正对待的经历。然后这些被试，或者是回忆宽恕对方的体验，或者是回忆不宽恕对方的体验。宽恕意味着原谅对方，同时让负面情绪逐渐地消失，并争取和对方和解；而不宽恕就是让被试不断地重复被伤害和愤怒的心理。研究者希望这些参加实验的被试关注在这两种状态下他们的思想、感情和身心反应的变化。结果发现，所有参加实验的人都能够记忆到负面伤害，包括被拒绝、被欺骗，或者被自己的朋友、情侣或者是家庭成员所侮辱。实验总共历时两个小时，被试的所有身心反应、口头报告、行为表现、情绪活动，以及面部表情都被记录下来。结果非常明显：宽恕条件下，人产生更多的健康的身心反应和情绪反应相关；在不宽恕的实验条件下，被试更多体验的是负面的和强烈的愤怒和悲伤；而那些要求尽量宽恕别人的被试，报告出更加积极主动的同情心和宽恕之心。

研究者还发现，在不宽恕的条件下，被试的皮电、肌电显示出更多的不规则的行为，测量出的紧张程度也更加明显，眼睛和面部也显示出很多负面情绪的表现。让人不安的是，很多这样的变化，一直延续到实验结束之后的恢复时期。相对而言，在宽恕的条件下，皮电和肌电的活动水平都相对较低，交感神经活动的唤醒也较少；同时，血压的水平也明显降低。这些研究充分证明，长期的不宽恕比较容易导致不健康的身心状态。由于负性的身心反应如此强烈，所以，不宽恕是消极的、不健康的心理状态，应该尽量加以避免。

**仇恨，是我们生活中最主要的毒化剂之一，而宽恕则是让这种毒化剂逐渐稀释的因素。**真正的宽恕，其实还真的不是有利于那些伤害我们的人，让他们占什么便宜；也不是要显示我们的宽宏大度，满足我们的虚荣心。宽恕真正的受益者是我们自己，它让我们自己更加健康、快乐和幸福。

由此看来，宽恕是一种生命的智慧，是人性中的一种伟大情感。认识宽恕、懂得宽恕、学会宽恕、选择宽恕、践行宽恕，应该是超越伤害、愤怒、痛苦、悲伤与仇恨的不二法门。对宽恕心理的研究和普及，不只是对我们个人的身心健康有意义，而且也可能对我们解决社会问题，甚至世界范围内的阶级对立、种族冲突、社会暴力、团体纠纷、家庭矛盾以及日常生活中人与人之间的伤害等都有积极的借鉴和指导意义。

当然，我们提倡宽恕之心，并不是说所有的过错都是可以宽恕的，更不是否认法律、公正在社会生活的重要性，我们只是讲在人与人之间的关系和社会成员之间的关系时，宽恕是一种积极正面的心理能量。所以，宽恕那些伤害我们的人，它能使我们更加卓越、优秀、快乐和幸福，也能让我们中国社会充满积极的正能量，让我们的爱超越阶级的仇恨、意识形态的分歧、种族之间的猜疑和人与人之间的伤害。

伟大的中国社会需要积极的宽恕之心。让我们学会宽恕那些让我们伤心、失望、痛苦和愤怒的人。宽恕他们，解放我们，成就大家，造福中国！

# 美德之巅——真实的感恩之心

"感恩"的英文"gratitude"来自拉丁语"gratia",它的基本意思应该与"grace, graciousness, gratefulness"是重叠的。也就是说,它代表着一种优雅的、神圣的感激之情。

## 感恩之心的体验

由于我们现在身处物欲横行、焦虑烦躁的社会时代,人们关注更多的是自己缺什么,或者别人有什么而自己没有,从而使得感恩之心不容易产生。因为感恩往往是对自己曾经或正拥有事物的一种欣赏。当人们关注自己没有什么东西的时候,内心充满的是不满、愤怒、焦虑和斗争;但是,当人们感谢自己所拥有的东西的时候,内心充满的是满足、幸福、意义和仁爱。因此,感恩一定是建立在拥有感的基础上,而不是建立在稀缺感的基础上的。

感恩也是人类灵性和善性的体验,它使人们意识到有一些在自身之外的他人存在、自然的存在和神、天等的存在。这些存在给予人们很多的益处、善意和德行,同时人们也不觉得亏欠他们任何东西。

所以,感恩之心不是什么特殊的技巧和方法,它是人类的一种复杂的、优雅的、道德的体验。因此,有人把它定义成心灵的回忆、人类的道德记忆,还有人把它称为"美德之巅"。

## 感恩之心区别于报答之心、欣赏之心

我们经常把感恩之心和愧疚之心、亏欠之心连在一起。愧疚之心或者亏欠之心,它是一种有阴影的或者受局限的义务之感,代表的是受惠人对施惠人的一种心理上和情感上的义务。这种愧疚、义务之心在中国文化里面通常以报恩、报答之心来体现出来。这种精神是好的、有意义的、正面的。但是,感恩本身是不牵扯到任何报恩的因素在内的。因为认识到别人的恩惠是一件幸福的事情,但意识到我们自己是被迫去做往往是一件痛苦的事情。所以,报答之心有的时候会驱使受惠的人对施惠人产生回避或者不满的心态。因此,报答与感恩的体验是不同的。

当前有些感恩教育过于强调"报答之心"的意义和作用,特别是在年青人身上灌输"感恩教育"就是所谓的"报答教育",这其实是一种思想控制而不是在培养感恩的心态。因为真实的感恩不是感人,而是对人们所拥有东西的一种满足,是一种快乐的、轻松的、幸福的体验,它伴随人们的是心理的放松,而不是心理的压力。

"感恩之心"也应该与"欣赏之心"有所区别。"欣赏之心"代表的是对人类具有的好人好事等优良美德的认可和欣赏,但感恩更多的是具备人性的光辉和敬畏的心理体验。

言外之意,很多感恩之心的产生是意外的收获,或者是当施惠人的社会行为比较高尚的时候,人们产生的一种敬佩、敬仰和崇敬之心。因此,感恩应该是有这样的一种崇敬成分在里面。

所以,在感恩的体验中人们一定要有一些情感的体验,没有情感的体验往往只有欣赏之心。但如果人们对他人所做的事情和所给予的帮助有所感动,感恩之心就会油然而生。因此,在那些教过我们的老师中,让我们感动的不一定是那些好老师,而是那些激励了我们、升华了我们、鼓舞了我们的老师,因为他们让我们动心、动情、动感。

换句话说,如果人们的感恩之心是真实的感恩,而不是报答的义务或者是对他人的欣赏,人们应该能体会到一种快乐、神圣、热情、同情，而不应该感觉到丝毫压力、焦虑、伤心、孤独、后悔、嫉妒，因为所有这些都是和感恩之心不相容的情绪体验。

因此，感恩之心最大的心理效果，就是让人们不去关注自己缺什么，而是关注自己有什么；同时，让人们更加关注别人而不是自己。正是因为这个原因，西塞罗（Cicero）就把感恩之心当作人类的道德巅峰，因为它是所有人类其他美德产生的根源。

## 关于感恩的科学研究

积极心理学为什么重视感恩的研究呢？是因为我们已经有大量的证据表明，感恩之心强烈的人，通常对生活更加满意，行动的动机更加强烈，而且更加健康，睡眠也更加充足，焦虑、抑郁、孤独感都会下降。感恩的人更加容易融入生活、融入人群，和大家和谐相处，也更多地接纳自我和个人的成长，有更强烈的目的感、意义感和道德感。

根据我和我的清华大学心理学系博士研究生刘冠民的研究还发现，感恩之心强的人其实对自己的接纳也更加正面、积极，更加喜欢自己，更加愿意为自己和他人的共同利益而奋斗。

积极心理学之父——美国宾州大学心理学家马丁·塞利格曼教授做了有关感恩的积极心理效益的研究。他测试了参与过积极干预的411个人的效应，比较了那些写过"感恩信"的人和其他一些只写过"自传"的人，研究他们之间的幸福指数有什么差异。结果发现，写过"感恩信"的人，他们的幸福指数有显著增加，而且这些幸福指数可以一直持续一个月左右。

另外还有研究发现，感恩和工作效率有密切的关系。那些在月底给自己的员工写一封感恩信的领导，可以显著提高自己手下人的工作积极性，让生产效率提高20%。

宾州大学的沃顿（Wharton）商学院的教授还做过一个有趣的研究，就是把大学里的募捐工作人员分成两组，一组人按照传统的打电话给学校校友的方式来筹集资金；另外一组在打电话之前，接受了学校有关慈善募捐项目负责人的激励感恩讲话。结果发现，那些听过感恩讲话的员工在后来一个星期内比那些采用传统方式筹集基金的人，多收了一半以上资金。

正是因为如此，东方文化和西方文化都特别强调感恩的作用，在哲学家休谟看来，人类最好的生活品质就是感恩之心。他认为，"不感恩是人可以做的最恐怖和最不应该的恶"。哲学家康德也认为，"不感恩是所有邪恶之源"。

## 培养感恩之心的方法

那么，如何培养我们的感恩之心呢？

第一，经常记录下值得感恩的事情。美国加州大学河滨分校积极心理学家索尼娅·柳博米尔斯基（Sonja Lyibomirsky）认为，人们可以经常记录一下值得感恩的事情，即每周花点时间去想一想有哪些事情值得感谢。这样的感恩记录能够增加人们的心理动机，能够忘掉痛苦和疲倦。每天记一下生活中有哪些小小的快乐，包括和自己亲人的拥抱，和孩子的一次微笑，甚至是一个舒服的淋浴，或者是帮助自己的小孩做作业，所有这些都会让人们意识到：生活中的点点滴滴都是值得感激的。

第二，使用正确的语言表达。根据心理学家安德鲁·纽伯格（Andrew Newberg）和马克·瓦德门（Mark Waldman）的研究，他们发现，人们日常所使用的词汇其实都可以改变人们神经系统的活动，在他们的《语言可以改变你的大脑》（Words can change your brain）一书中提到：有些正面的词汇，比如说"爱、和平、感激"等，它可以激发人们大脑前额叶的神经冲动，让人们更加智慧，更加聪明，更加愿意从事有利于他人和自己的行动，而且人们的心理抗压能力也更加强大。

第三，回忆。感恩是人类的道德回忆。因此，回味那些在我们生活中帮助过我们的人，我们城市人的善良、道德、崇高、伟大的行为，不管是大还是小,都对我们的感恩之心有很大的帮助。

第四,写一封感恩的信,或者是打一个感恩的电话。美国加州大学戴维斯分校的心理学家罗伯特·埃蒙斯(Robert Emmons)和美国迈阿密大学的麦克·迈克劳(Michael McCullough)就曾经做过一个实验,发现构思和撰写一封感恩信或者是感恩的信息,都可以让人们产生一种正面、积极的心理体验,不在乎他们是不是把这封信寄出去了,仅仅是在写作、创作这封信的时候,所体验到的正面、积极的心情,就会让他们充满感恩的情绪。

但是,感恩之心和一个人原来的心理状况或者心理成熟度有很大的关系。有研究发现,那些离过婚的中年妇女,不论写不写感恩信,她们之间的幸福状况都没有明显的差异,说明感恩本身不能够改变一个人生活中的磨难。因此,有痛苦与有磨难一定要去解决问题,感恩对于我们生活正常的人来讲,可能效果更明显。

还有研究发现,儿童或者青少年给帮助过自己的人写感谢信,往往能够让对方变得更加开心和幸福,但不能改变这些年轻人自己的幸福指数,因为孩子和年轻人情绪成熟度达不到一定的地步,很难理解感恩的心理效应,说明感恩真的是需要后天修炼和修行的一种道德。这也就是为什么有些小孩子不知道说"谢谢",我们以前没有意识到感谢他人其实是与情绪的成熟紧密相连的,这也就意味着感恩之心可以培养。

第五,和充满积极心态的人在一起。人类是一种社会性动物,因此,别人对我们的影响要比我们想像的大很多。和善良的人、有道德的人、有积极心态的人、充满感恩之心的人在一起,我们无形之中就会受到他们的感染和影响。如果你的朋友是充满感恩之心的人,那么,你也一定会充满着感恩之心。他人的正能量有神奇的传染和感染作用,因此,经常和充满正能量的人在一起,和学习积极心理学的人在一起,我们就可以变得更加积极和感恩。

大量的心理学研究已经发现,已婚夫妇如果经常和快乐的夫妻待在一起,那么,他们之间保持积极、快乐、幸福、正面婚姻关系的可能性就大很多；如果和不快乐的夫妻待在一起，他们就一定会受到负能量的影响。因此，学习积极心理学，与积极心理学为伍，对人们的健康、幸福、感恩都有积极、正面的促进作用。

**第六，养成回馈社会的习惯**。这种回馈不是简单地回报给我们施恩的人和事，而是效仿他或她的精神和行动回馈社会、回馈其他人。真正有道德、善良的施恩的人，都不是施恩望报之人，他不希望也不需要别人的回报，但肯定很乐意看到其言行对于别人的影响，让别人去回馈其他更多的人。这才是感恩的真实意义。感恩不是一种回报和义务，而是一种感染和升华。培养我们感恩之心的目的，就是我们的回馈。

因此，在这个充满感恩意义的日子里，我要特别感谢多年来支持中国积极心理学发展的朋友、同仁和爱好者，当然也要感谢帮我整理这篇文章的吴卫国同学。谢谢你们！

# 信任之心——有益还是有害

我们这一代人，很多都玩过一个称为"马克思自白"的游戏。据说是马克思的女儿燕妮和表妹南尼达请马克思填写的一份心理问卷，总共20道题，询问的是有关人生、理想、价值、性格等方面的问题，比如："你对幸福的理解……"，"你最喜欢的英雄……"，"你最喜欢的菜……"等等。因为当时年纪小，马克思的有些回答我当时不是特别能理解，但又不敢质疑。现在想起来，很幼稚可笑。其中让我小时候最纠结的就是马克思以下两个答案：

你最能原谅的缺点——轻信。

你的座右铭——怀疑一切。

我当时一直想不清楚我究竟是要怀疑别人好呢？还是信任别人好？

后来考上了北大，阴差阳错学了心理学，从此走上科学研究的道路，怀疑、证伪、证据、证明已经成为我从事科学研究的座右铭。然而，我却越来越愿意相信别人；在不违背基本常识和事实的情况下，我多半选择相信别人的动机、意图和愿望。现实越来越让我认识到，谎言、诡计和欺骗可能只是他人保护自身利益的本能和控制他人的策略，其实是迟早要被识破的。

为什么我要选择这样的行为风格呢？这可以把话题引申到学术上的一个类似问题，为什么积极心理学要提倡信任之心呢？其实这就是心理学中信任研究的基本问题。

## 什么是信任

从心理学上讲，信任是人们对自己和他人的行为、对所属的组织和制度，以及对与我们有意义的自然规律、道德秩序的一种积极的期待状态。具体来说，信任包括对他人行为的以下预期：（1）尊重事实；（2）行为前后一致；（3）行事可靠；（4）理性地作出选择和决定；（5）没有自相矛盾的行为。

值得强调的是：信任不是意识形态，不是政治、宗教或道德的说教，它是我们的生活方式、人生的态度、决策的风格，它对每个人都有意义。

## 我们为什么相信别人

研究发现，以下几个方面会影响我们是否怀有信任之心。

（1）个性：有些人天生就相信别人，有些人天生就不相信别人。

（2）经验：生活阅历可以增强或降低我们对他人的信任程度。对有些交往深度不够的人，形象、声誉、谣言、八卦等第三者提供的信息就容易产生作用。

（3）类别：我们分属于不同的社会类别，包括职业、区域、政治倾向，人们更倾向于相信自己的同类。

（4）角色：我们容易相信某种角色的人。比如说我国人更倾向于相信老师而不是相信商人，这完全是文化的误导，而不是理性的判断。某种意义上说，与其说是对角色的信任不如说是对社会体制的信任，因为必须达到一定条件的人才能在这种体制中担任某种角色。

（5）规则：这是最理性的信任，它不是根据社会类别和社会角色进行判断。判断的理性规则就是看相信别人对于我们的意义和利益是不是最大，不信任的利益是不是最小。

而要让大家相信积极心理学呼吁的信任，我们就需要讲一讲相信有什么益处。

## 信任有什么心理意义呢

1. 能降低交易成本

从理性的角度看,做信任选择其实与做其他形式的风险选择是一样的,即每个人都有动机作出理性和有效的选择(也就是在他们的交易中使期待收益最大化、期待损失最小化)。越来越多的研究和实践发现,被信任其实是利益最大化的可靠保障,不被信任带来的社会成本是巨大的。比如说,研究表明,一个国家的经济数据越可靠,它的行政管理成本越低,财政交易费用越低,从而能把财富更多地投入到经济建设中去。同样,一个人越诚信,我们浪费在防备、监督、控制所需的时间和精力就越少。

当然,还有很多的心理学研究发现,人是很不理性的。当不诚信反而被认为是天经地义的时候,我们不得不把大量的精力花在重塑社会规则上。反腐败行动应该是一种正面的努力,以利于增加政府的公信力和人与人之间的信任程度。

2. 自发的善意

信任作为人的一种社会资本,其最重要的作用就是激发一种主动积极的善良,增加人与人之间的理解、体谅、互助和合作,以及职责之外的利他行为。同时,人们的公民意识、集体意识、责任意识和共享意识都会得到提升。

3. 领导的有效性

长期以来,心理学家就已经认识到了群众的信任对领导的极端重要性:

首先,如果一个组织中的领导人总是不得不对自己的做法进行解释和证明的话,他们有效管理的能力将被大大削弱。

其次,由于监督不总是那么有效,而且成本太大,领导者不能发现并惩罚每个坏人,同样也不能奖励每个真正的好人。结果,有效的组织行为就依赖人对整个组织的责任感,依赖于他们遵守组织纪律和规章制度，以及自觉自愿听从组织指示的程度。另外，当矛盾、冲突、困难和问题出现时，信任就显得尤为重要。有研究表明，当人们信任领导的动机和意图时，他们就更容易接受其解决方案和最后的结果，否则人们会怀疑、怨恨甚至反抗领导。

因此，从理论上来说，积极心理学认为，信任他人是一种理性的、善良的、有效的选择。关键是，我们生活的环境、组织和社会必须也是理性的、积极的、有效率的。而这恰恰是一个"见仁见智"的问题。

# 什么才是中国男人的情怀

记得法国作家雨果曾经说过,世界上最广阔的是海洋,比海洋更广阔的是天空,比天空更广阔的是人的胸怀。在这里我们也可以引伸一下,比天空更广阔的是人的情怀。正如中国人有中国人的特色,中国男人一定有中国男人的情怀。鹰击长空,鱼翔浅底,中国男人的情怀融合中华五千年的文化,厚重而不显呆板,悠久而不显冗长,别有新意,令人深思。在一年一度的父亲节里,作为两个儿子的爸爸,我不禁思考起中国男人的情怀来。

## 父爱如山,仁者爱人

我们经常说,父爱如山。但是这不是一座压你的山,这是一座挺你的山。我们站在山头,才能看得更远,才能更有底气去逆着风向勇敢飞翔。

在男人的一生中,最先可能会遇到什么样的"生活磨难"呢?这可能是男人之间可以交心的第一个话题。当男孩第一次面对自己心仪的女孩时,心中会涌起由兴奋、狂喜、压抑、焦虑和嫉妒等交织在一起所产生的复杂情绪体验。这样的情感发生在年轻的男孩身上会导致什么样的后果?往往是男孩的父亲非常担忧的一件事情。

在大洋的另一端,英国歌手菲尔·柯林斯(Phil Collins)唱出了父亲能够给自己的儿子最真诚的告诫:爱要去追求,但不要痴迷。伤心,永远是爱不可避免的伴侣。真正的爱人往往是在伤心之后出现的另外一个她！父亲就像是矗立在我们身后的一座山，无论你会遭遇到什么样的困境，父亲会永远在我们的身后关注、支持、陪伴我们。

1989年，我赴美国留学的第一年，歌手菲尔·柯林斯正好发行了他那首充满温馨的歌曲——《父亲说给儿子听的话》（Father to Son）。这首歌曲收录在菲尔·柯林斯1989年的专辑《郑重其事》（But Seriously）中，由于该专辑中有他的代表作之一《天堂里的又一天》（Another Day In Paradise），因此，《父亲说给儿子听的话》这首歌很少被人提起，但却是我最心爱的歌曲之一。

柯林斯用低吟和耳絮的风格来唱出"Father to Son"这首歌，听起来就像是父亲在跟儿子说悄悄话，寓意着男人和男人之间一种含蓄又低沉的情感表达。

歌曲的中心意思，是要告诉自己的儿子，在人生的旅途上，无论遇到什么样的事情，都要用一种坚韧不拔的精神去面对，即使是那些未知的、可能会让你受伤害的事情。因为这些事情不是不可超越的，它们的影响也不是永远的。只要你能勇敢地走下去，磨难就成了修炼，阅历升华成资本，男孩就成长为男人。重要的是，父亲的心，永远都会陪伴着你、关注着你、凝视着你——这就是父亲对儿子的爱。

歌词抄录并翻译如下。

## Father to Son（《父亲说给儿子听的话》）

### Phil Collins（菲尔·柯林斯）

Somewhere down the road, you're gonna find a place
在人生的旅途中，你会找到一个地方
It seems so far, but it never is
看起来如此遥远，其实并非如此
You won't need to stay, but you might lose your strength on the way
在旅途中，你无需停留，但是你会觉得失去了继续下去的力量

Sometimes you may feel you're the only one

有时你会觉得自己是孤独的行客

Cos all the things you thought were safe, now they're gone

因为你所有认为安全的都已离你而去

But you won't be alone, I'll be here to carry you along

但是你从来不是孤身一人，因为我会一直与你同行

Watching you'til all your work is done

我会看着你，直到你实现你的梦想

When you find your heart, you'd better run with it

当你遇到心仪的人，一定要努力追求

Cos when she comes along, she could be breaking it

因为机会有可能瞬息即逝

No there's nothing wrong, you're learning to be strong

并不是因为你做错了什么，但是你要学习去变得更加坚强

Don't look back

不要回头观望

She may soon be gone, so don't look back

虽然她也许很快就离开，所以没有必要太过挂念

She's not the only one, remember that

切记，她不会是唯一的爱人

If your heart is beating fast, then you know she's right

当你的心跳加速时，你会觉得真爱就在眼前

If you don't know what to say, well, that's all right

你会发觉自己哑口无言，没有关系

You don't know what to do

你也许不知道该如何去做

Remember she is just as scared as you

只要记住，她其实也和你一样地紧张

Don't be shy, even when it hurts to say

不要羞怯，虽然我知道告白很难

Remember, you're gonna get hurt someday, anyway

记住，你迟早会受到伤害，这就是人的成长

Then you must lift your head, keep it there

即使受了伤害，你也应该昂首继续走下去

Remember what I said

I'll always be with you don't forget

记住我说的话，千万别忘记我永远在你身旁

Just look over your shoulder I'll be there

我会在背后默默关注你

If you look behind you, I will be there

当你回头看，我就在你身边

当时，我还没有孩子，太太也还在国内。当时觉得柯林斯把这样一首特别平凡、简单的歌唱得那么温馨、感人，又由于其中的单词我基本都认识，所以，我就把它作为我学习英文的一首心爱的歌曲来播放。后来，太太也赴美留学，我们有了自己的家，并且很快有了两个非常可爱、善良的儿子，就愈加感受到这首普通的歌曲中所展现出来的那种人性的光辉。歌曲没有进行空洞的说教，也没有精致的技巧，更没有励志的口号，只是平凡又质朴地倾诉了一位父亲对孩子那种深沉的、男人般的理解、关怀、信任和同情。

虽然菲尔·柯林斯并不是中国人，但是他却用歌声唱出了我们中国男人，甚至是世界上所有男人的情怀，它恰似一种父爱，厚重如土地，无影无形，永远在你脚下，帮助你走得更远；可靠如山峦，无声无息，时刻在你身旁，伴随你奔向远方！

## 美人之美，达人大观

中国男人的情怀除了爱，应该还有一种朋友之间的情谊，为了朋友情谊而甘愿承担风险、牺牲自己的气度。我不禁想起了费孝通教授对潘光旦先生的保护，诠释了中国人古道热肠的仁义之风。

费孝通先生是中国社会学和人类学的奠基人之一。他有着特别伟大的优点：厚道、仁义。他曾总结过一个做人"十六字诀"，即"各美其美、美人之美、美美与共、天下大同"。

意思是，如果要在生活中得到幸福，受人喜欢，一定要有自己的优势，并且要尽量地绽放出来。同时，也要能成人之美，还要能欣赏、学习、吸收别人的美。一旦这样，达到了交融、并蓄、共存，天下就可以实现大同，和谐安定。

"文革"期间，费孝通先生接到革委会的指示："你一定要把你的老师潘光旦找来，他是我们斗争的对象。如果你把他揭发出来，我们就立马把你解放出来，并出任革委会的副主任。"

费先生原先是清华大学的教务长，后被打成了"右派"，没有任何职务在身。现在有这么一个大好的机会，可以一扫多年的"右派"阴影，还可以出任地位"显赫"的职位。他只要做一件事情，就是把老师潘光旦揭发出来即可——潘光旦是清华百年历史上四大哲人之一（当时，潘光旦、费孝通和吴文藻及另外二人并称中国人类学界、民族学界著名的"五右派"）。

费先生的老师当时藏在哪儿呢？其实就在费先生的家里。因为潘先生当时已经重病在身，无人照顾，费先生就悄悄地把他安置在自己家里。

在那个年代，费先生如果为了自己，把老师揭发出去，就可以一下子翻身，甚至"功成名就"。

但费先生一言不发。默默地回到了家里，静静地抱了抱他的老师。此时的潘先生已经重病缠身，但连一丸止痛药都找不到。最后，潘先生在费先生的怀里溘然长逝。

现在回想这个场景，特别让人潸然。费孝通先生曾哀叹道："日夕旁伺，无力拯援，凄风惨雨，徒呼奈何。"中国男人的英雄气概，不一定非得表现在打打杀杀，这种心胸的开阔、道德的坚守，也一样是。

费先生书曾经手书一幅墨宝：达人大观。"达人大观兮，无物不可。"语出汉代贾谊，即用豁达大度的心胸来对待事物，就没有不可接受的。"达"是自我修养、自我超越的为人处世之法。

达人大观，大体意同《论语》中的"仁者不忧""勇者不惧"，具备了仁善之心、豁达胸怀，自然，面对血雨腥风、刀霜剑雨，都能淡然处之。于内而不愧，于外则坦然。

费先生做到了。大师汤一介曾经说过，1949年以后，他欣赏的人文学者只有两位，其中一位就是费孝通先生。

1968年，美国哈佛大学著名社会学大师丹尼尔·贝尔（Daniel Bell）排列出他认为对人类文化有重大贡献的前100名思想家，其中唯一上榜的亚洲人是中国的社会学大师费孝通教授。

但不知从什么时候起，"狼群法则""丛林法则"在社会上大行其道，受到很多人追捧。还有些企业家居然想要自己的员工都成为狼。他们忘掉了在漫长的生物演化过程中，是人类战胜了狼群和其他野兽成为这个地球的主人，人性超过狼性，是不争的科学事实！

自然法则下，"适者生存"；
异性选择中，"美者生存"；
但真正长远的，应是我们中国人的智慧，"仁者生存"。
仁者无疆，爱和义一定会让我们中国男人情怀广阔！

# "尊重和帮助他人"是心理强大的标志

之前看过一则新闻,讲的是2015年12月28日下午,甘肃永昌县一中学女生,在当地超市偷了一块巧克力被发现,之后受到店主和工作人员的百般讥讽和辱骂。虽然其父母得知消息后随即赶往了现场,可是父母双方掏遍了钱包都"不够超市的罚款数",于是,父母也对她进行了责骂,不料孩子在大约一个多小时后跳楼身亡。

## 可怕的"非人化"加工

超市工作人员的做法肯定有其原因,但我觉得,无论如何,一个小孩偷了一块巧克力,真值得我们如此大张声势、不依不饶、极尽羞辱之能事吗?我经常在想:为什么我们当前社会上总有些人会漠视别人的面子、尊严和情感,而采取欺凌、霸占、侮辱、辱骂、痛打等"非人化"的行为?他们到底是有着什么样的心态,才会使得他们做出这样令人难以理解的举动?那些所谓的规矩、条律和准则等"理由",真的就比一个人的生命和尊严来得重要吗?

在正常情况下,当我们与他人交往时,我们一般会把对方看作与自己一样拥有自由意志、会感到快乐也会有痛苦的人。然而,有的时候,我们会否定他人存在尊严、情感、需求,也就是否定他人之为人,并对他人进行"非人化(dehumanization)"加工。就像菲利普·津巴多(Philip Zimbardo)教授在"斯坦福监狱实验"中看到的那样,人在特定的环境下就会变得"去人性化",跟随"路西法效应"变成恶魔。纵观历史，那些骇人听闻的种族灭绝主义、大屠杀以及其他暴力行为都与"非人化"的心理活动有着密不可分的关系。这类人往往忽视对方的情感，对他们进行"非人化"的评判，把自己或者自己的族群凌驾于其他人之上。

除了合理化的侵占行为之外，"非人化"心理也常常使得人们心安理得地做一些坏事：当人们得知他们所在的群体要为过去对其他群体的某些暴行负责，他们往往会"非人化"那个群体，以减少那个群体所获得的同情，从而减轻自身的负罪感。"非人化"是很多人做坏事必不可少的心理准备。

## 情绪耗竭与"非人化"行为

使人产生这种"非人化"心理活动的原因是什么呢？除了人品、性格、道德等稳定的人格因素之外，是否还受情境性心理因素的影响？最近一项新的研究结果表明，"非人化"的发生可能还有一种与以往观点所不同的原因——"情绪耗竭"（emotionalexhaustion）。

情绪耗竭是指由于过度工作或者过度压力而导致身体与情感被过度消耗的疲劳反应状态。这是由于心理疲惫而表现出自控能力和心理健康水平的下降。很多人在发生情绪耗竭之后，往往会引发多种逃避的行为：如抑制自己的同情心与同理心，或者认为那些处于贫困之中的人的未来与自己毫无关系、不需要给予任何的帮助。对他人的悲惨遭遇冷眼旁观，不愿意伸出援手，有可能是觉得自己无法承受在了解他人的遭遇时所带来的心理压力，以"避免情绪耗竭"。

有研究已经发现，对于帮助那些有社会污点的不幸对象（比如毒瘾者），人们往往会体验到更高的情绪耗竭，从而更容易导致"非人化"的产生。为此，研究者通过两个心理学实验来证明情绪衰竭与"非人化"行为之间的关系。

【实验1】研究者准备了四段影片,每段影片分别描述了一个流浪汉的境遇,这个流浪汉或因吸毒而没有人愿意雇用他(A),或因某种不可控的疾病而失去足够的工作能力(B),从而失去生活来源、无家可归。变量A、B又分为生活困难情况(1)轻微与(2)严重两种。即:A-1、A-2、B-1、B-2四种情况。每个实验志愿者将被安排随机观看其中的一段影片;然后,研究者以问卷的形式调查志愿者是否愿意帮助这位无家可归的人,以及能否承受在帮助他的过程中遭受到的心理压力(预期是否将引起情绪耗竭,以及耗竭的程度)。

此外,志愿者还被要求对帮助对象的主动性(agency attribution,能动归因)和被动性(experience attribution 体验归因)作出评价——对他人的能动归因评价在一定程度上能反映"非人化"程度。

实验结果表明,人们在帮助那些有社会污点的对象时,会体验到更加严重的"情绪耗竭"。同时,那些更容易同情他人的志愿者所感受到的情绪耗竭程度更甚。如果人们认为自身无法承受在帮助他人的过程中所遭受到的心理压力,则会选择防御性的"非人化"方式对待帮助对象(实验中表现为对帮助对象给出更低的主动性评价,即较低的能动归因),来避免自己产生情绪耗竭。

【实验2】研究者使用了与实验一相同的影片。不同的是,在影片的开头处加了一句话:"根据此前的实验,许多志愿者认为即将播放的影片令人感到悲观而绝望(有意义并有启发)"。研究者预期,当人们在预先得知或了解他人悲惨遭遇的情况下,人们预期的情绪耗竭会得到减轻,在此条件下再次重复实验一的操作。志愿者被安排随机观看其中的一段影片后,再以问卷的形式询问志愿者以下三个问题:"您认为主人公遭遇的悲惨程度是多少?""您对主人公的悲惨遭遇产生的同情程度是多少？""您认为在帮助主人公的过程中你会产生悲观情绪的程度是多少？"志愿者被要求用数字1到5表示程度来回答这些问题。这一项评分证明预先提示对于预期情绪耗竭的缓解是有效的。

实验结果显示，在预期情绪耗竭受到调节的情况下，社会污点这一变量对主动性的评分的影响会减少，证明通过缓解情绪耗竭的程度可以缓解"非人化"的影响。

两个实验的结果均表明，预期的情感耗竭会促成"非人化"的发生。帮助更加不幸的对象以及帮助那些有社会污点的对象带来更高程度的"情绪耗竭"的预期。因此，面对那些有社会污点的不幸对象，人们更倾向于进行"非人化"，以减少自己内心的情绪耗竭，从而做到对自己情绪状态的保护。

由此，我们懂得了"非人化"的产生与情绪耗竭有很大的关系。这在某种程度上来说，很多对别人苛刻、冷漠、无情的人，其实内心也充满了痛苦、阴暗和心灵的枯萎。很多人不愿意帮助、照顾和爱护其他人，可能也是一种自我保护的本能，也许是受以往痛苦的负面经历的影响。这些人都需要积极心理的滋润。

同样的道理，对于喜欢帮助别人的人，我们也要注意情绪耗竭的影响。尤其需要意识到帮助那些特别需要帮助的弱势群体时可能会给我们带来情绪耗竭，这和个人的道德、觉悟、人品无关，恰恰是一种正常的心理反应。知道这些心理影响才能保证我们内心的强大，不至于以后出现逃离和冷漠等负面反应。

每个时代固然都有它的一些病灶，这个时代也不例外——由物质高速发展和文化断层所带来的社会病症引发了社会关系、社会心理和个人生活方面的种种问题。正如狄更斯所说："这是最好的时代，也是最坏的时代。"英国工业化过程中曾遭遇过的问题，我们中国基本上一个不漏地都遭遇到了。常言道，出来混总是要还的——虽然以经济发展为中心的结果促进了中国工业化的发展,并给我们带来了诸多的发展、便利和富裕,但也不可避免地带来了很多的问题、困境和灾祸。像电影《老炮儿》就揭露了现在存在的一些特有的现实问题,如看病难、养老难、生存难等,还有电影所展现出来的部分国人对他人的不尊重、不爱护、不关怀、不欣赏、不支持等情况,让人深为惋惜!

鲁迅先生在《拿来主义》中指出,人并不是可以一味付出而不索取的,帮助他人会消耗我们积极的心理能量或情绪。因此,在帮助不幸者时,我们自己首先要心理健康与幸福;同时,我们也要关怀、爱护、欣赏那些经常帮助别人的好人,让他们的积极情绪永不衰竭,也避免陷入"非人化"误区,从而让正面的能量永远充满我们的人生!

# 自信、自卑、自负的边界在哪里[①]

作为一个纯粹的心理现象,"自信"已被演绎成一种社会现象。假如人真的是一种社会性动物,人的自尊和成就感至少有很大一部分来自于他人的积极评价和认可。马斯洛(Maslow)在《动机与人格》中写道:"最稳定和最健康的自尊是建立在当之无愧的来自他人的尊敬之上,而不是建立在外在的名声、声望以及无根据的奉承之上。"遗憾的是,很多人并不能明白这个道理,过多地追求"闻"而非"达",甚至不惜用欺骗或统计上的技巧来矫饰或烘托出尊严的幻想,实际上,这都是不自信的表现。

做一个自信的人,难乎哉?不难。

## 一个人自信是什么状态

心理学家认为,自信往往体现在三个方面。

第一,认知方面。判断、分析、认识事物时有一种比较强烈的积极、乐观甚至偏高的估计,对平常人认为不可能的事情觉得可能,别人做有难度的事情觉得不难。这种夸大好事发生在自己身上的概率,我们把它叫做"玫瑰色幻觉"(rosy illusion)——看任何事物都带有一种玫瑰色彩,这是认知方面的自信。

---

[①] 根据邓中华的《自信的心理学探讨》改写,《自信的心理学探讨》一文首发于《中欧商业评论》。

第二，情感方面。自信的人永远有一种向上的、快乐的、积极的心态。

第三，行为方面。自信的人在行动上一般是愿意做事情、愿意跟人来往、比较外向、比较喜欢尝试、冒险的。

总之，自信是看得见、摸得着的，所以，它不是一个纯粹的抽象概念，而是一个具体的行为概念。自信的关键在于度。

以前，我们总觉得自信是一个问题，是不准确，是认知偏差；现在，更多的心理学研究发现，自信特别重要。

心理学家莎莉·泰勒（Shelly Taylor）在20世纪80年代做的一系列研究发现，自信的癌症病人要比那些不自信的癌症病人多活很长时间；自信的年轻人，20年之内赚的钱要比那些不自信的年轻人多一倍。所以，自信是一件非常好的事情。

当然，过度自信不行，这会让我们犯一些判断错误，让我们容易冒险，容易夸大自己的魅力，无法认识到社会的现实，不够踏实。所以，自信也是一把双刃剑，用得好，无论身心健康还是经济回报都有意义，用得不好，也可能伤到我们。

## 领导对员工的优势感，哪些源于自信？哪些源于自负

自信还是自负？要看对他人的态度。

自负的人，往往很难形成有效的社会关系，而自信的人是可以形成有效的关系的，因为他以积极的态度对待事物及他人。在社群关系和组织中，进行一些简单的文明教育、礼貌教育，尊重他人、理解他人，都对控制自负倾向有好处。简言之，过分自负是对他人的不厚道。

"泰山崩于前而面不改色心不跳"的人，是自信的人吗？

这是坚强，是淡定，跟自信没有关系。

当然，这种人给别人的印象是特别自信。但淡定在很多时候不完全是自信。有时候，在责任面前，我们也能面不改色心不跳。比如，妈妈

为了保护自己的孩子，能够挺身而出，泰山压顶，也不变色，但她在生活当中很可能是一个非常不自信的人。在那种特殊的紧要关头，自己的责任感就体现出来。总之，冷静和自信是不同的。

## 自信有根柢吗

自信是一种比较稳定的个性特质。

自信的人是不太容易变化的。但是，现代心理学已经知道，所有的人类行为，都不完全是由自己的性格决定的，一个自信的人，在残酷的现实面前，也可能不自信。性格对人类行为的影响，也就是30%~50%的水平，也即大部分的人类行为，都是由内在特质和外在环境共同决定的。

决定自信的因素有三个。

第一，既往的成功经历。如果一个人一辈子都很顺，做什么事情都能做成，有这种天赋或能力，那么自信就一定能够体现出来，所以自信在很大程度上就是你走过的路积累出来的，而不是靠自己的胆识造就的，是后天形成的一种特质。

第二，有一个比较宽容、支持、理解的环境。因为自信必须来自对人的肯定，如果在一个老打击你的环境里，自信是很难的。

第三，要在自己力所能及的范畴之内。比如一个人生长在一个地震多发的地方，再自信，也不一定能存活下来。所以，人的自信是有领域特殊性（domain specific）的。

成功商业人士，为什么会顺从"心灵班"的洗脑？这是场景对人行为的影响，是精神控制、绑架和洗脑。

其实，人有的时候是很脆弱的。在特定的环境面前，在同伴面前，在一些情绪冲动面前，我们很容易被控制。所以，一定要警惕。现在社会上有太多功利主义的人，通过一些思想控制方法，做一些伤害人的事情。我的看法是，一定要培养科学精神。

咱们国人其实有点过分自信，老认为科学的东西太虚，一个重要的原因是文理分科，导致很多科学家把话说不清楚，对社会有价值的事情也做不了，只会讲专业术语；而普通老百姓，又对科学敬而远之。在我看来，一定要有科学精神、相信自由意志的重要性。任何事情如果不让你自己来做选择和判断，就要怀疑它。真正的科学都可以让你来做选择。比如，某种药吃不吃，我可以决定；手机用不用，用哪个品牌，都是可以选择的。所有不能选择的学术、观点、方法、理论都是一种思想的控制。因此，上"心灵班"没问题，但得有批评的机会，得有讨论的可能性，得有退出来的机制，否则就不要信。科学是有这种自信的，迷信就不喜欢人们的选择和批评。

## 过于自信的人"长什么样"

诺贝尔经济学奖得主、心理学家丹尼尔·卡尼曼在一篇文章中指出，经常进行直觉式思考的人更自信。

因为直觉绝对是跟理性、科学相违背的。

卡尼曼先生关注的是自信的认知方面，没有讨论自信的情感和行动。另外，他关注的是过分自信，而过分自信的人容易相信直觉而不相信科学。

证实性偏见在认知意义上讲，只是相信一些证明自己对的材料或证据。但是，自信的人有的时候也会有这种偏见，不自信的人也有这种偏见，只不过方向不一样而已。当然，因为人本身就有规避风险的天性，不自信的证实性偏见在程度上可能更强一些。

进行直觉式思考是非常普遍的，最典型的就是阴谋论。商业界很多事件出来之后，一些人总会毫不犹豫地认定背后有许多玄机，尽管一点证据也没有。这种心态的根源到底是什么呢？

这种心态的根源，有正面的，也有负面的。正面的根源就是对国家、对民族命运的担忧，有爱国的情操、忧国忧民的情怀在其中；负面的东西，就是对对方不了解，对未来不清晰，不够自信，所以总觉得别人一出手就会害我们。我经常讲，假如你认为人家可以害你、欺负你，你也可以反制、反欺负，难道不是吗？我们为什么不能反制他人？老怕人家腐蚀我们、毒害我们，为什么我们不能腐蚀他、毒害他呢？两相比较，还是负面的作用多一些。

尽管我们所知道的所有事情都是不客观的，都有主观判断的成分在其中。我们仍然可以通过一些方法来改善。

第一，要订一个相对约定俗成的客观指标，通过这个客观指标，使证据都在可控的范围之内；第二，用逻辑、科学来反思那个思路对不对；第三，要明确大家在讨论的是相同的概念和实质。很多辩论最后变成人身攻击，但其实多是自说自话。

我们现在的社会心理不是特别宽容，不太愿意承认少数意见、不同意见，通常把那些批评当做人身攻击，甚至上纲上线到政治层面上。但是，中国传统文化其实是很宽容的，"己所不欲，勿施于人"，现在反而被我们当代中国人忽视甚至抛弃了。

"五四运动"的两大诉求——德先生和赛先生在当代中国都做得不够，100年了，我们没有取得和时间相匹配的进步。本来，我们在赛先生上是有进步的，因为我们搞唯物主义，应该提倡科学精神，但是后来，我们却不太关注唯物主义和马列主义，所以赛先生这个理想现在下降了。而问题的关键是我们的教育，只教技巧、方法和知识内容，从来不教知识后面的科学思想、逻辑和原理，尽管赛先生的内容有，但精神没有。所以，还要在"赛先生"落地方面一起努力。

## 如何提高人们的科学精神

首先，在中国的小学、中学、大学教育体系里，要多介绍一些科学精神，而不只是介绍一些科学的知识。其实，科学精神就是证明精神，一定要有求证的欲望；同时，批评思维，也就是如何证明一种看法、观点对不对，很多老师甚至都不许孩子们去怀疑他说的内容；还有，数据精神，目前，更多的是不讲数据，不讲证据，只讲故事，只讲看法，甚至有的时候就喊很多口号的。口号只是一个语义,而语义可以随意解释。比如自由,有人可以说它是自由意志,我也可以认为它是放纵。因此,口号没有科学的意义。科学的"三证"精神——证明、证据、证伪,这些我们都有不足,需要强化。

其次,要强化逻辑训练,逻辑不仅仅是一种哲学,更是生活的问题,很多时候,我们在生活中都是不讲逻辑的。我建议大家可以多学习一些心理学,因为心理学讲统计,讲大数据原则,所以有很多理性。而且,人民的需求也达到这个层次了。比如,为什么"逻辑思维"那么受欢迎?因为我们缺少它;为什么心理学现在热起来了?因为也缺少它。但我们的教育部门和老师的反应有些滞后,所以给了很多江湖人士或市场人士机会。商人还是很精明的,知道市场需求是什么。

再次,科学家对社会事务的参与不足,科学家在重大的社会问题上不发言、不出声,其实就是自私自利,只在象牙塔里发文章、拿经费,一点社会责任心都没有。在很多国家,科学家才是社会公共知识分子,因为他们是用科学的方法去分析社会问题。在中国,所谓的"大V"很多都不是科学家,这个不太正常。本来,公共知识分子是一个正面的词汇,是有知识的科学家积极地以科学的态度参与社会事务的行为。但在有些网络媒体上,所谓"公共知识分子"就是敢说的人,一个普通人骂骂政府也就成了大V?这是一种非理性的现象,是社会的非理性,而不是某个人的非理性。谁都可以说话,表达意见,但不是谁都可以成为真正的意见领袖。

自信的人,由于在某种程度上比较快乐、积极,因此在道德上更宽容,而不太拿道德大棒去批判他人,不自信的人却往往更为严苛。

道德分为两种,一种是天然道德,也就是人类的本能,例如不杀人,不伤害别人;另一种是社会道德,也就是社会公德,那些不自信的人更喜欢用社会道德来维持自己脆弱的自尊心。这就是为什么那些被丈夫抛弃的女人更厌恶、辱骂第三者,为什么那些没有女朋友的愤青更偏好骂贪官占二奶之类的行为。所以,也就有人说,道德是弱者的避难所。当然，以德为先是我们中华民族的优良传统，但要警惕以道德的名义去伤害别人的倾向。

## 如何改变弱者心态

首先，破除习得性无助，比如，尽量尝试做一些有效果的事情，做一些小但马上能见到结果的事情，不断强化自己的自信心和能力，不断地修炼、积累成功的经验。

其次，选择宽松、理解、同情的环境，这个地方不容我、不支持我、不欣赏我，那就换个地方，"树挪死，人挪活"，这就是为什么一个自由的社会是比较宽容和有道德的社会。混不下去了，换个地方，最终一定能找到真心支持自己的环境。

再次，换一个工作，换一个领域，换一个方向，可能时间很长，平常可以有很多小的技巧，喝点酒、听点音乐、锻炼身体，等等，身体健康了，心态也会积极些，人也会更自信。

但是，有时候整体环境恶劣，"黑天鹅"、"蝴蝶效应"频现，更需要学习一点积极心理学。知识真的可以让我们产生力量。而且，心理学的知识和其他知识不一样，跟我们的生活息息相关，马上就可以用。用多了以后，自己还可以琢磨出许多技巧。多学点心理学，多找一些朋友，多有一些别人不可替代的技能，等等，都是有效的做法。

## "危机意识"是正面还是负面的

我不是特别懂"危机意识"，也不知道它有什么正面的作用，所以不是特别喜欢这个概念。另外，这里善意提醒一些总是特别强调危机意识的人，自信不表示盲目。如果你不盲目，应该发现有些问题是能看得到的。被非理性设定的危机意识引导的人觉得总有人要害你、整你、颠覆你，总想到自己的不足、不满、不如意，这怎么能积极呢？怎么能自信呢？

危机意识作为一种防备心态和防御心态，可能有保护自己的作用。但做成事业的人，一定是把自己的优势发挥到极致，在承认弱点的同时，弘扬自己的优点。只有把优势发挥好了，才能事半功倍；总在关注缺点和问题，就想不到自己的优势，就会事倍功半，而且会有恶性循环。

## 自信和创新有关系吗

哈佛大学心理学系有位女教授特里莎·阿玛碧尔（Teresa Amabile）研究特别有创造力的人三十多年。她的结论是，人在积极、快乐、阳光的状态下更容易出创新的结果，人在警惕、焦虑、着急、挑剔的情况下难以创新。所以，人其实是在自信、快乐的时候容易有好成果的。一般人可能不知道，有些90岁高龄，在常人眼中应该颐养天年的科学家还在全球顶级科学期刊上发表文章。很多年轻人想不到、做不到的事情，一些90岁的人却能做得到！我觉得是和自信密切相关的。

那么，有人会反问，梵高为什么会创新？

两个原因，第一，梵高的问题不是不自信，而是因为他有精神疾患。精神疾患在没有表现出来的时候，患者都不知道自己有病，梵高是很快乐、很积极的，所以不能把不自信和精神疾患等同起来；第二，梵高在他的领域，在某种意义上是一种特殊的创造者，自信不自信基本上都不重要，因为他是天才。但是，对普通人来讲，自信比不自信要好。

# 到底是不自信还是过度自信

## 中国人真的不自信吗

曾经有几位学者来信和我讨论一个引发大量点击的视频:"中国人为什么不自信?"

我的观点是:第一,我对这样的标题不是特别同意,因为"中国人"这个概念不是可以随便使用的。中国是一个多民族的、复杂的、多利益冲突并且没有统一信仰、意志、行动的大国,很难一言以蔽之。因此,从科学心理学的角度来讲,这样的表述是不够严谨的。

第二,自不自信是心理学的问题,而视频谈的是政治态度问题,不应该与个人的心理自信问题混为一谈。政治自有政治科学的规律可循,心理学当然也有自己的研究发现和理论总结。

## 关于自信的文化差异

的确,针对"中国人自不自信"的问题,心理学家已经做过很多研究。1983年,当我刚在北京大学心理系任教的时候,美国密歇根大学心理学系教授弗兰克·耶茨(Frank Yates)应邀来北大访问,讲授"人类的决策心理"。他当时就给我们发了一套心理问卷,正好就是"自信心理的客观测试"。这套问卷不像通常的心理学问卷,只询问了一些特别简单、稚气的问题(比如说你幸福吗?你自信吗?等等,人们对这些问题的回答往往是模棱两可的）。而我们心理学家其实很排斥用这种简单的问卷法去调查人类复杂的、微妙的和动态变化的心理活动。耶茨采用的方法是通过询问人们对一些客观问题的回答，来间接推测其自信水平。

其中有一道问题是这样的：

土豆在什么样的气候环境下成熟得更快一些？
A. 寒冷的气候　　B. 温暖的气候
请你分别选择A或者B，并判断一下你回答/选择这个答案的自信水平。

后来，弗兰克·耶茨报告了他在北京大学心理系及其他院校所做的此类调查的结果。意外地发现，我们中国学生在回答这些问题的时候，表现出比美国大学生更加强烈的"过度自信"倾向。也就是说，对这些问题的回答，我们中国同学反而是特别自信，远远超过美国大学生对自己答案的自信水准。这就是心理学研究中早就发现的——亚洲人，特别是我们中国人经常表露出来的"过度自信"倾向。

在此之前，英国心理学家菲利浦和劳伦斯就报道过类似的发现。其后也有很多类似的研究。基本的结论就是：起码在对有关"知识"、"概率"、"趋势"、"规律"等问题的回答上，我们大多数中国人的自信水准往往是比较高的。

为什么会出现这样明显的文化差异呢？耶茨等人推断认为，是由于中国教育制度强调唯一正确的答案，使得学生不习惯进行批判性思维。因此，一旦确认某一个答案是正确的时候，我们就更愿意相信自己已经选择的答案，比没有选择的答案要准确得多。这种不善于从反例/反证的角度去思考的倾向，很容易让我们产生"过度自信"的偏差。

中国科学院心理研究所的李纾教授，曾对新加坡华人和大陆的中国人在"过度自信"的差异方面进行了一系列的研究分析，也证明了这种文化差异主要是由教育所引起的，而不是由文化所引起。因为他发现，同样是信奉中华文化的新加坡华人，但由于新加坡的教育体系基本上是西化的，强调批判精神、科学精神和反证精神；因此，新加坡的华人学生在这类问题上的回答并没有表现出"过度自信"的倾向。并且，这种文化差异也不是由语言所引起的。因为同样说"福建话"，新加坡的福建人相比中国大陆的福建人，"过度自信"倾向要低很多。

曾经有段时间，很多文化心理学家，包括我自己都认为，虽然多数中国人在知识问题上、信息判断上、趋势预测上表现出较多的"过度自信"，但在对自己的判断上，如对自己的能力、智力、自尊心和自大倾向上不会表现出"过度自信"的偏差。可是，越来越多的新研究还是发现，在与"自我"有关的问题上，很多被调查的中国人也表现出类似的自信偏差。

李老师就研究了"自我和他人的比较"。以下为所用的问题之一。

> 如果你是一个随机挑选出来的一百名大学生中的一员，你的性别也和这一百个大学生一样。假设我们把这所有的一百个学生，按照毕业后获得工作的日期早晚来排名的话，你觉得大概会有多少人获得工作的时间会比你早（从0到99估计）？

按照理性的原则来讲，如果我们自认为是普通人的话，那么，我们应该估计有50%的人可能获得工作要比我们早一些——50%代表的是一个正常的概率估计。但是，李老师发现，中国大陆的学生通常会估计只有27个学生会比自己先找到工作，而新加坡的华人学生估计会有37个同学比自己早获得工作。显然，大家都有一种强烈的自尊心，认为我们是属于前40%的人。不过，中国大陆的学生对自己和他人比较的"过度自信"表现要比新加坡华人学生高10个百分点。

其实，放眼观察我们周围的人和事，我们就会发现，这样的"过度自信"，在我国社会是很常见的。

## 实验后面透视出"过度自信"的现象

【例1:股市投资】例如在股市投资方面,为什么很多人相信自己一定会赶在泡沫破灭之前离场?为什么会相信我们的能力会比经济的科学规律还要有效,还要强大?为什么我们都觉得自己在股市应该挣钱,而别人在股市应该接盘?就是因为存在这种非理性的"过度自信",使得我们成千上万的散户在机构面前、庄家面前输得一干二净。

产生对自己把握股市变迁盲目自信的重要原因,就是因为我们从来不想接收不同的看法、不同的意见,甚至连自己偶尔产生的不同意见,我们都会刻意地否定。当股市疯涨的时候,我们特别喜欢看股市的变化、聊股市的变化、说自己赚多少钱,以此来给自己的自尊心增添一些证据。但当股市一片凄惨的时候,我们都刻意地回避股市,不说它、不看它、不想它,以保护自己脆弱的自尊心。其实,在股市涨的时候,我们倒没有必要过度关注,因为它总是要涨的;但是在股市低落的时候,反而要注意观察股市的变化,以免自己损失过度。出现这种不对称的行为,恰恰就反映了:为了维护我们自己的"过度自信",我们甚至都不愿意去了解现实、尊重现实、关注现实。

【例2:面对自然灾害】还有一种"过度自信",就是对待恶劣的天气、复杂的路况、自然的灾害面前,我们也总是表现出"过度自信"的倾向。当飞机、轮船、汽车等交通工具,在遭遇到自然灾害的危险之前,最理性的方法应该是回避——停船、停飞、躲避、等待。但是我们很多的乘客,坚定地相信,自己不会是自然灾害的受害者,自己永远是那幸运儿中的一员。

在交通部门——航空公司、轮船公司、汽车公司,由于自然条件而推迟、改变或等待的时候,我们表现出强烈的、非理性的反对意向,坚持任性地要求按照自己的意愿去行事(典型如因天气原因频繁导致航班延误,而引发的机场闹事事件)。这些都是过度相信"好事一定发生在自己身上，坏事一定发生在别人身上"的虚假的自信心的表现。

　　因此，从某种意义上来讲，我不同意"我们中国人不自信"的说法。我要强调的是，由于我们的教育理念和教育方法，使得很多人没有形成批判性的思维，只会单方向地去思考某个问题。而一旦这个单方向的印象、倾向和偏好形成之后，无论多少的反面证据都不能改变他已经形成的、自我任性的观念——这偏偏是"过度自信"最大的悲剧。

　　所以，我经常讲，从事社会科学、人文科学、管理工作的人，一定要有科学的态度、宽容的精神、民主的方法，去听取、接受、思索、关注不同的意见，特别是反面的意见，从而不会让我们盲目地走上"过度自信"的道路。这种尊重不同意见的科学态度，是人类几千年积累下的集体智慧的结晶，我们真的不能盲目自信地把它抛弃掉。

　　中国的崛起需要理性、智慧和"有容乃大"的气概。过度的自恋、自大、自信，其实是自卑的外在反映。所以不要总说"中国人不自信"，我们中国人其实是很自信的。经常说这话的人反而骨子里可能有些潜在的不自信。

# 不忍测试的人性：人类能否在权威面前坚守住良知

1960年5月11日，以色列情报部门摩萨德历经15年努力，终于将二战期间直接负责屠杀犹太人的德国战犯阿道夫·艾希曼（Adolf Eichmann）逮捕，秘密运送到以色列受审，并由此而引发了人类思想上的一场大辩论。

在法庭上，艾希曼反复辩解说，他只是执行了命令而已。在生活中，他是个不抽烟、不喝酒、不受贿、不玩女人的所谓"好男人"。但在受他管辖的匈牙利，几十万犹太人被送进了集中营的毒气室，而且每一个死亡令都是他亲自签署的。

著名思想家汉娜·阿伦特（Hannah Arendt）出席了艾希曼受审现场，并由此发表了其影响深远的作品——《邪恶的平庸》（The Banality of Evil）——是指参与者的顺从，面对罪恶听之任之，助纣为虐。汉娜认为，其实在很多时候，邪恶的事多是由普通的凡夫俗子干的。很多纳粹党员入党时根本不知道希特勒的计划，大多数人只是纳粹命令的消极执行者。艾希曼在很多时候也没有意识到自己在犯罪，他是滔天大罪下的一介平庸小官。

## 米尔格兰姆服从实验

公审艾希曼也让耶鲁大学心理学教授斯坦利·米尔格兰姆（Stanley

Milgram）感慨不已。他想知道：人类的良知在权威面前到底能不能坚守？1961年夏天，他在耶鲁大学心理学系做了个研究，那就是著名的"米尔格兰姆服从实验"。它证明了：人性中的善恶往往是在一念之间，在强大的权威面前，我们有时很容易放弃良知，被动地去做那些邪恶的事情。

【米尔格曼服从实验】要求两个被试一起来到实验室，一个被要求担任"老师"进行提问，另一个担任"学生"回答问题。如果学生答错问题，老师被要求对学生进行电击（学生是坐在对面的房间里，实际上他不会受电击）。期间的一些喊叫声是米尔格兰姆播放的，听起来就像是那个学生处于痛苦之中喊出的。假若那个"老师"在实验的过程中表达出希望停止电击的意愿，实验人员会促使他继续下去。

结果发现，在第一次的实验中，65%的被试执行了最痛苦的、最后的450伏电击（标记为"XXX"）——即使许多被试明显处于有巨大的心理压力状态下，对于继续进行电击感到不自在，焦虑甚至痛苦。

为什么这些"施罚者"会如此"残忍地"去伤害自己的同胞呢？

理由很简单：

"我是被命令去做的啊！我有什么错？"

"这就是科学实验啊，这样做可以保证科学实验的正确性。"

然而，该实验震惊了整个心理学界，心理学家尤其愤怒于其对参加实验的被试所造成的心理伤害。我在伯克利加州大学的同事——戴安娜·鲍姆林德（Diana Baumrind），当时就曾连续发文抨击该心理学实验的伦理道德问题。即使在米尔格兰姆公布实验的"受害者"（学生）其实是由研究者扮演，实际上并没有遭受电击，惨叫是假装的，在后来还是饱受争议。米尔格兰姆教授也因此被美国心理学会取消了一年的会员资格，理由是"实验的不道德因素"。但如今，"米尔格兰姆服从实验"已经是大学心理学教科书的经典内容，后来还登上了好莱坞大银幕。

尽管长期以来，米尔格兰姆的电击实验被普遍认为是警告人们不要盲目服从权威。但我个人认为，该研究结果所反映的并不单是人们的盲目服从，更多揭示的还是人性中"善与恶"的道德冲突——实验中很多施罚的"老师"其实也是痛苦地执行权威的命令而伤害他人。

积极心理学发现，人类的道德包括共情的倾向，仁慈、友善地对待我们的同胞、亲属和本群组成员，这是我们善的天性。但与此同时，我们人性中也有恶的成分——排外、残暴、恶毒地对待与我们不一样的人，或者嫉妒、攻击、陷害妨碍我们利益的人，这都属于恶的倾向。可以说，米尔格兰姆的研究更多反映了植根于人们心目中矛盾的道德倾向——也许，"善与恶"之间的距离比我们想像的还要近一些。

当年在以色列的法庭上，艾希曼曾痛哭流涕地说，为什么当时没有一个外在的声音来唤醒他内心的良知？今天看来，在很多人都卷入到一场集体犯罪中的时候，也许确实需要有人来呼唤这些人内心的良知。然而，在类似的情形下，可怕的是普遍的沉默。

如今正在兴起的积极心理学，能承担起"良知的呼唤者"的重任吗？

# 为什么人们喜欢传播阴谋论

互联网大大提高了传播的便捷度,但需要警醒的是,"阴谋论"越来越多,越来越受欢迎,甚至堂而皇之地进入到主流文化。比如一本畅销书中罗斯柴尔德家族(Rothschild Family)统治世界的阴谋,到美国人针对中国的各种阴谋,如转基因争论中的基因战争,到金融战争、禽流感的生物战争、PX项目中的化学战争,再到马航MH370飞机失联所引发的有关美国政府劫持飞机的阴谋论推测,莫不反映了一种非理性的社会心态。而且有趣的是,所有这些阴谋论,不光是在我国盛行,甚至在全世界都通行。当然,针对中国的言论,也有类似的情况。

## 探索阴谋论的心理原因

学术上定义的阴谋论(conspiracy theory)指的是一种特定相信某一个强大的团体或组织通过秘密计划和有意的隐蔽行动,引起并掩盖一个非法或有害行动产生的解释理论。它的一个特点是信念固执(belief perseverance),无论如何去解释、辩论,以及给出证据,它都毫不动摇,甚至反而把这些反对意见当作证明。有些人这样做,也许会有其个人的目的,如受金钱、地位,或者是虚荣心的影响。但是,如果很多特别善良,并无其他自私利益的人也相信并传播这些阴谋理论,这就值得心理学家分析和反思了。因为一旦相信阴谋,如果又一定要做一些事情,那事情往往是负面的。

1991年，我还在美国密歇根大学攻读博士学位的时候，我和我的师兄迈克尔·莫里斯（曾任美国斯坦福大学商学院教授，现任美国哥伦比亚大学商学院教授）就用计算机生成了各种几何形状，圆形、方形、三角形，并让它们随机进行互动，形成了各种毫无意义的情境，然后让来自世界各地的被试来解释这些随机运动产生的原因。结果所有这些被试，都给出肯定性的、有声有色的、甚至极富想像力和创造性的故事来。比如说三角情仇、江湖恩怨、夫妻背叛、父女情深等。这充分表明，人类不能够接受不确定性和模糊性，即使是一些几何形状之间的互动，我们都要给出明确而且肯定的回答。该研究最后发表在《人格与社会心理学杂志》（JPSP，1994，其引用达到了1052次）。

## 阴谋论与海德式解释

我们这一研究其实还不是心理学家最早发现人类喜爱阴谋论的心理原因。1944年，海德（Heider）和西梅尔（Simmel）曾经让一组大学生观看一组抽象几何图形移动的视频，然后让他们报告刚才看到了什么。在全部34名被试中，只有一位被试用几何术语来描述看到的情形，其余都把抽象几何图形的移动描绘成了有生命的人类活动。海德根据这一现象认为，人们对世界的认识受到两种基本需求的驱动：第一，我们对世界的认识有一种一致性需求，就是希望世界的运动依照我们的信仰、理念、态度、经验、预期来行动，即使现实与我们自身的预期不一致，我们也要改变外在的证据来使它符合我们内在的期望；第二，人类需要对外在环境产生一种控制感，我们不希望自己在现实面前无能为力、无所适从，我们需要找到某种自己能够理解、控制、描述、解释和预测的可能性。

2003年，我和我的学生埃里克·诺尔斯（Eric Knowles，现任美国纽约大学心理学教授）用类似的几何图形测试中国学生和美国学生对几何图形的分析，发现这其中还有另外一个规律：就是当这些几何图形的运动比较明确地符合牛顿力学定律的时候，受过现代科学教育的中国学生和美国学生还是能够从物理学的原则来解释这些事物的运动的；但是对不符合牛顿力学定律的物理运动，比如说一个圆形在毫无外力触发的情况下滚动起来，或者是两个物体在没有接触的情况下产生相继移动的情形，绝大多数被试还是都会给出海德式的解释。（该研究发表在《人格与社会心理学期刊》PSPB，2003）

这一现象完全可以用现代进化心理学的理论来加以解释。对未知的情境所产生的不安全感，实际上有着保护我们生存的价值和意义，它告诉我们需要提升我们的警觉意识，根据过去的经验和直觉对陌生情景解释，从而将它纳入到我们可以预测和控制的范围之内。想一想原始人在面对未知的威胁——比如地震、山崩、洪水、日食时，当时的人们不可能理解这些现象是如何产生的，但人类的祖先一定会根据自己的理解来加以解释，这种解释就让我们产生可以应对情况的行为——既然自然灾害由神灵控制，那人们就可以通过向神灵祭祀、祷告来减少对自身的威胁。所以，这种漫长的演化历史，就是我们人类的进化优势和选择出来的心理机制。

这些心理机制，其实就是阴谋论的心理原因。尽管现代科学技术有了飞速的发展，可以使我们现代人具有足够的科学知识去解释那些远古的神话传说和迷信，但是，六千万年进化形成的心理特性显然并不足以被数百年的现代科学所改变。现代人在面对超越自己经验之外的事物仍然保持着高度的关注，并随时赋予其主观的解释。这就是为什么在听说马航飞机失联而且一直找不到其下落的情况下，或者是国际金融瞬息复杂、不可理喻的财富积累——这都是我们过去经验所未能接触过的事物，我们便在主观上一定要把它搞清楚。

这时候，有些人就会从自己的经验范围来拼凑出线索，来给MH370失联或者是金融危机等以合理的解释。这种主观的解读通过现代媒体发布出来，很快便会得到迅速的传播。因为看起来振振有词、确凿无误的解释，消除了人们面对现实信息缺失的不安。对许多人来讲，知道飞机被美国人劫持到了秘密的基地显然比一无所知要好得多，而且更能够满足我们对这个世界一致性的认识和对环境的控制力。因为它符合我们这些年形成的反美意识和政治要求。

## 什么是信念固执

有趣的是，在真相揭晓之前，阴谋论会流传泛滥，而且随着真相的逐渐明了，阴谋论也不断地与时俱进，甚至到了真相大白的时候，阴谋论依旧不会消失。因为像马航这样创下有史以来失联最长时间记录的事件，其中错综复杂的因素交织，并不是每个人都可以简单明了地搞清楚的。只要真相的复杂性超出了一些人的理解能力，阴谋论就永远有市场存在。因为这就牵涉到社会心理学的另外一个概念——信念固执（belief perseverance）。

信念固执主要指人们对某一类事物、人群和组织机构形成客观印象之后，我们很愿意将所有有关它们的信息组织成有系统、有一致性和稳定性的体系，在这样的体系之中，新的信息一定会组织成与已经存在的信念相一致的方式——所以，相信转基因是阴谋的人很容易也会相信马航飞机失联也是阴谋，同时这些阴谋可能也是由共济会或是罗斯柴尔德家族之类造成的。面对冲突、模糊和不确定性信息的时候，其实我们都是在自己期望和理解的范围之内选择符合我们理念、态度和经验的各种信息。这种心理特点在大多数情况下也许并没有太大的危害，它使我们人变得自信、自尊和有控制感，但问题是，当新的证据和我们的信念发生冲突的时候，这种偏见就会让我们有意识地排除、忽视、篡改真实的信息。而且如果我们的理念已经被实践证明是错误的时候，坚守错误的、不真实的理念，就是一种非理性的行为，很有可能引发由于偏见而造成的不正当的行动。

## 如何提高辨别阴谋论的能力

阴谋论虽然是人类进化所发展出来的认知倾向，但为什么并非每个人都会轻易相信和传播各种阴谋论呢？英国伦敦大学的认知神经心理学家金井良太（Ryota Kanai）和他的研究团队发现，思想保守的人相对于思想自由的人大脑额叶的前扣带回部位的灰质区域偏小，而这部分脑区的功能对人们理解模糊和冲突的信息至关重要。我和清华大学心理学系隋洁教授以及我们的博士研究生王辉同学最近就发现人类的前扣带回是我们处理矛盾信息的神经中枢（该文已经被投稿到《神经心理学》杂志上）。换句话说，思想僵化、固执、保守的人喜欢简单明了、是非分明的信息，因此他们更容易相信和传播各种阴谋论；而思想开放、具有强烈的辩证思维能力的人相对而言比较容易理解模糊和矛盾的信息。这些人显然比较能够适应当代社会信息爆炸所产生的模糊性、矛盾性和不确定性。有些心理学家，如加拿大安大略省布洛克大学的戈登·哈德森（Gorden Hodson）教授甚至认为思想保守的人在智力上更加低下，因为他发现智力较低的孩子成年后更容易持有各种偏见，而且在政治意识形态上比较僵化、保守，有特别强烈的排他攻击性和是非绝对分明的判断倾向。

如何提高我们辨别阴谋论的能力？最主要的方法还是接受完整的科学教育，特别是培养科学思维的方法。这种科学思维包括逻辑分析、辩证思维、换位思考，最主要的就是要有证据、证明和证伪的科学态度，当一个看起来无论多么合情合理的解释摆在我们面前时，科学的态度首先就是要看是否有证据、是否符合逻辑、有没有办法能够验证对错——而不是本能地接受、相信和传播它。

所以，阴谋论主要的问题是不求甚解，臆想猜忌，无的放矢，于事无补。

可以从三个方面破除阴谋论的影响。

破除阴谋论对认知的影响，一要多读书，思考问题的广度一定要和知识的深度相匹配；二要学习一些简单的统计学理性思维和数据分析的思路；三要信息开放，信息不对称很容易造成判断失误和阴谋论的思维习惯。

从积极心理学的角度来讲，世界上的阴谋都一定会有前因后果，也许在某一个阶段、某一件事和某些人身上有针对社会的阴谋，但要相信大多数人、大多数事情和时间的作用——"阴谋"是不会被变成"阳谋"的。因此，与其花时间去琢磨各种各样的阴谋理论，还不如花时间去解决现实的问题。我们身边值得我们关注和解决的问题实在是太多了。在一个科学思维发达的社会，多相信常识和科学证据对我们的心理健康和社会发展也许更有意义。"君子坦荡荡，小人长戚戚"，讲的就是这个道理。

## 谁更容易相信"阴谋论"

政治极端主义是指拥有极端的社会意识，倾向于通过激进的手段来达到改造社会的目的。发生在20世纪人类历史上的很多重大政治事件或多或少都与政治极端主义有关，比如德国法西斯主义纳粹发动的第二次世界大战，美国麦卡锡主义主导下对共产主义国家的封锁，以及冷战期间的斯大林主义强权政治，红色高棉的波尔布特所搞的"高压政策"，其本质都隐含着一种极端的政治意识。

通过分析，我们可以看到，很多政治极端主义虽然走的是两个极端，或左或右，但他们似乎都有一个共同点，那就是倾向于相信"阴谋论"，比如很多德国纳粹相信德国一战战败的原因是犹太人的阴谋；相对应的是，美国的麦卡锡主义认为红色共产主义已经渗透进了美国政治、文化、生活的方方面面。然而，具有讽刺意义的是，政治立场绝对相反的人也经常会利用同一个"阴谋论"，只不过是把矛头颠倒过来了。比如，网上盛传的所谓《中情局十条诫令》，起先是被英美的右派说成是"共产主义革命的规则"（Communist Rules for Revolution）。第一个版本出现在1919年，号称在一战结束后，由联军的两个军事情报官员在德国杜塞尔多夫（Dusseldorf）的一个秘密共产党总部的保险柜里发现；第二个版本出现在1946年，由英国的《新世界新闻》发表；而后来在中国，则将其说成是来自美国中央情报局1951年的"极机密行事手册或行动手册"中的内容,以激发中国人民的反美之心。如今,类似的如"转基因阴谋论""金融阴谋论""气候阴谋论"等,是中外共有、左右派共享的典型舆论。

## 极端主义和阴谋论是"孪生兄弟"的研究

为什么政治极端主义者容易相信这些"阴谋论"呢?来自荷兰的三位心理学家设计了4个心理学实验来探讨政治极端主义者对于"阴谋论"的相信程度。

【研究1】该研究共招募了207名美国被试,后来回收有效数据187份。研究者测查了被试对"金融危机阴谋论"和"气候变化阴谋论"的相信程度(从1到7);同时,为了进一步测试是否政治极端主义者只是对与政治有关的社会事件更加具有妄想症,实验还在两个"阴谋论"的分析中加入了一个"人际妄想症测试"。

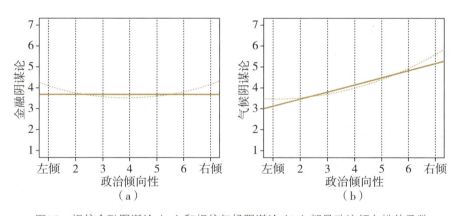

图17 相信金融阴谋论(a)和相信气候阴谋论(b)都是政治倾向性的函数

结果发现,对"金融危机阴谋论"和"气候危机阴谋论"的相信程度与政治极端主义倾向有着显著的相关关系,但与妄相症无关。说明相信这些"阴谋论"的人心智是正常的,只不过思想偏激些。

为了进一步探讨这种相关关系是否存在于其他"阴谋论"中以及可

能的原因，研究者又进行了下面的研究。

【研究2 & 研究3】这两个研究主要是在荷兰进行的，研究方法也基本一致，被试是从荷兰具有代表性的全国选民样本中抽取的。研究者主要是通过测查被试对于6个不同"阴谋论"的相信程度来评价他们对于"阴谋论"的态度，同时测量了被试对复杂政治问题倾向于采取简单解决方案的程度来判断他们在政治上的偏激程度。

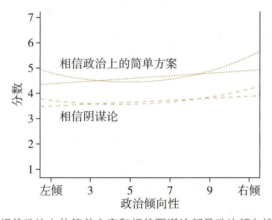

图18　相信政治上的简单方案和相信阴谋论都是政治倾向性的函数

结果表明，拥有极端政治立场的被试更容易相信"阴谋论"，并且对政治问题简单化策略的追捧程度也更高。

【研究4】这是一个补充实验，主要测查了被试对于其他领域是否也具有同样的极端主义倾向，目的是为了确定被试在非政治领域的极端主义倾向是否会对实验产生影响。

结果发现，极端的政治意识和大多数极端的非政治意识态度间不存在相关，但相信"阴谋论"则与大部分关于"苹果电脑"、"宜家家居"、"智能手机"、"公共交通"的极端态度呈正相关，而与关于星座用途的极端态度成负相关；即使研究者在统计上校正了互相关联的阈值后，依然发现政治偏激与对智能手机和星座用途的态度呈现显著相关。

通过以上4个研究，研究人员认为：极端的政治意识与相信"阴谋论"之间存在显著相关，且两者之间存在一个中介变量——对于社会政策简单化的追捧程度。原因可能是因为这些人具有绝对分明的非黑即白的思维方式，对社会事件持有明确的态度和立场，同时习惯采用简单直接的处理方式，而看不到社会事件背后复杂的逻辑关系。因此，一旦发生复杂事件，就倾向于认为事件背后肯定是有本群体之外的人在搞阴谋导致的。

## 中华文化对阴谋论的解决之道

阴谋论是一种非常强烈的弱者心态——别人做什么事情，不管大小，都觉得是针对自己，都觉得是和自己有关系。强者，自信的人，是不太关注别人怎么看的。当然，强者也关注事情对他人的影响，但不是特别在乎别人对自己的评价，而是在乎对事情本身的评价，弱者则不在乎他人对事的评价，反倒十分在乎别人对自己的评价，是极其不自信的表现。

现在，我们有很多不自信的表现，比如不喜欢接受批评，不宽恕别人，总是以为别人在害我们，做的任何事情都在欺负我们等。

其实，遇到这样的情形，中国文化中崇尚"中庸之道"的传统政治智慧就非常值得我们深思。程颐说："不偏之谓中，不易之谓庸。中者，天下之正道。庸者，天下之定理。"《尚书·洪范》也提倡"无偏无颇""无偏无党，王道荡荡"。因此，不走极端，不简单化政治意识问题，可能是我们避免陷入"阴谋论"陷阱的必备条件。

孔子也早就指出："中庸之为德也，其至矣乎！民鲜久矣。"意思是，中庸乃至高的道德修养境界，长期以来少有人能够做得到。而这也是心理学家时常感到无奈的现实情况，当事情的复杂性超过一般人能够理解和解释的时候，"阴谋论"就成了最简单、也是最常用的解释。

# 科学实验证明正义终将战胜邪恶

抗日战争是历史上少有的持续长久、且以弱胜强的战争,也是使不可能成为必然的经典史实。中华人民共和国成立后,1951年8月13日,中央人民政府政务院发出由周恩来总理签署的通告,确定抗日战争胜利日为9月3日。同时,韩国、朝鲜都将8月15日定为对日战争胜利纪念日,美国将9月2日定为对日战争胜利纪念日。

2014年2月27日,第十二届全国人大常委会第七次会议,以国家立法的形式通过决议,确定每年9月3日为"中国人民抗日战争胜利纪念日"。

八年抗战,之所以打得无比艰巨,是因为中日之间存在着巨大的经济与军力差距:战争爆发前,日本年工业产量已达60亿美元,中国仅有13.6亿美元;钢产量方面,日本年产量达580万吨,中国只有4万吨;石油产量上,日本年产量是169万吨,中国仅有1.31万吨。另外,日本一年可生产飞机1580架、大口径火炮744门、坦克330辆、汽车9500辆,年造舰能力为52422吨,而当时的中国还不具备生产飞机、大口径火炮、坦克,甚至汽车的能力。日本战前的总兵力是448万人,中国的总兵力是200余万人;日本当时的作战飞机有1600架,中国仅有223架;日本的舰艇285艘,中国仅有60余艘。而最终,我们胜利了,这是一场起初看似不可能的、以弱胜强的战争。

## 天性选择正义的实验

为什么中国人民能够在这样的劣势下,最终取得艰难的胜利?我觉得最主要的原因,是因为中华民族站在了正义的一方,得到了天时、地利、人和的相助。

为什么我们如此确信我们选择的是正义的呢?

因为我们没有去侵占别人的土地,没有去残害别人的人民,没有去侮辱别人的妇女,更没有去掠夺别人的资源。我们是在自卫的情况下进行艰难的反击,是在被侮辱的情况下捍卫我们自己的尊严,是在我们的民族文化即将灭绝的时候坚守自己的传统和信仰。这与德国法西斯的种族屠杀、日本法西斯的残忍无道的野蛮行为有着天壤之别。

我们之所以能够在这场艰苦卓绝的战争中取得最终胜利,是因为我们中国和世界人民的正义之心在其中起了很大的作用:因为有了正义,我们坚信我们的行动是天助的、得民心的;因为有了正义,我们会得到世界各国人民的同情、支持和帮助;因为有了正义,我们中国人民才能够真正从政党、政派、政治的分歧中找到共同的目标和奋斗的路径。这就是积极心理学家相信正义作用很重要的原因。

耶鲁大学的心理学家保罗·布鲁姆(Paul Bloom),曾经做过一个有趣的实验。他给全世界各个地方的6个月大的小孩看几张简单的图形,其中有一个正在攀岩的人,另外有一只手在帮他往上攀登(帮助的手),但下面还有另外一只手拽着他(破坏的手),让他不能往上爬。然后,请这些6个月大的孩子看"帮助的手"和"破坏的手"。结果发现,这些仅有6个月大的孩子,恰恰偏爱那只"帮助的手",而不是"破坏的手"。这说明,人的天性,从本质上来讲,是喜欢那些帮助别人的人,而不是破坏别人的人。特别有趣的是,这些孩子还会情不自禁地用自己稚嫩的手去推开那只"破坏的手"!说明人类从天性上愿意选择惩罚那些害人的人。而这些稚嫩的小手长大之后,联合起来就是我们通常所说的"正义之手"!

在另外一个研究中,保罗让一岁左右的孩子,去看三个玩偶的卡通片。其中一个玩偶将球踢给右边一个玩偶,而右边这个玩偶也善意地把球踢回来,然后,中间这个玩偶应该接着将球踢向左边这个玩偶,但这个玩偶拿到球后却跑了。在看完卡通片之后,那个"善良的玩偶"和"恶搞的玩偶",都会放在小孩的面前,并且在这两个玩偶面前都会放有一颗糖。结果保罗发现,一岁的小孩就知道要吃掉"恶搞的玩偶"的糖,以示惩罚它的"调皮"。而且,有的孩子不光是吃了它的糖,还会去敲打这个调皮捣蛋玩偶的头。因此,公平正义是人类与生具备的普世价值!

这就是保罗在他的著作《善恶之源》一书中提出的一个特别重要的观点:人从本质上来讲,是希望惩恶扬善的;人从天性上来讲是希望帮助那些需要帮助的人的;人从根子上来讲是追求公平正义的。所有我们过去所知道的社会达尔文主义、德国法西斯主义和日本法西斯主义所信奉的丛林原则、霸权主义,其实都是受一百年前过时的思想观念的影响。因此,法西斯主义,或者狼性竞争法则,不仅在现实生活中是错误的,从科学研究或根本上来讲,也是一种荒谬的理论和假设。

## 王阳明的"良知"

很多时候,我们忘掉了人类的天性是简单、自然和朴素的,我们有天生的善恶判断。殴打无助的弱者、侮辱不幸的妇女、踢倒过路的老人、抢夺他人的物品、囚禁无辜的好人、贪污人民的财富、偷窃国器为己有、污染山河谋己利等,这些都不需要多少分析就可想而知是不道德的行为,它没有文化的差异,没有阶级的差异,甚至没有时代的差异。往往是我们的意识形态、教育、阴暗的心理(如控制欲、支配欲、霸权、贪婪),让我们看不到这些简单的、朴素的人类本性!

王阳明的"良知"其实就是不需要考虑的"正义之心",传统的心学在这一点上和我们积极心理学是完全一致的。所以,我们相信"道法自然",我们相信"天性的力量",相信正义最终一定会战胜邪恶。所有的邪恶,最后一定都将在"正义之手"面前土崩瓦解、烟消云散。这些既是心理学的研究,也是历史的经验和教训。

2015年,也正好是"二战"结束70周年,在这个特殊的、值得庆祝的时间,中国第一次举办了大规模的庆祝中国抗战胜利70周年纪念活动。按照中国古代"沙场秋点兵"的做法,举行盛大的阅兵仪式,是为了让我们大家集体参与,体会这个节日的重要性;同时,也可以形成我们中华民族的集体记忆和生活方式。因此,即使对历史不感兴趣的人,也可以参与其中,一起去亲身体会这段中华民族历史上伟大胜利的喜悦和自豪。

在人类最残酷的世界大战中,我们非常自豪先辈站在了正义的一方。我们现在能够大声地宣告:烈士们安息吧!我们会越来越道德,会越来越正义,中华民族也一定会继续做出正确的选择,永远和正义在一起!

# 什么是实验伦理学

喻丰：2015年9月，教育部公布了"第七届全国高等学校科学研究优秀成果奖（人文社会科学类）"名单，我和我的导师彭凯平教授于2011年在《中国社会科学》杂志上发表的《实验伦理学：研究、贡献与挑战》一文获得了优秀成果奖（人文社会科学）的二等奖。为什么这篇论文会获此荣誉呢？

## "实验伦理学"的首次提出

这里提到的那篇文章其实是5年前写的。在文章中我们首次使用了"实验伦理学"这一学科名称的说法。在我们的研究发表之前，没有研究者使用过"实验伦理学"这一名称（包括英文Experimental Ethics）。最接近的说法是2008年Appiah（阿皮亚）的著作"Experiments in Ethics"。英文首次使用 Experimental Ethics 作为一个学科领域，是在2014年Luetge（卢特格）等人的论文集中，比我们晚了三年。而在这三年间，"实验伦理学"的说法在我国学术界已经被经常提及。

在某种意义上，这篇论文在当时可能还启发了实验哲学的工作。本论文写作于2010年，发表于2011年，那是实验哲学（Experimental Philosophy）刚刚兴起。实验哲学这一学科大约起源于21世纪初的一部分分析哲学家所进行的"实验"工作。严格来说，当时他们的工作应该称为"实证"（empirical）工作更为准确些，而非心理学严格意义上有操纵、控制、观察的"实验"。

在2011年左右，哲学工作者与心理学工作者在思想上和方法上都有着极大的鸿沟，本文的出现让实验哲学家意识到了心理学工作的重要性。虽然2008年，约瑟亚·诺布（Joshua Knobe）等人出版了第一本实验哲学的论文集（中文版2013年），但是，这一论文集里的还是简单的实证性方法，而且大部分实验哲学家对心理学工作的了解过于片面，很多实验哲学家只在了解了一部分心理学工作之后便开始就这一具体实验长篇大论，殊不知，心理学实验需要大量验证，也只可在平均数水平上解释。我们的论文在当时给刚刚开始意识到有实验哲学的我国哲学家们以一个全新的领域，让他们在通往心理学研究的道路上有门可进、有路可循。

同时，这几年伦理和道德在心理学界研究中火热鼎盛。社会心理学在21世纪第一个10年里最热门的领域莫过于道德研究。这不仅是因为在人类物质生活发展到了一定水平之后转向更加精神性的研究主题，而且还因为道德心理学的研究相对于其他任何主题来说都经历了更大的范式转移。20世纪的道德研究是理智研究，这归结于发展心理学家对道德推理发展阶段的阐释。而21世纪的道德研究是直觉研究，这归结于社会心理学对情绪与直觉的阐述。但是，在道德研究短期内研究成果爆炸式增长之后，心理学家还应该继续沿着什么路去探索道德？实际上，沿着什么路走下去，这是个哲学问题，是哲学伦理学争论的问题。

我们的文章实际上也启发心理学家思索自己并没有发现甚至丝毫没有意识到的可供研究的哲学伦理学问题，让这些问题以一种实证性的方式得到解答，这是我们所希望看到的。而英文世界中心理学杂志首次发布类似本文的归纳与总结甚至比我们还晚一年（2012年诺布等人发表在 *Annual Review of Psychology* 上的文章）。

实际上，在实验哲学还停留在心灵哲学问题上时，我们已经开始探讨道德问题。在诺布等人2008年所编写的《实验哲学第一卷》论文集中，涉及道德问题的论文只有一篇。而在同样这批人2013年编撰的《实验哲学第二卷》论文集中，5个部分中有两个部分在探讨道德问题，且文章数量已经变为了5篇。《实验哲学第二卷》比我们的文章整整晚出版两年，我们之前就已经发现这一转向。

而且，在社会心理学还停留在理智情绪问题时，我们已经开始探讨更多哲学问题的实证解答。社会心理学家在2011年时，虽然关注道德问题，但是却纠结于一些简单的问题，即情绪还是理性产生道德行为与道德判断的问题。道德心理学的领军人物乔纳森、约瑟亚·格林纳（Joshua Greene）等人用FMRI、ERP、虚拟现实、大数据、催眠各式方法来探索这一个问题，无所不用其极，但问题视野却着实局限。我们的论文在这个问题之上提出了并行的三个问题，我们也很欣喜地看到，时至今日，情绪问题已不再辉煌如昨，而我们在论文中所提到的文化、情境、人性等问题则已经引起了更多的重视。

## 什么是实验伦理学

在这篇文章中，我们提出，实验伦理学的学科研究范围包括：人性是善是恶、道德于情于理、情境亦幻亦真、文化有分有合4个方面的问题。

在第一个问题上，我们阐释了人性善恶问题的相关心理学研究，指出关心人性真的善恶，莫若关心人们相信人性是善还是恶。因为后者的认识论回答已经足以改变行为。

在第二个问题上，我们阐释了道德判断的情理之争，分别从康德与休谟的历史源头开始，阐述了道德发展阶段论、社会直觉论、双加工论等理论与研究，指出情与理分别的重要性。

在第三个问题上，我们从社会心理学的角度阐释了道德行为是内部还是外部影响大的问题，这一问题关乎美德是否存在这一根本问题，我们从社会心理学的角度阐释了极大的社会情境改变以及微小的情境改变是如何影响我们的道德行为与道德判断的。这一问题在当前看来是之后发展得最好的一个领域，大量具身认知研究在之后几年来喷涌而出。

在第四个问题上，我们关注道德原则是普遍的还是具有文化差异的问题。这个问题涉及道德分类的各个理论、道德相对主义以及文化影响问题。我们甚至认为在中国哲学界争论甚久的"亲亲相隐"问题应该由实证方式去解决。

当然，我们的核心观点还是着重于"是"的心理学也许能够为着重于"应该"的伦理学提供某些经验性的佐证，当然，"是"与"应该"是不同的，否则我们会犯道德主义与自然主义的错误。但是尝试将二者间格格不入的鸿沟缩小可能是心理学家能够做的事情，当然这也是我们从这篇文章发表到现在正在做的事情。

# 一个美国心理学家的中国心

2014年4月27日（星期天）晚上，清华大学心理学系教授赛斯·罗伯斯（Seth Roberts）博士在回美国探亲期间，不幸在美国加州伯克利市突然去世，享年60岁。

赛斯教授出生于1953年，于1974年获得里德学院（Reed College）心理学学士学位，1979年获得布朗大学（Brown University）实验心理学博士，1978年开始在加州大学伯克利分校（UCBerkeley）任教，2008年开始任教于清华大学。曾获美国自然科学基金会（NSF）、美国心理健康研究所（NIH）等资助，曾任《动物学习与行为》（Animal Learning and Behavior）、《营养》（Nutrition）等杂志的编委。

## 赛斯教授的有趣研究

噩耗传到北京已经是周二的上午。早上9点多钟，我正准备去上本学期我开设的研究生课，当我听到该消息时，我惊讶和伤心到说不出话来。赛斯是与我一起恢复创建清华大学心理学系的功臣之一，也是我们清华大学心理学系的元老，更是我们清华大学心理学系学生们的好朋友、老师们的好同事。

2008年，我受清华大学的邀请和美国伯克利加州大学的派遣，帮助清华大学恢复心理学系，其中一个重要的任务就是从海外招募有志于帮助清华大学建设心理学系的教授。在面试了很多华人及非华人心理学教授之后，第一个响应我的邀请来清华大学心理学系任教的却是一个地地道道的美国人，他就是我的伯克利同事、加州大学的终身教授——赛斯·罗伯斯。

赛斯的早期工作主要集中在动物的时间知觉方面的研究。他发现，与人类相同，小白鼠使用同样的内部时钟（internal clock）来度量声音的持续时间与光的持续时间。

之后，赛斯将其工作重心转移到了食品心理学与营养领域，他的主要研究方法是自我实验（self-experimentation），他也是自我实验这一心理学研究方法的先驱与代表人物。作为食品心理学家，赛斯一直致力于饮食对人类行为和心理的影响，其畅销书《香格里拉健康减肥的秘诀》（The Shangri-La Diet）帮助了许多美国人成功减肥。同时，赛斯也对改善睡眠与心情的食物心理机制进行了自我实验，尤其是他对亚麻籽油中的Omega-3与身体平衡的研究、蜂蜜和水果中糖分与睡眠的研究颇为著名。其工作成果发表在《柳叶刀》（The Lancet）、《行为与脑科学》（Behavioral and Brain Science）、《心理学评论》（Psychological Review）、《实验心理学杂志：动物行为过程版》（Journal of Experimental Psychology: Animal Behavior Processes）等杂志上。

另外，赛斯也对中国文化中的一些传统智慧的科学价值很感兴趣，他通过研究发现，有时吃豆腐和核桃不光不能增强人的认知功能，反而还有一些负面作用。直到他去世前，还在研究"站立对人类认知功能的影响"和"行动对外语学习的帮助"。赛斯的研究思路新颖，常常出其不意。乍一听，离经叛道，不以为然。仔细一想，又合情合理，若有所得，给人一种柳暗花明，豁然开朗的感觉。再来看他的研究报告，头头是道，科学严谨——这就是有创造性研究特点的人。

## 美国人才"流失"到中国,我们准备好了吗

一位有成就的美国一流心理学系的终身教授,为什么愿意到中国来帮助清华大学建设心理学系呢?赛斯在他的个人博客中给出了一个很重要的原因,那就是他对中国文化和中国人民的热爱,对东方另外一种生活方式的兴趣。他是一个有着特别纯洁的中国心的美国人,在伯克利期间,他就觉得人类未来的希望也许在于中国文化的复兴和崛起。他对资本主义的不满,以及对人类善良、和平、公正的追求,使得他做出了一个令很多人意外的决定,到中国来实现自己的人生梦想,他甚至希望能在中国找到他的爱情和家。可惜这些美好的愿望都不能够实现了。作为他的好朋友,没能及时给予他足够的帮助,我为此感到特别的内疚。

我个人觉得,赛斯的学术成就来自他真诚的内心和单纯的生活方式。他是真心热爱他的心理学教学和研究工作,即使到了清华大学心理学系,他在承担了很多教学任务的同时,仍然一直从事食品心理学的研究。他把自己的科学研究成果定期公布在他的个人博客上,吸引了全球十几万人的关注。他永远充满了对人类心理和行为的兴趣,大部分时候他与人交谈的话题都是有关他自己和其他人的科学研究,他很不愿意把时间浪费在闲聊和装模作样的姿态上。他在2014年4月初回美国探亲之前曾和我有过一次长谈,阐述了他对清华大学心理学系科研发展的设想,还特别提出饮食行为是人类生活中非常重要的一个方面,但又常常是我们心理学家容易忽视的一个重要研究领域;他觉得我们中国心理学家有可能在这个领域做出世界级的成果。

赛斯的单纯也体现在他对复杂人际关系的茫然无知,有时候甚至表现出对复杂人际关系和社会影响孩子般的幼稚。已经不止一次有同学(包括女同学)反映晚上10点多钟还接到赛斯教授的电话,让他/她们出去讨论文章修改的问题。任何在中国文化熏陶下长大的人都会觉得在那个时间发出邀请是很不合适的,容易引起各种各样的误会和流言,但赛斯教授真的是不知道这样做可能会产生的社会影响。不过应邀出去跟他

讨论论文的同学也从未反映过他曾做出任何不适当的行为。我现在反倒为当时曾自以为好心地劝导过他而有些内疚。

赛斯教授的纯真还体现在他对金钱、地位、政治、荣誉等世俗诱惑的淡漠。他到清华来工作，既不是为了名，也不是为了利，更不是为了权；虽然他已经是伯克利加州大学心理学系的终身教授，但他在清华心理系领取的是我们清华教授的普通工资。他对各种职务、职称、头衔也毫无兴趣，不知道为什么在中国文化环境下，这些虚伪的名头会有如此大的诱惑力？他真心觉得，一个大学教授的成就是由其科研成果来决定的，而不是由他所拥有的头衔来衡量的。他的博客上曾经留下这样一段意味深长的话："大学应该是专门从事研究、探索、想像的地方，大学教授为了这种特权，就必须培养学生，并给社会贡献思想。"他就是这样实践着自己对大学精神的认识和对教授职业的坚守——这是非常值得我们中国的大学推崇和提倡的一种学者精神。

赛斯教授是我们清华大学心理学系的国际面孔，也在国际心理学界代表了清华大学心理学系。他的博客记述了他在清华大学的生活、工作和研究，并从正面呈现了中国高等学校和中国社会的真实生活，其中有些文章在全世界得到了传播和关注。他的贡献是伟大的，他对清华心理系的支持是无人可以替代的。我们清华大学心理学系为失去了一位国际级的学者而惋惜，我个人为失去了一位真挚的朋友而遗憾。

总归世道无常。愿活着的人更加珍惜我们当下的生活，愿逝去的人有在天之灵保佑和祝福我们清华大学心理学系。

PART 4

# 跨界

自信天下一之笔，文也纵横，武也纵横。
——张伯驹

# 积极心理学到底是不是仅仅研究幸福[1]

2014年10月18日,著名积极心理学家,也是当代杰出心理学家之一的迪纳在宾夕法尼亚大学应用积极心理学硕士峰会上作了题为《幸福科学的伟大突破》(Amazing Progress of Science of Subjective Well-being)的主题报告。

一开始,迪纳提出,现在有关幸福的研究越来越多了,但幸福研究要经得起时间和实践的考验,也同样必须遵守科学的原则:摆事实、有证据和讲证伪。而不要做出一个研究就自以为是,好像找到了幸福的灵丹妙药似的。然后,他话锋一转,说"积极心理学"研究所有人类的正向心理,而不只是大家认为的"幸福、PERMA(积极情绪、投入、人际关系、意义和目的、成就)、意志力、美德"等内容,或者几个积极心理学圈子里的著名学者研究的课题才是积极心理学。

这是特别难能可贵的,因为他本身就是这个圈子里的核心人物之一,而且所研究的"主观幸福感"正是"狭义的"积极心理学的核心内容之一。但他能够站出来提醒大家(听众主要是应用积极心理学硕士),要把眼光放得更广阔些,更显其睿智、大度、高远的大师风范。可见,迪纳对积极心理学的期待,已经超越了自身的学术好恶。确实,一个优秀的学者,尤其是一个学科的领军人物,绝对不应该有门户之见,不能只以本人的所学所知来树立评判标准,更不能以此打压后起之秀,扼杀新思想、新观念、新技术的出现。

---

[1] 根据赵昱鲲微信记录的迪纳演讲内容整理和改写。

归根到底，"积极心理学"并没有开辟心理学的一个新的研究领域，它是在倡导大家对本来所忽视了的一个领域进行更多的研究；它并没有革命性的新方法，采用的是传统心理学的研究方法。与传统心理学不同的地方在于：它确实是心理学的一种新观念、新方向、新运动；它能够激发人们的兴趣，彰显人们的态度，传递心理学家利国利民的意愿。这也正是我们倡导积极心理学的原因。

很长一段时间以来，很多人都以为"积极心理学"研究的就是幸福的问题，甚至有人建议用"幸福学"来取代"积极心理学"，以扩大积极心理学的影响。出发点是好的，用心是善良的，动机是高贵的，策略也很高明。但"积极心理学"的研究范畴本身就非常广泛，它不光研究人类的幸福，还研究道德、智力、审美、创造、积极的社会关系、积极的社会组织、生活的意义等内容；"幸福"只是"积极心理学"所研究的一个很重要的方面而已。而且幸福科学本身就是个跨学科的综合性研究方向，不是心理学一个学科所能解决的问题。实际上，经济学、社会学、政治学等学科都在研究幸福问题。

因此，迪纳提出，我们曾经对积极心理学研究课题有很多不正确的认识。很多大家没有当作是积极心理学研究的问题，其实也是积极心理学所研究的问题。那么，从积极心理学的角度来讲，它到底在研究哪些问题呢？

## 传统的积极心理学研究课题

① "感恩之心"。它肯定是积极心理学研究的问题，在"正心"篇我们曾提到，这种感恩不是通常意义上的报答，不是情感回报，更不是义务和责任。它指的是我们对自己拥有的事物和受惠经历的一种欣赏、一种快乐、一种积极主动的体验。

② 实现蓬勃兴盛的幸福人生的5个因素（PERMA）。它也就是激发我们人类幸福感的5种最基本的心理基础：积极快乐的情绪

（positive emotion）、沉浸其中的投入（engagement）、美好的人际关系（relationships）、有意义和目的的事情（meaning and purpose）、有收获和成就的感受（accomplishment）。PERMA不仅能帮助人们感到快乐、满足，还能带来更好的生产力、更多的健康，以及一个善良的人生。

③ 美德。根据塞利格曼和彼德森的研究，不管人类处于什么文化里面，其实都有一些共同认可的美德，这就是他们所发现的6个领域（正直、勇气、智慧、仁爱、升华、节制）和24项优势和美德。但具体这些美德如何体现和弘扬，特别是文化差异都值得进一步研究。

④ 主观幸福感。主观幸福感主要是个体对自己生活状态的满意程度，以及积极情绪体验的频率。这是通常所说的幸福的心理学表述。

⑤ 意志力（grit）。这就是人们能够驱使自己做自己认为应该做的事情的动力和坚忍精神，具有开拓和提升自己的学识、境界和能力的精神。

⑥ 福流（flow）。它指的是人们在从事自己喜爱的工作和做事情的过程中产生的一种物我两忘、天人合一、酣畅淋漓的积极体验。

⑦ 意义和目的。它指的是人在生活、工作中发现和追求的意义以及感觉某种神圣、积极的召唤体验。

## 其他也属于积极心理学研究的课题

还有一些传统上不认为是积极心理学研究的课题，但实际上也是积极心理学研究的非常核心的课题，包括以下一些方面。

⑧ 利他行为。这是指我们愿意帮助他人、照顾他人所获得的身心愉快的体验及策略和方法。

⑨ 自我控制。它指的是人们能够控制自己的欲望和冲动，并保持心理能量充沛的能力和过程。个体在自我调节能力上的差异，与他们的生活质量和人生发展的轨迹密切相关。

⑩ 积极教养。它指的是父母亲对孩子一种积极心理的教育教养方式。它不是权威式的教养，不过于强调对孩子的管教；也不是无为、放

任式的教养,而是一种最符合儿童身心健康发展的教育方式。

⑪ 尽责心。既是大五人格中的一种,也是对自己和他人的内在心理状况的一种体验和知觉能力。

⑫ 自我效能感。指的是斯坦福大学心理学教授班都拉提出的:人对自己能力及作用效果的一种认识和判断。它是心理学引用最广泛的一个概念,也是积极心理学的一个重要课题。

⑬ 友情。指的是我们对别人的照顾和友谊,人类的亲情和友谊是幸福最重要的基石之一,也是我们中华民族的传统美德。

⑭ 精通。指的是我们在生活中必须应掌握的技能技巧。

⑮ 合作。指的是人与人之间、组织与组织之间、社区与社区之间一种追求共同目标的、待人处事的精神和风格。

迪纳特别强调,以上课题只是举例来说明"积极心理学"研究的领域远比"主观幸福感"要大很多,远比通常所认为的"积极心理学"概念要广很多。只要是涉及人类生活的积极方面和人类心理体验的积极方面,都可以是积极心理学研究的课题。因为积极心理学从根本上来讲是一种理念,而不是一个单独的研究领域。就像社会心理学的社会认知一样,它是用认知心理学的理念和方法来研究社会心理的问题,而不仅仅局限于社会心理学中一个特定的研究领域。

综上所述,学术研究其实是没有固定不变的研究方向和课题的。积极心理学作为一个新兴学科,更不应该自己限制自己的研究深度和广度。做研究如此,做人更是如此——虚怀若谷,有容乃大。对一个真正的研究者来说,身份不重要,成果和贡献才是更重要的。

# 为何心理学家要研究经济学

2015年4月份的时候,中国股市正经历着一种非理性亢奋,上证指数从2000多点上扬到5000多点。在历史性的转折到来之前,4月是全民炒股、全民谈股、全民说股的疯狂时代。为什么中国股市会如此的非理性?恶意做空的"敌对势力"到底是谁?如何防止中国股市重蹈覆辙?为什么格林斯潘说"所谓的新经济就是心理学"?

心理学对经济学的主要贡献曾经集中在认知心理学中有关人类决策误差和非理性判断的研究上,实际上,社会心理学与经济学的关系更为密切。社会心理学中有关人类的动机、信息加工、态度的形成和变化、印象、承诺、认知不协调、后悔、社会关系、价值观和文化等,都与人的经济行为密不可分;而经济学中有关价值、效用、选择、产权、沉没成本、机会成本、贸易、生活质量、博弈理论等概念,在本质上都是心理现象。过去很多有关人类非理性判断和决策的表现,或多或少都能寻找到社会和文化因素的影响。因此,经济学理论可以受益于社会心理学与经济学的交流,经济学的理论也不应该脱离社会心理学有关人性、人心、人情和人欲的限定。

## 心理学对经济学理论假设的挑战

在过去很长一段时间里,心理学家和经济学家互不往来、互不关心。经济学理论和模型经常忽视经济和商务活动中社会因素和人的心理因素的影响，而心理学家似乎也对经济学敬而远之。但是，自20世纪70年代以来，经济学和心理学中的一些优秀学者开始对人类的心理因素在经济和商务活动中的影响越来越感兴趣。美国联邦储备局前任主席格林斯潘曾不止一次地说过，"所谓新经济就是心理学"；而心理学家丹尼尔·卡尼曼获得2002年诺贝尔经济学奖，更是表明心理学研究的成果越来越被经济学家所认同。

这一变化主要源于心理学对经济学的两个理论假设的挑战。

一个假设是：人是经济人。帕累托首先将经济人概念引入经济学，其假定是个体（包括个人、家庭或组织）的行为都是有目的的，即最大限度地追求经济利益的满足。日常生活中经济利益用金钱来表达，即通过获得金钱来满足个体的需求。这是一个经济学的概念，但是心理学的实证研究表明，人是经济人，人的经济利益实质上是心理利益。马斯洛认为，人的需求可以分为两大类五个层次。一类是人类的稀缺需求，包括：（1）生理需求，如食物、水分、空气、睡眠、性等；（2）安全需求，如安全、稳定的环境、受到保护、免除恐惧和焦虑等；（3）社交需求，如与人沟通、亲近、建立感情和联系、受到接纳、有所皈依等。另一类是人类的成长需求，包括：（1）自尊需求，如受人羡慕、尊重、稳固的高评价、自尊心等；（2）自我实现的需求，如能做自己想做的事情、实现人生的目标、充分发挥自己的潜能并完善自己等。经济活动不仅要满足人的基本需求，更要满足人的高层次需求，如自我实现。现代人更为强烈的需求越来越是人的高层次需求。

经济学的另一个假设是：人是理性人，即人们选择判断的逻辑性很强也很理性，不受其他因素的影响，比较遵循经济理性。其基本前提是"人追求个人效用最大化"，即每一个从事经济活动的人都是利己的。也可以说，每一个从事经济活动的人所采取的经济行为都是力图以最小的经济代价去获得最大的经济利益。但实际上，有很多心理因素限制了人的理性思维。多年来，心理学家一直致力于"人是如何作出理性判断"的研究。心理学家认为，人是理性的，但人的理性有限，因为它受到心理、社会和文化因素的影响。

例如，经济学理论在涉及人类的经济选择方面起码作了三个假设。

1. 完全性功利

假定有两种结果（或产品/方案）A与B。在各种条件下，消费者或选A或选B，或者都不选。这就是逻辑学上的完全律，经济学假定人的选择是完全的。但心理学发现：选择是不确定的。因为消费者可能喜欢A，可能喜欢B，也可能两个都喜欢，具体选择哪一个，在很大程度上依据个人特性及社会情境而定。

2. 贪婪的功利

经济学假定：如果A优于B，则人们会选择A而非B。但实际上人们可能会选择B，为什么？一种可能是人们不知道哪一个更优；一种可能是如果告诉他选A，他的逆反心理反而会使之选B；还有一种可能是因为辩证思维，即任何事物都是相对的，都有好的方面和坏的方面。例如，选择恋爱对象，不一定是选最好的，而会是自认为不会遭拒绝的。

3. 选择的可转换性

如果A＞B，B＞C，则A＞C。这是经济学强调的选择判断功利——逻辑上的转换关系。但是在经济生活中，特别是在消费者行为中，这种转换性被忽略了，人们往往对三个事件独立地进行判断。

实验社会心理学是在第二次世界大战后兴起的一门新兴科学，其工作重点是以科学实证的方法来研究人对社会、对他人、对自己的认识，以及人在社会环境下如何行动。人的经济行为，经济对人的心理的影响，人心、人性、人情、人欲对经济的影响等都是社会心理学家感兴趣的范畴。

社会心理学不仅关注经济学，而且坚信没有人的心理，就没有经济学。理论上说，经济学研究的是资源的最佳配置问题，其目的是让人们了解如何最佳地配置资源以满足人的需求。如果人的需求是有限的，只需要空气、水、阳光等基本生存物质就可以满足了；或者如果没有其他人，我们就不需要进行有限资源的调配。他人（社会）和需求（心理）的结合（社会心理学）使得经济学的存在成为必然，换句话说，心理学是前提，经济学是结果。因此，经济学本质上是关于人的科学，是为人类服务的科学，是由人的行为决定的科学。而人的行为正是心理学应该关注的问题。

## 心理学是关于行为的科学，而经济行为是人类最重要的行为之一

经济行为主要是指在经济决策或（和）经济活动中的人的行为，它存在于经济活动中的每一个阶段：经济活动的起源、过程和结果。许多经济学家认为经济学是关于市场理论的科学。但我认为，经济学实际上是关系到人的行为的科学，尤其是微观经济学，更是与人类行为息息相关。宏观经济学，诸如经济体系、知识产权、市场结构之类，可能离心理学较远。但微观的经济行为，如消费、选择、谈判、合同等，都和心理学有着很强的相通性。经济行为在日常生活中的表现很多，其中很多行为都与经济学和心理学有关，只是我们没有意识到。

看看人类花了多少时间做与经济学有关的事情。早上起床后，刷牙、洗脸、梳妆打扮、衣食住行都离不开消费品，自然也离不开经济学；一天24小时，有8小时是法定工作时间，而工作是为了赚钱，赚了钱就要消费，这些都与经济有关。人们还会有意识地思考并体会经济行为的后果，有时甚至直接进行经济行为，如挑商品、找工作、做决策，这些都与经济学和心理学密切相关。而所有这一切又都是为了满足人类的心理与生理需求。由此可见，人的一生

中，有三分之二的时间与心理学、经济学和生理学打交道，剩下三分之一的睡眠时间则与心理学和生理学有关。我认为，在人类的科学中，心理学、经济学和生理学对普通人而言是最重要的科学。

## 心理学变量中很多应是经济学变量

心理学是关于行为的科学，它研究的行为不仅包括经济行为，也包括其他行为。从这个角度讲，心理学对人类行为的了解更多、更深。许多心理学概念与经济行为活动是直接相关的，经济学家可能不得不运用一些心理学概念来论述自己的理论。

① 动机。动机是一个心理学概念，它是指发动、指引和维持躯体和心理活动的内部心理需求。同时它又是一个经济学概念，因为人对客体（客观事物）的需求往往体现在经济活动中。那么，到底是什么力量驱动着人们参加到经济活动中来？动机又怎样发挥作用呢？对此，许多心理学家从各种角度作过解答。马斯洛的"需要层次理论"是心理学中较为经典的动机理论。从经济学的角度来看，这也是一个非常实用的经济理论。该理论认为，人有一些最基本的需要，低级的需求得到满足或部分满足后，就会有更高级的需求。

动机又分为内在动机和外在动机。内在动机是指人满足其内在需求，如对某事感兴趣、好奇是因为自己内心喜欢。外在动机是指外部环境对人的行为的影响，如竞争、社会评价、金钱的奖励、社会的认可等。由于人的一些经济行为是由兴趣和爱好决定的，它们不一定非得符合经济的理性原则。编开放源码、写博客、编写维基条目、写书、作民间科学家等，都不是为了个人经济利益的最大化，但对我们的心理和人类的创新有积极的意义，而且对经济会有实际的影响。

② 信息加工。人们生活在这个世界上，无时无刻不在处理信息，经济决策实质上就是对信息的加工。例如，你要买一台计算机，并不是说你看到它就决定买，也不是看到价格就决定买，而是对很多信息进行

加工，然后作出判断和决策。信息加工是一个心理学概念，即人们怎样处理信息，在这里它也是一个经济学概念。以前经济学家忽略了人作为信息加工的主体，好像一切都是由市场来控制的，而实际上，市场的控制归根到底是人在起作用。例如，近来国内很多商品的价格大战，并没有引起市场大的反应，其实质是经济学与心理学的博弈。根据经济学理论，价格便宜，人们就会去买，但奇怪的是价格一降再降，从购者却甚微。为什么呢？原因在于，价格不是吸引人们消费的唯一因素。面对千变万化的市场，人们还会分析，商品为什么降价，商品的性能和价格比以及将来的趋势如何。显然，人的心理在经济活动中起到了很重要的作用，而经济学家常常忽略了这个作用。

又如，国家为了刺激消费，在经济疲软时，连续降息很多次，但银行储蓄不但没有减少，反而呈上升趋势，这完全不符合经济学的理论和经济规律。为什么？因为人在做判断时不完全受市场控制，有时候人也控制市场。在这个例子中，人们会想，"我的钱是留着干大事的，即使你降了很多，我也不能轻易动用。"中国人把钱留着可能是为了孩子的教育、健康和买房子。更主要的是，降息后，他的钱即使不存在银行也没处消费，而投资风险又太大。

③ 态度的形成和变化。态度是一个心理学变量，研究个体对客体的判断。经济学也关注态度。因为消费和市场研究的实质就是研究消费者对事物的态度取舍，研究人们对产品的认识，而不是研究产品本身的特性。同样一种东西，人们对其评价不同，产生的经济行为的效果也不同。不同的人对同一产品的态度不同，经济行为也不一样。由此可见，作为一个心理学变量，态度对于经济学而言也是一个很重要的变量。

态度有三个成分：情感（喜欢什么，不喜欢什么）、行为（不仅喜欢，还付诸行动）、认知（对事物的评价或观点），英文分别是affect、behavior、cognition，心理学家称之为态度ABC。我们发现，态度不是固定不变的，而是一个短暂的现象。对事物的分析越多，态度变化就越大。比如，人们对自己喜欢的东西，随着分析增多，喜好度逐渐降低。

这是因为，在分析之前，对一些小的信息没有注意到；在分析过程中，反而注意到与自己的态度相冲突的细节，从而导致喜好度降低。

④ 印象。印象是指人们对他人和事物的信息加工过程，是态度的前加工过程。包括个体对物体的提取、接受、组织、解释和加工。影响印象的因素有三个：主体，谁形成这一印象；目标，形成印象的目标有何特点；环境，包括物理、社会、现实环境，即在什么条件下形成。印象容易形成对客体的错误判断，如成见、刻板印象。经济学家容易忽略成见和刻板印象这一因素，以为价格等经济要素可以决定一切。刻板印象既有正面的影响，也有负面的影响，在商业上，刻板印象对消费者的决策有很大影响。比如同一种产品，由于人们认为外国的产品一定比国内的好，因而愿意花高出几倍的价格去购买同质同量的洋货，这种经济行为是经济规律所不能解释的。

⑤ 承诺。为了与以前的思想和行为保持一致，我们经常做一些违反经济规律的事情，从而付出承诺的代价。最著名的例子当属莫泊桑的短篇小说《项链》中那个可怜的中产阶级小妇人。在日常生活中，我们控制着自己的意愿以期达到将来的目的，从而不能放弃过去的承诺。销售人员常利用我们的承诺心理来诱使我们做出违反自己利益的事情。比如，用低报价吸引人答应购买某一种产品，然后提出一个明显好很多但也贵很多的产品，使你在一个较高的价位上买了一个你可能并不想买的东西。从经济学的角度来看，如果考虑利益最大化，就应该能够抛开过去的承诺而不去执行。但人们特别是我国人强调一诺千金，为了这一诺言，宁愿牺牲自己的经济利益。这就是社会心理学与经济学的矛盾。

⑥ 认知不协调。在某种情况下，当两种认知之间有冲突的时候，就必须改变其中一种认知，或者借助更高一级的认知来解决这种不协调。两种认知——对两种商品、两个学校、两个球队、两个人等有矛盾或不一致的看法就会产生不协调。例如，孙先生非常关心自己的健康，同时他也有抽烟的嗜好，这样就产生认知不协调。解决认知不协调的方式有三种：改变对抽烟的认知；改变对健康的认知；引进一种更高的认知，

如"整体上看，我的健康还是很不错的"。

经济学认为，如果有两种矛盾的认知，你应该选择最有利和最有效的，而不应该改变对现实的计量或自己的看法。但心理学发现，受认知不协调的影响，人们对现实（如成本、经历、体验等）的计算和自己的认识是经常变化的。

例如，刘小姐很少欣赏高雅音乐，也从未花高价听过音乐会。但她最近花了2000元去听世界三大著名男高音歌唱家的演唱会。你认为她会喜欢这个音乐会吗？心理学家预测，她肯定会喜欢。因为她花了2000元，这是一个不可改变的认知事实。不管音乐会的效果和听音乐会的经历好不好，她可以改变的是对西洋唱法的认知。人们在作出重大牺牲后，很少会说自己做的这一切是不值得的，即人们很少后悔他做过的事，因为人可以改变对这件事的认识。

另一个可以参考的例子就是中国的知青心理。那一代人在人生最美好的青少年时代上山下乡很多年，吃过很多苦，耽误了学业和个人的发展。但多年后，他们会发自内心地说"青春无悔"，而且执著地相信自己现在的成功应该归因于那个时期的磨练。这正是认知不协调的结果，因为有很多人没有经历过上山下乡的群众运动，同样取得成功，因此，这一磨练并不是取得个人成就的必要条件。

⑦ 后悔。后悔也是心理学中一个很重要的概念，是人们对可以实现某种目的但是没有达到所产生的情绪反应。经济学假定，人们后悔的应该是实际的损失，但心理学家发现，后悔也受到相对比较的影响。人们后悔的往往不是他们直接经受过的损失、挫折和失败，而是他们可能做到但实际上又没有做到的事情。为什么奥运银牌选手比铜牌选手更加感到后悔？是因为他原本有可能拿到金牌。而铜牌选手虽然名次低于银牌选手，但是却比银牌选手更为高兴，那是因为他有可能拿不到任何奖牌。因此，相对的比较使得他感到欣慰。

⑧ 社会关系。社会关系理论是社会心理学的支柱课题。经济学家认为，人是自私自利的，人们都是为了自己的利益行为处世。然而，心理学

理论认为，人们的行为经常表现出合作的倾向，并具有自我牺牲的精神。

例如，假定你为A公司做一个项目，另一个同学也参与了，但干的工作非常少。现在公司老板给你500元作为报酬，同时要你分给那位同学一点钱。你是愿意独自拿着这500元，还是多少分给那位同学一点钱呢？从经济学的利益出发，人们应该选择第一种结果。但心理学的研究发现，人们一般会选第二种即分给那位同学少部分钱。这是由其他因素决定的，如为了息事宁人、为了平衡人际关系、为了公正，等等。老板愿将一个项目的所有奖金分给公司的某个优秀员工，但该员工却愿分一部分给其他人。这在经济学上不合乎规律，但心理学却能够很好地解释这种现象。让别人得到好处而牺牲自己的部分利益，虽然这对个人有不利的影响，并且违反经济规律，但是却能够满足人的心理需要。

⑨ 价值观。价值观是一种长期的、稳定的信仰，它影响人们对世界的判断。心理学家认为，人的行为受价值观的影响，经济行为也受价值观的影响。例如，躺在地上的乞丐向你讨钱，你是否给他呢？这与性格、教育和经济能力没有太多关系，而与价值观有关。如果你认为每个人都应该勤奋，努力工作，只是环境原因使之沦为乞丐，则倾向于愿意给钱。如果你认为每个人机会均等，他们沦为乞丐，是因为他们懒惰，不工作，则倾向于不愿意给钱。

我们的研究发现，人们经常不知道自己的价值观。价值观是在与他人的比较中得出的，所以是相对的。这样在跨文化比较中就存在问题，因为你比较两个相对的变量，是不能得出真实的结果的。例如，比较中国人和美国人的家庭观念。中国学生会将同学每周与家里通电话一次与自己每月与家里通电话一次做比较，得出前者家庭观念强的结论。美国学生将自己每两个月与家里通电话一次与同学每年与家里通电话一次做比较，得出前者家庭观念强的结论。因此，如果结果是在比较中得出的，我们就不能简单地说谁的家庭观念强，谁的家庭观念弱。价值观的相对性使得人的行为有很多不确定性。

⑩ 文化。长期以来，经济学家假定社会和文化对经济学的影响更

多是表面的，而不是实质性的。但是，过去20多年文化心理学的研究发现，人类的价值观念、自我概念和思维风格都存在很大差异，因而造成了经济决策和判断上的文化差异。比如说，在选择风格上，中国人就相对倾向于选择中庸的选项，就像产品A在某个维度上强于产品B，而B又强于产品C，但是在另外一个维度上，产品C强于产品A和B。心理学家发现，美国的被试在实验中倾向于选择A或者C，而中国的被试倾向于选择B。另外，还有很多研究发现，在风险判断上，中国人的经济决策相对而言有更强的冒险倾向性，也就是说，中国人受肯定效应的影响要低于美国被试的反应。过去10年中我们的研究发现，东方的被试具有比较强烈的辩证思维倾向性。因此，对经济决策的负面影响，中国被试表现出更多的宽容。

# 为何经济学家要研究心理学

从经济学原理来讲,能够造成股灾的原因可能会有信息不对称、杠杆极高、监管缺失、散户的非理性等各方面的因素。其实仔细分析就会发现这些因素的背后都蕴含着心理学的知识。所以经济学家之所以要学点社会心理学,最根本的原因在于很多经济现象的实质是心理现象。经济学家在解释自己的理论时提出了很多基本概念,这些概念在经济学的理论建构中已经成为经济学的重要组成部分。而心理学家则认为,这些概念如价值、选择、产权、机会成本和贸易等,都包含了人类的行为及心理成分。很多经济学的课题应该成为心理学的课题,实际上有的已经成为心理学的课题。例如,谈判是一个经济行为,但它也是一个心理学的变量。在市场经济之前没有谈判这个概念,但是,现在的日常生活中人需要谈判的事情会经常遇到,它的形式、方式和效果实际上已经变成人类心理活动的一个方面。所以,购物中的讨价还价,学习中的付出(时间、精力)与回报(知识),这些都是一种利弊的权衡。有研究发现,经济学对人的心理影响很大,掌握了经济理论的人,其价值观、态度、行为方式都有其独特的心理特点。其他几个概念也即如此。

## 心理账户问题

经济学在预测效用时强调曲线关系,它的价值方程是一个抛物线,横坐标是资源,纵坐标是效用。资源与效用是正比例关系,增加一定的资源,效用也会相应发生变化。但如果同一资源超过一定的数量,那么，随后产生的效用会逐渐降低，这就是边际效用递减。其实这一现象最早是由心理学家费希纳（Fechner）等人发现的。它也可以用英国著名经济学家萨顿（Sutton）提出的边界分析法来体现。边界分析法表达了价值效用与资源的正比例关系，但预测增减时是等同的，只是方向不同。然而，心理学家认为价值方程非常复杂，不仅仅是一个简单的对应关系。如果你得到某物，它的价值与效用的关系就与经济学家的预测相同，呈正比例关系；倘若失去某物，则与经济学家的预测相反，而是与心理学的预测相同，呈反比例关系，心理感受更强更深，价值更大。例如，一个人丢失10元钱与得到10元钱，其心理量是不相等的。

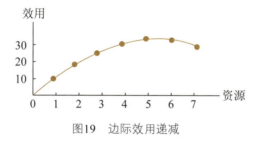

图19　边际效用递减

有代表性的一个心理学现象是心理账户（mental accounting）问题。经济学家预测，人在计算经济利益最大化时，价值的增长变化完全是数学性的。例如，某商场80元一条裤子，外加坐车到商场花上10元的车费；另一家商场90元一条裤子。从理论上来看，成本费用是一样的。但人们通常愿意花10元车费去买80元的裤子，而不愿意买90元的裤子，这是因为人的账户是分类计算的。一个账户是专门用于交通的，而买服装的开销则算在另一个账户上。所以，我们往往不觉得自己花了不该花的钱，这就是心理记账问题。

又如，李先生看中一款新潮的手机，但因为价格是4000多元，就犹豫着没买。到了月底，他太太买了一份生日礼物送给他，而这份礼物正是他喜欢的那款手机。他会很高兴地接受这一礼物，尽管他们用的是同一个账户。这是因为，他把这一账户分类使用，有的是社会交往用的，有的是日常消费用的，有的是礼仪礼品用的等；

而这份礼物是太太买的,就不仅仅是手机消费,用的是两个人感情交往的账户。

再例如,香格里拉饭店的自助餐很贵,由于现在赠送20元的礼品,这一促销策略吸引了很多顾客。但是,如果在普通餐馆用餐,也许可以用省下的钱买好几份同样价钱的礼品。

还有,当人们打牌赢了钱之后,往往都觉得那是一笔意外之财,从而会毫不犹豫地、爽快地消费掉。他们没有意识到,这次赢钱是建立在以前投资(如输掉的钱)的基础上的。有人平时省吃俭用,却不时地把大笔钱消费在高朋满座、大吃大喝上。从某种角度看,这是人际关系的压力使然,同时也反映了人们在计算经济利益时,是按社会和心理的因素去做,而不是按纯粹的经济理性。

## 为什么人们选择并非最优的效益方式

经济学假设"人是经济人,追求经济利益最优化",因此,人们的选择会遵循效益最优化原则;心理学家却不以为然。因为事实上,我们经常会选择一定能带来效益的方式,即使它并不是最优的。

【例1】刘先生要购买彩票,他会选择哪一种?
A. 有20%的机会赚40000元
B. 有80%的机会赚3000元

从经济学角度来看,大多数人会选A,因为A带来的效益高。但心理学家发现,人们经常对肯定能带来效果的事物给予较高评价。因此,心理学家认为刘先生会选B,因为这是一个肯定的概率,可能性更高。

【例2】下面两种情况,你会选择哪一种?

A. 5%的机会赢7天的江南三地游（上海、杭州、南京）

B. 10%的机会赢两天的上海游

从经济学效益最大化的观点来看，应同时考虑时间、地点及概率，选7天的江南三地游。但实际研究发现，很多人选B，因为10%的概率大于5%的概率，即使只去一个地方。

这就是说，人们的行为并不是完全理性的。在日常生活中，人们的思维存在分类倾向，对于必须要做的事，不管花多少钱都愿意，因为它对生活很有意义；而对于那些不必要做的事情，会花很多时间考虑，因为这意味着必须要面对选择的难题。这里，传统的经济学理论难以解释。我们从经济学角度看还会发现，有的人做一件事并不一定能获得经济利益的最大满足，但是却能引起人们极大的兴趣。如，门卫的工作工资低，也没有太大的意义，但是人们可能愿意，因为有很多时间可以做自己的事。又如，人们应该更愿意选择高薪的外企或高科技企业，而不愿在学校当一名教师或者在机关单位当一名国家干部。但是，现实生活中相反的例子并不少见，尽管后者的工作烦琐，工资又低，但人们依然趋之若鹜，因为它所附加的社会荣誉、社会地位和权力带来的是精神的回报，而精神的回报正是心理的回报。

**为什么不追求最优化的效益，而去追求最肯定的效果呢？** 这是因为，人对自己体验到的事情印象深刻，对不能体验到的（如概率）事件认识肤浅。一个事件的发生与否对个人来说是全有或全无的，从这个意义上说，概率对个人而言没有意义。因此，人在选择时会对概率作出不同的加权，概率大的就被认为更有意义。实际上，人们应该将效益和概率相乘得出最优的价值。

经济学家认为，人在选择时一定是以逻辑的方式来进行判断的，但心理学家发现，实际情况并非如此。表现在：在现实生活中，人们会选择能带来肯定效应的方案，即使该方案带来的效果不是最理想的；人们逃避看似危险的方案，即使该方案可能相对较好；人们肯定会选择正面表述的方案。这就是关于选择问题，心理学家可以提供经济学家的参考。

## 产权起源于心理学研究

人们通常认为产权包括财产、物资和经济所有权等，表面看来这些都与心理学无关。但是，为什么现代经济学特别强调产权制度呢？它起源于一个历史事件——"羊吃人"的圈地运动。公元16～18世纪，英国已经走向了早期的资本主义社会，大地主以武力赶走农民，将公有地变成私有地，这在经济学上第一次为土地产权奠定了法律地位。而这个历史事件的发生正是由于心理学的原因——公有地的悲剧，即公共所有的草地由于谁都想利用它为自己的利益服务，结果造成了公有地的消失，反而最终谁也不能获得利益。私有化就是规定草地归私人所有，这样反而保证了草地的存在。因此，一个由个体的心理引发的社会问题导致了经济学里产权概念的诞生。无论这个过程是多么的残酷，我们都不能否认一个事实，圈地运动在经济学上的里程碑意义。

## 沉没成本与"损失增恶"心理

人们在决定是否去做一件事情的时候，不仅要看这件事对自己有没有好处，还要看过去是不是已经在这件事情上有过投入。我们把那些已经发生的、不可收回的支出，如时间、金钱、精力等称为"沉没成本"。在经济学中，沉没成本是指已经付出且不可收回的成本。在微观经济学理论中，做决策时仅仅需要考虑可变成本。如果同时考虑到沉没成本（这被微观经济学理论认为是错误的），那么，得出的结论就不是纯粹的基于事物的价值。因此，我们可以这样理解"沉没成本"：人们在作价值判断时，应该考虑现时的成本和效益，而不应考虑过去的成本和效益，因为过去的成本与现实的判断是没有关系的。

例如，有一位女士花100元看一场演唱会，因为其中有她最喜的一位歌星。但是，最终这位歌星因故不能来，而且当天晚上下了暴雨，很难开车前往观看。她会选择不去看音乐会而待在家里吗？从经济学角度讲，如果你是理性的，那就不该在做决策时考虑沉没成本——即人们应抛开浪费100元的念头，而应考虑交通成本及其他可能的损失。

然而，心理学的研究表明：人们一般都会选择去。因为已经买了票，如果不去就浪费了。一般来说，这时人们很少考虑交通成本和不舒适感。这可能源于对"浪费"资源的担忧和焦虑，我们称之为"损失憎恶"，而这种情绪的影响正是心理学家所关注的内容。

## 机会成本影响决策心理

经济学另一个重要的概念——机会成本，即人们在做某件事的时候，牺牲了许多获得其他利益的可能性。例如，机关单位的机会成本就可能比外企的机会成本大。人们做一件事不仅要思考实际的成本，而且要考虑做了这件事，即将要放弃的利益或失去的代价。如上大学要交学费，不上大学而工作赚钱，这两种选择哪一个成本高呢？显然，前者付出的是实际成本，后者舍弃的是机会成本。在做选择时，成本的两个因素应该同时考虑。

但选择不是简单的数学运算，也不是仅仅计算得与失就可以完成的。它是一场心理的较量，因为选择还会受各种因素的影响，如亲朋好友的反应、个人的欲望、价值观等。只要提到机会成本，就必然离不开决策与选择，而人类的决策与选择正是认知心理学的基本概念。

我们都注意到一个现象，受过教育的女性比没受过教育的女性生的孩子要少。为什么？表面看来，生一个孩子的成本差不多，但受教育的女性生孩子所支付的成本远不止抚养一个孩子的费用。她们失去的可能是高薪、晋升的机会以及即将获得的成功等。对她们来说，机会成本带来的损失难以弥补。相反，没受过教育的女性的机会成本就会少得多。因此，两者之间的差别不是实际成本的差别，而是机会成本的差别。

## 贸易本质是以心换心

所谓贸易就是交换，是经济学中最基本的概念之一。没有贸易就没有经济学。而交换也是一个心理学概念。首先，交换是在双方之间进行的，这是基于心理上的、相对的事件。例如，一个厨师工作一小时准备一顿晚餐，可赚30美元，但他经常花5美元雇保姆为他做晚饭，这是因为实际成本（5美元）相对于机会成本（30美元）要低，而这种相对优势正是贸易的基础。发达国家愿意与我国进行贸易往来，因为我国有大量的廉价劳动力，这些廉价劳动力的机会成本比国外劳动力的机会成本低得多。贸易是比较相对的优势，这正是心理学中的比较概念。你只有把握对方的心理，才能胜券在握。

其次，交换过程中的信任也是一个很重要的心理因素，没有信任就没有交换，但是，这在不同文化背景的国家中差异很大。东南亚、中国、日本等国家在贸易往来中往往容易相信一诺千金。但要知道，心理的约束是缺少法律效力的。

## 生活质量受对比效应影响

人们通常认为生活质量是一个经济学变量，因为它涉及收入、环境、工作压力等。实际上，生活质量也是一个重要的心理学变量。因为对生活质量的判断是主观性判断，仅仅以收入、环境不能说明问题。心理学家发现，生活质量经常受对比效应的影响。社会比较有往上比和往下比。往上比的自然心理反应就是比较悲观；往下比，人们会倾向于满意自己的生活。同样的道理，人们的幸福指数与金钱也不是线性的对应关系，百万富翁不一定比低收入的人感觉更幸福，意外的致富（如赢得彩票）虽然在金钱上提升了富裕程度，但是，在生活指数和幸福感上并没有得到相应的提升。在很多情况下，生活质量与经济条件的关系不大，而是受人们心理的主观判断所左右。

文化思维方式影响着人们对生活质量的判断。强调个体主义文化的国家（美、加、欧），人们对生活质量的评价受个人因素影响很大；强调集体主义文化的国家（中、日、韩），人们对生活质量的评价受家人、同事、朋友、环境及生活状况的影响多，较少受个人的支配。有研究表明，西方人对生活质量的判断容易受情绪的影响。对他们而言，个人孤独感和失落感是一个重要的评价指标。当高兴时，人们更倾向于评价生活质量为高。相对而言，东方人把个人经历、事物本身作为关键指标。

## 博弈理论身不由己的心理因素

博弈论起初是一个纯数学理论，在经济学中博弈理论得到大力发展。例如，假定理想化的理性行为者如何参与博弈，无感情的天才如何在博弈中行动等。然而，行为的博弈并不一定严格遵循经济学中的理性博弈理论。

【囚徒的困境】同一个案件的两个犯人关在不同屋子里，给他们一个机会，即揭发对方可得到减刑，对方会判较重刑，否则两人都会被判刑。但如果都不揭发，法官会因证据不足而判刑较轻。从自己的利益出发，到底揭不揭发呢？

心理学研究发现，博弈的结果是揭发，这是由人性的弱点所决定的。研究发现，大多数人会选择揭发别人来减轻自己的罪行。"囚徒困境"的例子说明，你的未来或者选择的结果不完全由你自己决定，常常依赖于你对他人行为的判断。这正是社会心理学的问题。

现代经济学的创始人亚当·斯密（Adam Smith）以他的经济学名著

《国富论》而享誉于世，他的另一部著作《道德情操论》实际上是有关人的心理的研究。从他的身上，我们可以看到一个经济人的心理博弈。

经济学与心理学应该是互相依赖、互相促进的科学，因为它们都是人创造出来的，有关人的，并为人服务的科学。除了上面提到的几个方面之外，还有许多经济现象的实质其实也都是心理现象的体现。所以，我认为经济学家还是需要学点社会心理学的。您认为呢？

# 经济学家的错误假设——选择的陷阱

当代中国正处于一个非常奇妙的发展阶段：一方面，我们欣喜地迎接"大数据时代"到来，选择非常之丰富和繁多；另一方面，我们常常陷入"别无选择"的状态，可以选择的选项非常之贫乏和稀少。有趣的是，心理学家已经就这样的选择悖论做了一些有意思的研究，可能对我们解决中国社会的选择悖论问题和选择多元性问题会有所启迪。并且对于我们个人的生活，也许会有一些借鉴作用。

## 诺贝尔经济学家的尴尬

现代社会一个很大的特点就是，物质越来越丰富、信息越来越丰富、思想越来越丰富，我们生活在一个"过度沉浸"的环境之中，需要面对成千上万的信息，因而也出现了一个概念叫"大数据时代"，反映出各种信息的丰富。这种丰富从线性逻辑，或者从简单的西方经济学的逻辑来讲是好现象，因为选择越多，人们就越有自主性、越有自由、越有快乐的感受，这是西方经济学的一个基本原则，也是消费社会的基本原则。

但是，心理学家发现不完全是这样。美国著名学府斯坦福大学曾经设计过一个鼓励他们的教授参与《斯坦福大学教授退休金投资方案》的战略，但参与的人很少。因此，校方邀请一些经济学家，其中不乏诺贝尔经济学奖得主，来重新设计一套方案。经济学家们研究了原投资方案后发现，可供选择的退休金投资项目太少，所以教授们才不愿参与。因此，这些优秀的经济学家建议将投资选项从几十个增加到上百个，没想到这样一来，选择参加《斯坦福大学教授退休金投资方案》的人反而更少了。因为即使最聪明的人，也无法面对上百个选择，经济学家的预测完全落空。主持这项工作的斯坦福大学教授福利委员会主席——斯坦福大学心理系主任马克·莱博（Mark Lepper）认为，经济学家可能误导了大家，实际上在很多情况下，并不是选择越多，人们越愿意参与。而这正好是一个选择悖论的典型案例。

他决定和他当时的研究生——现任美国哥伦比亚大学商学院心理学教授的希娜·伊言格（Sheena Lyengar）在学校附近的超市里进行一个选择悖论的研究。他们在超市中设立了一个可品尝不同品种果酱的摊位。当这个摊位摆放24种之多的果酱时，约有60%的过路人会在摊前驻足；而陈列6种果酱时，仅有40%的顾客会停留。显然，品种的增多让看热闹的人增多了。但是，在最终选择是否购买果酱时，比例发生了戏剧性的逆转：在光顾24种果酱摊的顾客中，最终只有3%的人掏钱，而30%的顾客在选择陈列6种果酱的摊位前购买了果酱。看来，选项的增多反而有可能降低行动的倾向性。后来，希娜还进行了一系列生活中的选择悖论研究，如：挑工作、挑对象、挑投资，等等，发现也有类似的行为出现。

## 选择悖论对于中国人的价值

其实，西方的很多科学发现，都可以在东方智慧中寻根溯源。例如，多并不一定是好，少却有可能是优秀。淡泊明志、宁静而致远、寡欲、多沉，都是这个基本思想的反映，同时也是对世界、人生、信息、知识、追求作出选择的重要标准。选择的悖论虽然是西方现代心理学的科学发现，但是，对中国人来讲同样有不得不知的必然性。

著名心理学家巴里·施瓦茨（Barry Schwartz）的著作《选择的悖论》（The Paradox of Choice），其最大的贡献就是用心理学的数据和例证揭示了这种中国传统智慧的优秀。但光有传统智慧，没有现代科学，也不可能得出准确反映人类行为的结论。传统智慧的问题在于什么结论、什么道理、什么观点都有，就像一个百宝箱，藏着各种各样的、甚至可能是错误的思想。有些是宝藏，有些是糟粕。这就要看我们怎么选择，选择的标准之一就是行为科学、心理科学的这些基本论证。

选择的悖论也提示我们辩证思维的重要性。在任何情况下，我们都应该辩证地看待事物。选择有没有价值？绝对有价值。施瓦茨也谈到了选择的一些有利的地方，比如它让我们增加自主性、增加自由感、增加选择的快乐，这些都是实实在在的心理效应。但是选择的负面影响也是有目共睹的。所以，任何事情都应该辩证地应对、辩证地思考、辩证地行动。

另外，选择的悖论也应该引发我们对现代化的反思。我们到底应该追求什么样的发展模式，应该如何实现现代化呢？很长一段时间以来，我们的现代化思路基本上是一种线性发展的思路，追求的是物质越来越丰富、信息越来越多、人的欲望不断提升和强化，这是现代化带来的问题。现在，已经有很多人开始意识到这些问题；而美国进入现代化的时间比我们早大概三十多年，所以，施瓦茨所讲的美国智慧，其实正好对我国人民是一种借鉴、一种启示：能不能不走美国人走过的弯路？发展是不是可以有新的模式、新的理念和新的思想？这本书可以帮助我们解决中国现代化可能面对的一些问题。

## 幸福的选择悖论

从某种意义上讲，选择的悖论也适用于我们对幸福的追求。幸福也不是选择越多幸福感越高，因此，我们要理性、辩证地对待选择对幸福的影响。有的时候我们需要选择，但我们又不能有太多的选择，这不是一个线性的关系。面对不同的人、不同的社会、不同的国家，选择的意义也是不太一样的。近几十年我国正处于一个非常奇特和奇妙的发展阶段，一方面我们可做的选择非常丰富和多样，另一方面我们的选择又非常贫瘠和匮乏。因此，怎么解决我国社会的选择多元性问题？我们到底能不能找到一些相对有效的标准来帮助我们进行选择而不让我们产生选择的悖论？

我觉得有两个简单的标准可以帮助我们在复杂的选项面前做出直观又有效的决定——一种是科学的标准，一种是文化的标准。选择幸福的方法可以遵从积极心理学的科学理论和研究结论。比如说，幸福的方法就可以根据积极心理学有关幸福的定义来设计。积极心理学之父马丁·塞利格曼认为，幸福可以通过PERMA的方式来实现，就是积极情绪（P）、投入（E）、良好的人际关系（R）、有意义的生活（M）和成就（A）。

文化也可以帮助我们选择幸福的方法。我国人民有自己的幸福之道，比如善良、孝道。虽然我国老人的社会保障绝对比不上西方发达国家，可是我国老人的寿命和幸福感都不比别人低。这说明，我国人民可能有我们自己的幸福之道。有的时候，简单的生活也许会给我们带来更多的幸福感。这种对传统智慧的回归，也许是在现代化浪潮中迷失的中国精神的一个选项。

此外，中国文化强调知识、崇学，这也可能是我国人民追求幸福感很重要的方法。万科老总王石六十岁还去哈佛求学，很多人认为不理性、没意义，但这也许正是一种传统核心价值观的体现。知识和信息，我称之为文化体验，可能是我们幸福的一种很重要的来源。其实，以上三点都是最早在《论语》中便开章明义提出来的人生幸福的三大源泉，这也是我们跟西方不太一样的地方。

两百年前，法国人托克维尔（Alexis De Tocquevill）在观察美国社会时，深刻地觉察到在充满自由和选择的美国社会，很多人表现出的迷惘、困惑和胆怯，他把它称为"选择的暴政"。也许，东方文化中的中庸之道是破解"选择暴政"的一种良方妙策，但现在需要的是我国心理学家的科学的研究和证据，这是我在阅读时产生的一种遐想和憧憬。

# 法之所为在为人心

2014年12月4日是我国的第一个"国家宪法日"。国家主席习近平特意批示:"依法治国"就是要"依宪治国";这也是中共十二届四中全会的核心精神。显然,中共中央似乎已经找到了一个政治改革的突破口,就是从法制建设开始。

## 法是人心的产物

美国著名法学家科本(Corbin)提出"法是人的工具"(Law is human machinery),它与人的思维、情感和行为是密不可分的。心理学是研究人的心理现象及其规律的学科,显然也需要参与到法与人的问题的讨论中。但传统的法律心理学关注太多的是犯罪心理学,以及对陪审人员心理活动的研究,比较多地应用了弗洛伊德的精神分析理论和行为经济学的非理性人的假设,而采用其他心理学,特别是积极心理学的范式太少。

法学与心理学的结合现在也逐渐成为法学研究的一个新方向。哈佛、耶鲁、伯克利等很多著名大学都开始开设法学心理学的研究。我也是伯克利加州大学伯克利法律,商务和经济研究中心(Berkeley Center for Law, Business and the Economy, BCLBE)最早的兼职研究员之一。2002年,和美国王氏家族基金会(Wang Family Foundation)合作,在伯克利国际学生中心(Berkeley International House)举办了世界上第一个跨文化的实证法学研究学术研讨会。

实证法学是法理学的流派之一,受自然科学的影响,该学派追求的目标是法律的科学化,并以价值中立为原则,采用科学方法对法进行研究。著名心理学家特沃斯基和卡尼曼就发现了人类在进行信息加工过程中依赖太多的直觉和认知偏差,萨克斯和基德(Saks & Kidd,1980)将认知心理学的这些原理应用到法律理论研究中,也发现直觉和认知偏差经常导致证据分析和法律程序出现问题。

在跨文化的实证法学研究方面,有些学者已经开始探究在法律环境下的文化心理差异,如跨文化心理学家研究了公平与正义概念的文化差异。泰勒(Tyler,1996)的研究表明,亚洲人看待公平更注重其关系性,美国人更注重其程序性。特里安迪斯(Triandis,1995),莱昂和邦德(Leung & Bond,1989)发现集体主义社会更强调分配的均等,个人主义社会更强调分配的公正。莱特、哥希密特和施瓦兹(Licht,Goldschmidt & Schwartz,2007)应用文化模式考察了社区治理和价值类别之间的相互作用。

我和我的学生夏威夷大学法学教授莱文森(Levinsion,2004)系统地探讨过人类行为的文化心理差异可能对刑法中的法律假设的挑战和贡献。通过对法律原则的分析,我们认为这些文化心理偏差是可以预测的。在不同的文化群体中有些案件会受到不同的对待,有时可能还会造成一些伤害。这种偏差不仅存在于法律原则和心理原则之间,而且还存在于法理的心理假设上。因为这些文化心理偏差可能会导致同罪不同罚,所以应该引起法学家的关注。①

我个人觉得,跨文化的实证法学研究可以帮助我们避免以西方人的法理认识来代替中国人的法理认识,提升中国法学研究的科学性和实证性,为中国法学研究的国际对话和沟通提供一个具体可行的途径。

科本有一句名言:"法是为普通人群的,但法学是为非凡人群的"(law is for ordinary, but the students of law are extraordinary),所以,我希望我普通的心理学观点,能引起研究法学的学者的关注和兴趣。

---

① 有关这方面的工作总结,有兴趣的可以看看我和中国政法大学的刘邦慧教授2012年在《心理学报》上发表的综述。

## 法学和心理学的关系

过去普遍认为，法学与心理学的关系主要体现在犯罪心理学上。即用心理学的原理去解释犯罪、犯罪人的个人因素。传统犯罪心理学从犯罪人的人格、病理等方面去寻求其犯罪原因；这样一来，犯罪人的个人因素，如其早期经历、所受教育、家庭背景等都可能成为诱发其犯罪的深层次原因。但我们应当注意，传统的犯罪心理学的基础是弗洛伊德的精神分析理论，而弗洛伊德的精神分析理论不能解释人的行为，有一定的局限性。当然，现代犯罪心理学已经作了修正。现代犯罪心理学不仅从个人性格，还从认知因素、社会环境等来研究犯罪人的犯罪动机和犯罪原因。但是，犯罪心理学只是法学和心理学关系的一个方面。如目前在国外兴起的证人心理学，就是研究证人心理的。其实，人在对事情的回忆上往往会加上很多自己的主观因素。所以，证人在提供的证词中，可能有些言过其实。当然，这与作伪证的性质完全不同。从心理学的角度来看，这是无法避免的。

此外，证人的证词还容易受到指导语的影响。即同样一个问题，用不同的指导语提问，证人的答案会因此呈现不同。有这样一个案例，一起车祸发生后，警察在询问目击者时，用了两种指导语。当警察问这两辆车是怎么"相撞"时，目击者的回答中作了大量的描述，如砰的一声、玻璃震碎、鲜血溢出等，当时的情景记忆得较多；而当警察问这两辆车是怎么"出事"时，目击者的回答中鲜有描述性的东西，感触性的东西相对较多，当时的情景记忆较少。这里所说的同样是证人心理学关注的一个方面。

除此以外，研究表明，人的社会特征（如其种族特征、民族特征等）也会影响人对事件的回忆。举个例子，如一个黑人犯罪往往比一个白人犯罪更容易让人记得住。

除了上面提的两点。心理学对于法学最重要的意义在于我这里将要说到的第三点，即心理学最终要为法学提供的是研究方法和思维方式。

之前提到人类思维的有限理性，这必然会影响到人们对法律的判断和决策。人们在想问题时，更多的靠的是直觉原则，而不是根据科学标准。这无疑与法律的理性相违背。心理学为法学设计的科学和理性原则，将会有助于法学的研究。

## 如何设定机制控制法官的自然心理反应

人的某些自然反应，并不因为存在就合理，是需要设计出一定的机制控制的。就像人都有控制他人的权力欲望，所以，我们设计出民主制来遏制权力的滥用。法官带入审判过程中的个人因素，我认为，应当控制而且可以控制。这就需要一套保证法官判决科学化的制度。通常，决策科学化通过两点来实现：即信息的全面性和决策程序的制度化。这同样可以借鉴到法官的审判中来。具体地说，法官在审判过程中可能出现的不利于司法公正的个人性可以通过以下几个方面来纠正：第一，遵循原则，努力自控。现在，我们既然都知道了法官的个性会体现在审判过程中，那对于法官来说，他应该去了解自己在审判中出现的不良个性，只要他能认识到，这就大大提高了避免这些个性出现在审判过程中的可能性。另外，法官理所当然地要严格遵守职业道德，在加强自身修养的同时，也就可以较少地把自己的东西带入审判中了。第二，经验。经验可以习得，越是有经验的法官，相信越有能力避免。第三，反馈。一个法官可以通过民众的评价、舆论的报道甚至同事的认可度来反思自己在某起案件中的表现，从而在日后的审判中做得更好。当然，反馈机制要想运行得好，归根结底还是需要社会的民主化，其中最重要的是信息的公开化。值得注意的是，民主并非抽象的政治概念或理念，在今天，民主已经成为生活方式，它是生活的诉求，而非政治的诉求。如果还把民主作为抽象的政治概念和理念，将会导致在形式上的民主制度下非民主的运行方式。

## 文化心理学对法学理论的影响

文化心理学能帮助我们更好地理解法律的产生，法律的概念。人的心理和行为是文化的产物，而法学归根结底是关于人的学问，这一点将法学和文化心理学紧密联系起来，同时也让我们认识到，不同的文化背景产生出不同的法文化。各国可互相比较，认识自身法治局限性。文化心理学可以帮助我们反思我们的法律思想、法律观念、法律行为是否有我们的局限。

在法学研究的国际化上，我更注重"国际"，而非"一统"。因为，不同的文化背景产生不同的法律，因而也就会有不同的法学。就像我并不相信最后能够制定出一部适用全球的法律，法学研究只是相互借鉴，最终并不需要完全相同。同时提供一种理念：相信或是不相信我们的法。而这自然会影响到法律的实施。

心理学的介入还会在以下几方面影响法学。

第一，有助于改进法律的教学方法。第二，帮助我们把法律进一步规范化、科学化。第三，提高中国的法学研究的地位和影响。目前，我们的法律概念、法学研究的方法及思维方式与国际上不一样，造成了一定的交流困难。通过引入新的概念体系，将有利于我们进行交流和对话。第四，对国际法学界作出中国的贡献。科学具有普遍适用性，用科学的原则来研究法律将对世界各国均有借鉴作用。

关于法学教育，我有以下建议。

第一，法律教育应更多地注入人文精神。应当明确，法律并非是用来管人的，而是服务于人的。目前的法律教育缺乏人本精神，学生很容易被技术性的东西耽误。我们可以通过案例和实践来让学生增强他们的社会责任感。第二，注重实证的教学方法。在法律教育中加强理性思维，讲逻辑，讲证据。第三，培养学生的批判精神和怀疑态度。因为，怀疑恰恰是接受的第一步。第四，法律教育应该国际化。应该取各个文化的长处，用一种开放性的态度去学习和借鉴他国的法律教育制度。

# 跨界思维的魅力——什么是真正的历史观

贾雷德·戴蒙德（Jared Diamond）1997年获得普利茨奖。很难用一句话来介绍戴蒙德的职业，他是一位生物学家，同时也是地理学家、历史学家、人类学家、遗传学家、社会学家——这就是跨界思维的魅力。

## 大历史的纵横之道

我是从1998年开始关注戴蒙德的，因为我从那时开始在伯克利加州大学教本科生大课——《文化心理学》。在讨论各文化之间的心理差异时，就不可避免地涉及一系列的问题：这些文化心理的差异从何而来？为什么世界文明发源于学术界所说的"新月沃地"（包括我们国人常说的两河流域）和中国？为什么欧洲和亚洲大陆在公元1500年时比其他地方的人要文明和智慧很多？虽然我们都是人类，又经历了差不多时间的进化，但文明差异又有如此的天壤之别？为什么偏偏又是欧洲文明在近代脱颖而出，入侵、殖民和摧毁世界上的其他民族和文化？这些都是我一直百思不得其解的问题。而戴蒙德的《枪炮、病菌和钢铁》一书的出版，很好地帮我解答了这些问题。

答案就是一个：农业革命。由于11000年前世界气候的变化，欧亚大陆有了地缘上的优势，可以培育植物为人所食，驯化动物为人所用，定居和人口增长就变得可能。

随着人口的增加，复杂的社会关系和组织创新就会产生。加上驯化动物，特别是马，使得军力大增，也使病菌从动物感染到人；但与此同时，也使得对病菌有免疫力的人因此被筛选出来。这就是欧亚东、西轴心文明优于其他文明的最根本的原因。

戴蒙德是以生物学家的身份来研究人类历史的发展问题的。特别是人类敏感的文化、民族、种族、文明等问题，以及那些既让人激动、愤怒、敏感，也让人困惑的人类和社会发展问题。他的著作为什么能够在全世界产生巨大的影响（已经被翻译成三十多种语言），就是因为他的观点粉碎了美国社会的白人种族主义思想。一直以来，即使是受过教育的、文明的美国人，潜意识中还是会认为其他非白人的民族是落伍的民族，主要是因为他们能够想到的很多现代文明的发现和突破，确实是由西方人，特别是欧美人在过去的两三百年里所取得的。因此，如何用科学的事实，反驳这种欧美中心主义？戴蒙德通过他的跨学科研究证明，那些被认为野蛮的民族，比如说太平洋岛国的巴布亚新几内亚人，其实在本质上也是非常聪明的，和欧美人在遗传能力上没有什么太大的区别。他们只是大约在13000年前，错过了欧洲和亚洲地区产生的农业革命，这就是导致我们现代各个文化之间不平等的原因。而这基本上是通过"枪炮、病菌和钢铁"的优势，实现了欧美文化对世界上其他文化的殖民和统治。

那么，其他文明有没有办法实现逆转呢？戴蒙德从没有直接讨论这个问题。但他在另外一部著作《崩溃》中特别指出，人类文化的消失和技术的发展有很大的关系。首先，该社会必须有新的发明来提升我们的生存的能力，这就需要宽松、自由、民主，以及允许内部竞争的环境来促进技术革命。其次，所有的发明都需要外部的影响，而不太可能从内部自发产生。因此，那些对外开放、强调文化交流和接触多的社会和民族最容易有创新优势。

欧亚文明如何产生，如何独步世界？

有很多学者认为，中国人的信仰是历史。因此，我们特别愿意写历史、说历史、修习历史、以史为鉴，也以续史为目的。"为往圣继绝学，为万世开太平"，一种以史官为精神楷模的志向鲜明而高尚。

但历史该怎么修？著名历史学家黄仁宇先生特别提出，要"将宏观及放宽视野这一观念引入到中国历史研究里去"。具体如何操作？我认为主要是把握好"纵横之道"。一种是在历史的纵向上分析历史，上下五千年，看历史事件的现实意义；一种是横向上看历史，从不同角度分析历史事件。但将大历史的纵横之道演绎得淋漓尽致、让人赞叹的当属——贾雷德·戴蒙德。

本来有关人类社会和文明演化的历史问题，是历史学家所关注的问题。但是，戴蒙德从生物学、人类学、地理学、遗传学等跨学科的角度来解读大历史的问题。而且是从千万年前开始一直到当下，纵得很长，横得极宽。他不只是简单地停留在对历史人物、历史故事的描述，而是尽量找到考古的、技术的、生物的、进化的等方方面面的证据，来回答历史科学的一些核心的问题，做了一篇极好的锦绣文章。

在其代表作《枪炮、病菌和钢铁》一书中，戴蒙德关注到一个历史现象：为什么到了地理大发现的时候，世界各地的人们在组织文化、生产力、科学技术和生活方式等各方面存在那么大的差异？我们都是从猩猩进化而来的人，都在地球上混了差不多同样的年头，但是，差距怎么就那么巨大？

在人类科学不发达的时代，我们很容易把这样的差距，当作是先天的智力造成的。因此，劣等民族、落后民族与野蛮民族等概念就大行其道，最后导致了纳粹德国的种族大屠杀，以及战后各个地区、民族之间的歧视、偏见和仇恨。二战之后大量的科学研究，特别是心理学的研究，发现人类在遗传上的差异，实际上是非常小的。因此，各个民族和文化之间在心理、行为、政治、社会、经济等各个方面的差距，是不能够用遗传素质的不同来解释的。

## 为什么文明水平如此不同

那么，这种差异到底是怎么来的呢？历史学通常的解释，是说那些文化落后的地方与世隔绝，交通不便，因而无法从跨文化的沟通和交流中获益（比如，北美大陆的印第安人、撒哈拉沙漠以南的非洲人群和澳大利亚南部的土著等）。但这还是不能解释文化优势为何最初是诞生在不同的地方。也就是说，为什么那些先进的文化，只是诞生在欧亚大陆的几个地区，而不是在非洲和澳大利亚的南部？换个角度看，为什么我们中国是世界文明的发源地之一？确实在这些地方出现了人类历史上最早的统一的国家政权、最早的军队、最早发明了用钢铁来制造工具等等，但这都不应该是历史的偶然。

根据戴蒙德的理论，一个很重要的原因，就是这些地方首先进入到农业社会。而这些地方能够成为农业社会的一个特别重要的条件，就是在他们活动的区域内，应该有适合培育而可以食用的植物。正是因为有了这些适合培育而可以食用的植物，吸引了很多的人来这里定居和生活，从而使得人类从原来的居无定所变成了定居的民族，人口也得以迅速增加。而人口的增加又导致需要有更多的食物，这就刺激了农业的进一步发展。这二者相辅相成，共同成长。

人口众多之后，人类中出现了很多的发明家、思想家，技术突破也变得有了可能。众多的人口也导致新兴的管理机制的出现。在只有几十个人、互相都很熟悉的小部落里，遇到纷争只要由族长出面就可以搞定；但是到了一个成千上万的人群里，就需要组织的规则和规律。因此，官僚体制、组织结构和国家政权就由此而产生。

农业革命带来的还有一个就是动物的驯化。因为戴蒙德通过大量的数据研究发现，新生代冰河时期之后的生物大灭绝，也给这些人类文明的发源地带来了契机：有很多大型的哺乳动物都灭绝了；但在有些地方却留下了很多可供驯化的大型哺乳动物，比较典型的就是马、牛、骆驼等。

而相对而言，非洲和美洲就没有这么幸运，因为这些地方可供驯化的大型哺乳类动物只有美洲骆驼。而马在人类历史上扮演了不可估量的作用，古代军队很重要的组成部分就是战车骑兵，以及用马进行农业耕作和交通。这种生态的优势持续了几千年，因此，马在数千年的人类战争和发展中都起到了重要的作用。所以，这也就是欧洲人，特别是西班牙人征服美洲时最大的技术优势。

## 为什么文明扩张是单向的

那么，在公元1500年之后，人类出现了大规模的迁移，主要是欧亚大陆的人群去非洲扩展。为什么是这些民族和文化去殖民其他那些地方，而不是反向的殖民活动？在这一点上，戴蒙德提出来除了交通不便以外，还有一个很大的要素——经纬度，也就是他所提出来的"欧亚大陆轴心"的问题。

看世界地图，我们可以看出欧亚大陆是一个纬度相同的地区，而同一个纬度上的环境和气候是比较接近的，迁徙就显得相对容易。但非洲、美洲是一个南、北纵向的大陆，而且南、北纵向的大陆的各种自然条件和气候条件是不太一样的。因此，原始人类的迁徙方向，更加倾向于在同一纬度上进行跨经度的横向迁移。因为他们的这种迁移所遭遇的气候变化可能相对较小，而欧亚大陆正好给他们提供了长途旅行相对便利的机会。因此，中国典型的"丝绸之路"，其实就是一种东、西走向的迁徙活动。而处于相对落后的原始民族，因为要面临巨大的环境和气候的挑战，他们的南、北迁移就非常不容易，也很难进行交流。

农业革命带来的另外一个现象就是各种病菌的出现。大部分人类的传染病是来自动物的，因为人类在驯化动物活动的过程中，不可避免地要染上一些原本只有动物才有的病菌和病毒。这些病菌、病毒在文明发源地的欧亚大陆杀死不计其数的人类成员，留下的都是对病菌、病毒有极强免疫力的幸存者。这就是为什么当欧洲人到达美洲之后，他们不光带来了枪炮，而且也带来了短期内能大量消灭当地土著人的传染病。这种伤害也有心理的打击，因为土著人发现这些外来的欧洲人不会感染自己带来的疾病。

## 近代中国为什么落伍了

当然，作为一名中国学者，我非常关心戴蒙德的研究对于我们了解中国历史和中国文化有什么样的帮助。因为欧亚东、西走向存在一个很重要的问题：既然欧洲人可以到亚洲来，那么亚洲人也可以到欧洲去，而问题是为什么在历史上是欧洲人到亚洲来殖民，而不是我们到欧洲去殖民？

中国和欧洲之间间隔了长长的草原和沙漠地带，在人类历史上只有蒙古帝国在短期内使得中国与欧洲的陆路通道保持畅通，其他很多时候中国是东亚一个巨大的孤岛，这就使得中国与欧洲之间的交流有了相当大的障碍。但是为什么缺乏和中国的交流，欧洲还是能够赶超中国，成为当代文明的发源地并具备了超越中国的近现代文明的优势？

我个人觉得一个很重要的原因，就是一个统一的中华帝国政权给中国带来了利弊参半的效果。我们是世界上最早的产生统一政权的国家和民族，这种统一有利于保持民族的团结，而不被外来势力征服；另外一种结果就是难以形成思想和文化的竞争。而且，集权政治的一个问题在于，如果统治者稍微做了一个举措不当的决定，就会在相当程度上和相当时间内抑制一个民族在自然科学和社会科学方面的创新。

戴蒙德特别提出，中国统治者做出的一些决定对中国的伤害，比如说禁海、限制机械，甚至连钟表方面的制造都几乎停顿了下来。这是强势的统治者对中国社会文化发展造成的巨大伤害。

在欧洲，就是因为没有这样统一的集权统治，所以，思想家和科学家，以及探险者，可以在不同的君主那里得到各种不同的支持。哥伦布向西探索东方的计划，在意大利得不到支持，在葡萄牙被拒绝，在法国被嘲笑，但最终在西班牙找到了对此感兴趣的人。而如果是在中国，一旦皇帝没有兴趣的话，无论找谁都不太可能会支持"郑和下西洋"这样的壮举。这就是为什么一个自由的社会实际上具有文化竞争的优势，而一个封闭统一的集权社会反而会对文化的适应变化产生负面消极的影响。

中国在近现代文化竞争中落后的另外一个原因，是我们虚假的心理优越感。因为我们曾经有过最辉煌的历史，所以，相对而言，我们就不太愿意去创造新的思维方式、新的技术和新的路径。"以历史为荣、以历史为规律、以历史为规则"，这也是为什么钱穆先生以及很多的文化学者认为，中国人的历史教（崇拜历史的信仰）可能是让我们不太愿意去想像未来、创造未来的一个很重要的心理的原因。

中华文明源远流长、起步很早，而且人口众多，国势强劲，周边也没有多少能够跟中国抗争的竞争对手。这就造成了两千年来中国在东亚地区的绝对辉煌地位。再加上中亚地区的沙漠和草原屏障，使中国很少有过竞争的压力。但同时，也留下了傲慢对待外来文化的态度，终于在19世纪被欧洲人赶超过去。只是到了近现代以后，我们痛定思痛，下定决心洗心革面，花了很大的代价才低下我们高贵的头，开始犹犹豫豫、腼腼腆腆、反反复复地与西方交流。终于在21世纪赶上并超越欧洲，目前在力争超越美国。

学术的境界很重要，一个学者能够从不同的角度，回答人类社会的重大历史问题。不管这些问题是不是还有争议，起码它让我们深思，更让我们感到快乐。这种思想的快乐，也许正是我们人类思想家层出不穷的原因之所在。

# 探索和培养"第七感"

在美国加州大学洛杉矶分校医学院见到了著名心理学家丹尼尔·西格尔（Daniel J. Siegel），并和他进行了两个小时的对话，还意犹未尽地共进了晚餐。

丹尼尔毕业于哈佛大学医学院，曾在加州大学洛杉矶分校接受儿科和青少年精神治疗专科训练。在过去的二十年里一直致力于人际神经生物学（Interpersonal Neurobiology）研究，凭借应用积极心理学技术——专念（Mindfulness）来解决人际关系和儿童教育问题享誉世界。目前任加州大学洛杉矶分校临床精神医学教授。他是一位高产的作家，仅湛庐文化就出版了他三本著作，即著名的西格尔教养三部曲：《第七感》、《全脑教养法》、《由内而外的教养》。同时，他也是一个学以致用的学者，他创立了世界上第一个第七感研究院（Mindsight Institute）。他应该算是积极心理学专念研究领域享有世界声望的学者。

短暂的对话，就把他创造的满意人际关系的实践效果轻松地展现在我们面前。由于我最感兴趣的是他所提出的"第七感"，因此，我们的对话主要探讨了"什么是第七感？它的科学基础是什么？以及如何应用？"等方面。

## 什么是"第七感"

丹尼尔首先介绍了他的第七感理论。他认为第七感是发展情商和社会智力最基本的技巧；它能让我们看到和分享自己内在的心理能量和信息的流动，也有助于我们感知自己的思想、情绪和记忆，并能帮助我们产生具体的心理力量改变这种流动，从而摆脱根深蒂固的行为以及习惯性的反应，远离可能会陷入其中的被动的情绪循环。

于是，我就问他如何去达到他所说的这种"第七感"。他提出，可以通过整合过程来实现，包括区分各种能量和信息的差异，以及发现它们之间的一种联系。

对此，我特别提出文化影响这个概念的可能性。如佛祖释迦牟尼就曾经反复强调：历尽劫数终成佛，源自观心；而mindsight直译其实就是观心。因此，二者是非常贴近和相似的。但是，丹尼尔不以为然，这可能是他对文化差异不够敏感，也可能是有所防备的原因。因为美国文化向来排斥宗教对科学的影响，所以，这使得他不太想承认中国传统佛学的观心思想和他的概念是相通的。

而在mindsight概念里，还有一些有待考证和加以区分的地方。所以，我又问了他有关"语义"在第七感修炼过程中的作用。毕竟在很多情况下，词汇对我们有很强的暗示作用。因此，很多他所提到的整合技术的效果，有可能是语言词汇的作用，也可能是情绪影响的结果。丹尼尔回答说："不是所有的整合过程都用到了语言，也不是所有的整合情绪都是积极的，有很多的整合是在中性或者无情绪的情况下实现的。"

我还追问他："'第七感'与'专念'有什么不同？"他回答说："第七感是我创造的一个概念，希望以此为基础，将人类的自然科学（如数学和神经科学的理论）引入到心理学中来。专念是第七感的一部分，它是培养第七感的一种方法；专念让我们有可能看到我们的内在有什么，然后接纳它，并在接纳中放下，最后转化它。"

## "第七感"的核心机理

丹尼尔使用了大量的神经科学和数学概念来描述他的第七感理论。

我个人认为，很多神经科学的研究只是取得了初步的成果，只不过强调了大脑的前额叶、边缘系统在整合过程的变化情况，还远没有涉及到具体的神经生化过程和大脑区域的影响作用。

关于最核心的第七感的测量问题，丹尼尔提出，只能从第七感的三大基础，也就是顿悟（insight）、同理（empathy）、整合（integration）来阐述。而这些维度的测量，现在看来唯一可靠和准确的，可能还是对整合（integration）的测量。很多年前，我的伯克利加州大学的同事菲利普·泰特洛克（Philip Tetlock）创立了整合复杂性个体差异的量表，我们曾经根据这种量表分析了有无海外经历的企业管理人员在整合复杂性方面的差异。结果发现，有过海外经历的人，整合能力很强；而没有海外经历的人，整合能力显得比较弱。因此，这是比较可靠的测量方法。丹尼尔对我们的研究也非常感兴趣，很认可我们在这方面的工作。

## 如何培养"第七感"

我特别询问了丹尼尔关于"第七感"的培养问题，他给出了四个建议。

第一个是专注于注意力（Focus Yourself Attention），也就是专念的基本训练方法。

第二个是平衡情绪（Balance of Emotion），强调的是我们情绪的平衡。在这个问题上，他非常欣赏并应用了我曾经从事的辩证情绪的工作，因为辩证情绪高的个体，很容易接受人类各种复杂的情绪体验，不是一味地追求快乐、积极，同时也需要体验人类的负面情绪活动。这种平衡能力是我们人类了解自己内心活动非常重要的方面，一味地关注情绪的一端，而忽视它的平衡，很容易让我们丧失了解自身心理活动的能力。

第三个是调控行为（Regulate Behavior）。这方面最重要的工作其实还是米歇尔（Michelle）当年所做的"延迟满足实验"，通过一定的方法让我们人能够培养、控制、调节自己，控制自己的倾向性行为。这些能力和我们大脑前额叶的发达程度有很大的关系，也跟我们的家庭关系、家庭背景、家庭教养和生存环境有非常大的关系，特别是和我们的心理力量的训练有很大的关系。

第四个是他提出的身体、大脑和行为的全身心整合训练。这个训练正是他在研究院所从事的工作。

总的感觉，丹尼尔是一位优秀的作家，特别善于把各个学科的知识和理论整合在自己的理论框架之下，他所用的技术还是积极心理学非常核心的专念技术，这个技术和丹尼尔的理论结合起来，产生了独特的影响力和魅力。他巧妙地借用第七感这个概念，使得我们人类在欣赏自己的视觉、听觉、嗅觉、触觉、味觉和第六感之外，还可以有更高的追求和意识。

但我个人觉得这方面还有待深入地开展研究，特别是第七感这个概念还缺乏实证科学的证明。它尽管能够帮助我们密切地、深入地、细致地检视我们自己的思考、感受和行为的过程，并且能够重新塑造、重新定义内在的经验，从而让我们能够更好地把握自己，拥有更多的选择和创造自己的日常行为和未来的可能。只是目前，它还不能成为心理学学科一个已经可以接受的概念。

# 不劳动能幸福吗①

## 劳动的基因更容易被传承

为什么认为"劳动可以带给自身幸福"呢？这是因为劳动是人类6500万年的演化选择出来的一种竞争优势。道法自然，顺应天性，理应是快乐、积极、幸福的。

劳动为什么是人的积极天性？这是从生物进化的角度引申的，在漫长的人类演化史上，那些爱劳动、会劳动、常劳动的先祖，更有可能存活下来。他们爱做事、会做事、会使用工具、经常在行动中，这就使得他们比其他不爱劳动、不会做事、不会使用工具的先祖更有可能被进化所选择，即会劳动的基因更容易被繁殖下来。因此，从某种意义上来讲，人类的天性应该是爱劳动的、是希望劳动的。虽然劳动的方式可能不一样，但是，其本质是需要通过我们的体力、心力，努力来完成我们必须完成的任务。而且，已经有大量的心理学的证据表明：爱做家务的妇女寿命比那些不爱做家务的妇女寿命要长。另外，相对于无所事事的老人，那些经常做一些小事的退休老人要幸福和长寿得多。

在封建文化的影响下，我们总觉得富人就是纯粹享乐、花天酒地、无所事事。这样其实根本无法带来任何长久的健康、幸福和意义；也根本不是享福，而是找死的节奏。在人类历史上，无论是财

---

① 2015年劳动节，中央电视台播放了采访彭凯平教授的节目，主要阐释劳动能带来的幸福。

富多少，那些愿意去为家人、别人和社会服务的人，往往更有成就，更加幸福，而且更加富裕。

在现代社会中，我们成人花费在劳动上的时间，超过我们人类在任何其他活动上的时间，从而获得相应的经济回报、社会回报和心理回报。但是，根据盖洛普在世界38个工业化国家（包括中国）的统计调查发现，人类居然有高达70%的人不是特别喜欢自己的工作。也就是说，有很多的人在劳动中做的是自己不爱做的事情。也曾经有人向我反映，亲友聚会或者交流时，一些人对自己既有地位又很悠闲的工作非常得意，并且常常可怜那些辛苦工作的人。还有，一些职场小说也有意无意地表露出对高收入、高职位、又很少劳动的工作的羡慕，并且诱导读者这才是成功的标志。诚然，做事少、收益高是件好事。但是，这种让人感觉少劳动，巴不得不劳动才幸福的观念真的科学吗？符合事实吗？答案是否定的。我觉得他们之所以会出现这样的想法，主要是因为他们并没有从劳动中获得幸福和快乐。而且更糟糕的是，他们可能也并不知道如何从劳动中获得幸福和快乐。

## 如何在劳动中得到幸福和快乐

如何帮助我们人类解决这种生活中的劳动异化现象，并让我们在劳动中得到幸福和快乐？最重要的当然是尊重劳动者的尊严和权利，确保劳动是我们选择的结果。在此基础上，积极心理学还有些积极心理的技巧，帮助我们还原劳动的积极本质（只是每个人的解决方案不尽相同，可根据个人情况相应选取）。

第一种方法是专念之心，将我们的心思聚焦于当下。如果我们能够把我们的心力集中在现在需要做的事情上的话，我们可能会暂时忘掉焦虑、抑郁、恐惧与分心。具体做法是：在做任何工作之前，都可以尝试静下心来，听一听周围的声音，体验一下自己此时此刻的反应，这样就可以将我们的心思注意在我们自己的存在上，而不是我们在工作中必须扮演的角色上。

**第二种方法是关注之心**。当我们要完成我们自己工作的时候，我们其实是花费了很多的精力，去应对各种各样的干扰，以便让我们能够专心致志地从事我们所要完成的工作。具体做法可以是像我们在喝茶或咖啡的时候，感觉一下我们的手指与茶杯或咖啡杯的接触，注意我们手指的力量，看这种练习能不能让我们专注于我们需要做的事情。这样的专注力训练，可以帮助我们更有效地把更多的时间花费在我们需要完成的任务上，而不是浪费在一些干扰我们的事情中。因此，专心致志也是一个特别重要的积极心理的技巧。

**第三种方法是共情之心**。竞争在我们的工作环境中经常是不可避免的，与同事的竞争有可能是一种自然的冲动。这个时候，我们得学会去共情别人、接受别人、理解别人。比如在开会之前或打电话之前，首先想一想：如何让对方舒服、开心？这样的姿态，不光可以让我们自己快活轻松，也能够慢慢降低工作中经常感到的一种竞争意识。

**第四种方法是坚韧不拔的精神**。这样的精神可以让我们能够不被生活中、工作中所遇到的压力压垮。如美国陆军花费几亿美金，邀请积极心理学大师塞利格曼培养部队战士的坚韧精神。而已有的研究发现，这样的精神可以帮助我们应对挫折，逐渐在我们工作中感受到幸福、积极和快乐。

**第五种方法是学会沟通的技巧**。工作中其实可以让我们找到快乐，那就是我们和同事之间积极、友好的关系。很多退休的老人，愿意继续回到工作岗位，主要是留恋与过去同事之间的友谊和感情，这样的友谊和感情需要我们的沟通来实现。因此，学会如何与人沟通、与人来往，可以帮助我们发现工作中的幸福。具体做法是，不妨从给自己的同事打电话、发邮件、问候、握手、拥抱、击掌、做好事等小事开始，来传递我们的善意，而善意往往能够产生良好的社会关系和工作关系。

第六种方法是保持正直之心。既不要委曲求全，也不要由于他人的压力而去随波逐流。而在工作中保持幸福的一个重要秘诀是，不去伤害别人，不去散布谣言，不去挑拨同事之间的关系；同时，保持自己的正直、真诚和对工作的专注。具体做法可以是，每天早上开始时，不妨告诉自己：今天我一定要善待每一个人；每天晚上也不妨做曾子的"吾日三省吾身"，想一想，"为人谋而不忠乎？与朋友交而不信乎？传不习乎？"。

第七种方法是发现工作中的意义。当我们发现自己不是为了生存而劳动，而是为了某种召唤而劳动时，我们就能够忍受在工作中暂时出现的厌倦、单调或烦闷等情绪，而产生一种高尚、积极而幸福的体验。

总而言之，劳动是幸福的，劳动更不应该成为我们幸福的障碍，而应该是使我们幸福的引擎，帮助我们发现幸福的场景。

# 为什么那么多学术大师爱讲终结论

1999年秋天,我受加州大学伯克利分校国际政治系主任凯文·欧博文(Kevin O'Brien)的邀请,参加了一个小型的学术研讨会,会议的主讲嘉宾是著名的美国政治学家弗朗西斯·福山(Francis Fukuyama),演讲的主题是介绍他的著作《历史的终结和最后的人》(The End of History and the Last Man),演讲当然非常精彩,讨论也非常热烈。

## 高处不胜寒

这里不讨论他的观点是不是正确,作为心理学家的我,好奇的是他为什么要讲历史终结了?因为其著作的主题其实是说传统意义上的历史虽然结束了,但以民主自由体制为标记的新时代即将开始。为什么他不采用我这样的积极心理学家所认为更合适的"历史的新开端"等题目,而是用了一种终结论的标题呢?

仔细想想,这样的做法好像在学术大师身上经常出现。尼采常说"上帝死了",海德格尔、维根斯坦等哲学大师们都从各自不同的角度提出过"哲学的死亡"。美国哈佛大学政治学教授丹尼尔·贝尔著书《意识形态的终结》,美国学者比尔·麦克基本著书《自然的终结》,英国物理学家巴布雅著书《时间的终结》,卡斯比特著书《艺术的终结》,英国作家格雷厄姆·格林著书《恋情的终结》,法国社会学家孟德拉斯著书《农民的终结》,劳伦斯·弗斯著书《现代医学的终结》,

约翰·霍根在其著作《科学的终结》一书中提出"科学已经终结,伟大而又激动人心的科学发明时代已一去不复返了"的观点。

为什么这些学术大师爱说"终结论"呢?一种直观的解释是这些大师可能是有严重的悲观主义倾向,学问做得越高深,越容易感觉到它的艰辛、困难和复杂。所以,对自己的事业和热爱的专业容易产生消极、负面、批评的倾向。俗话说"高处不胜寒",讲的可能就是这种道理。不过,我查了一下这些大师们的寿命,发现除了尼采(56岁)和维根斯坦(62岁),其他人的寿命都不短,不像是痛苦、抑郁、悲观的人那样早早离世。丹尼尔·贝尔活了92岁,约翰·霍根82岁仍健在,海德格尔87岁,格雷厄姆·格林87岁。

## 终结幻觉

根据我的师兄,美国弗吉尼亚大学心理学系主任提莫西·威尔逊(Timothy Wilson)、哈佛大学心理学系主任丹尼尔·T. 吉尔波特(Daniel T. Gilbert)和他们的学生乔迪(Jordi)的最新研究发现,这些学术大师们的"终结感慨"可能是一种连普通人都可能经常产生的心理判断误差,叫做"历史终结幻觉"(The End of History Illusion)。他们认为,人们容易高估过去经历过的变化而低估未来会经历的变化。就像我们通常会认为过去十年经历过很多的风风雨雨,而不太相信未来十年还会经历同样多的风风雨雨。历史的变化到了自己的那一刻就终结了。

他们设计了一系列的实验来测试这一"历史终结幻觉"是否存在。在2011年到2012年之间,他们通过法国的一个真人秀网站"幸福的秘密"(Leurs Secrets du Bonheur),4个月的时间里招募了19000多人。在第一个实验中,他们调查了7159个人,从18岁的年轻人到68岁的老人,平均年龄40岁,分别让他们或者报告过去10年自己性格的变化,或者预测未来10年自己性格的变化。结果发现,人们报告过去已发生变化的程度远远大于预测未来会发生变化的程度。

他们还实际跟踪记录了3808个人的"大五人格测量"的分数。被试分两阶段完成了人格调查（是一个叫做《美国人中年发展MIDUS》研究中的一部分，分别在1995~1996年间和2004~2006年间测试），测量了这些人的大五人格特质：责任心、宜人性、情绪稳定性（有时叫做神经质）、经验开放性和外倾性。MIDUS调查因它的可靠性而被心理学家广泛接受，因此，这几位研究者假定在20世纪90年代中期和21世纪10年代中期之间任何分数的变化都准确地揭示了人们在"大五人格"的五个维度上与10年前相比变化了多少。这三位研究者要求被试估计他们10年间MIDUS测验会变化多少以及他们10年后会改变多少。大多数人准确地估计了过去10年他们MIDUS平均分的变化，但是，大多数人明显低估了他们在将来MIDUS分数的改变程度。简而言之，相比屈服于记忆错误，人们更愿意承担预测的错误。

那么，这种低估未来变化的倾向会不会反映到其他重要的人类生活维度上呢？这些学者又比较了人们对自己价值观念变化的回忆和对价值观念变化的预测，他们总共挑选了2717个从18岁到68岁的人，请他们或者报告过去10年自己价值观念的变化，或者预测未来10年自己价值观念的变化。结果发现人们还是容易低估自己未来价值观念会发生的变化。

在第三个实验中，他们调查了7130个人，同样是从18岁到68岁，请他们或者报告过去十年自己爱好事物的变化，或者预测未来十年自己爱好事物的变化，包括喜欢的音乐、食品、度假方式、兴趣爱好等。结果同样发现了对未来变化预测的低估趋势。

## 终结论有启发作用

更加令人震撼的是，这样的历史终结幻觉还会产生巨大的经济后果，也就是说，当我们在低估自己未来的生活方式和兴趣爱好发生变化的程度的情况下，我们可能就会为未来的消费付出过多的代价。比如说，请人报告他们现在喜欢的乐队和歌手，以及为未来10年之后去看这些乐队和歌手表演而在今天所交的定金，再比较一下他们10年前喜欢的乐队和歌手以及今天想听这些乐队和歌手的音乐会所愿意出的价钱，发现前者付出的代价远远高于后者付出的代价，这个差别高达61%。换句话说，我们为未来想像的消费多付了将近61%的钱。

那么，为什么人们会有这样的历史终结的幻觉呢？第一个原因，关键还在于人的自尊心和自信心。人们希望觉得自己是智慧的、聪明的，不希望自己在未来会有很多的变化。这就是为什么越是成功的人士、越是地位高的人士、越是学术大师们，越喜欢谈自己现在的事业成就是最伟大的巅峰，在未来的变化不会太大。正如文章所说，"人们似乎把现在视为一个转折点——他们已经成为他们今后想要成为的那个人"。

第二个原因，可能在于我们能够比较好的回忆自己经历过的变化，但我们去想像未来的变化确实是一件不太容易的事情，即使天才如尼采、维根斯坦也都不可能预测人类社会将会发生什么样的巨大变化。30年前，没有人能够预测到我国现在的状况，同样我们也不能预测我国未来的状况。

由此可见，伟大的思想家们也是人，也会犯心理学家所发现的人类普遍的心理误差。社会是否进步，人类能否变化，科学如何革新，世界如何发展，这都是人类思想家们时时刻刻关心的问题。心理学家的研究发现，人们对答案的理解正在逐步增加，我们起码对自己已经发生的改变有较好的认识；但是，我们还不能接受社会和自己仍在变化的这个观点，因而会产生历史终结这样的认识误差。

问题是：我们需要去改正这些错误么？这好像就不是心理学家能回答的问题了。即使我们低估了未来的变化，即使我们为未来的消费多付了钱，也很难说它是一个完全非理性的决定，为未来多买单是不是本身就是一种积极主动的心态？是不是心想也会事成呢？还有，这种终结论也许能启发我们从全新的视角去展望未来呢？

心理学家也不能预测未来，因此，我们同样对未来充满了敬畏！

# 研究心理学，也要关注传统文化

每年4月的最后一个星期天，是清华传统的一年一度的校庆日。2015年4月26日，是清华大学建校104周年的校庆日。在校庆前夕，清华大学心理系特地在水利馆举办了"中国传统文化与心理科学系列论坛之何为正心"的研讨活动，并特意邀请了国内的几位文化学者共同探讨"中国传统文化之正心理念与现代心理科学的关系问题"。我主持了这次论坛并作了主题发言，演讲的主题是"中国传统文化与心理科学结合的可能性探索"，主要是基于"文化心理学和本土心理学"的理论阐述了中国传统文化与心理学的关系。

## 心理学方便样本存在的问题

在我看来，首先我们必须承认，绝大多数的心理学研究是基于西方工业化国家受过教育的富裕人群和传统民主社会的大学生样本。而这些特点正好是5个英文字母的缩写：怪怪的（WEIRD——Western, Educated, Industrialized, Rich, Democratic）。因此，也有很多学者把这些样本称之为奇怪的样本。而且大部分的心理学研究结果，往往是研究者根据其取样方便原则来挑选研究对象而选取了美国大学生的样本，但他们在美国人群中可能也就只占5%，所以，并不是所谓的普通人。因此，有部分心理学家甚至严厉地指出：心理学权威研究杂志，可能都应该改名为《美国大学心理系本科生心理研究》。起码我们目前已经发现，大学生在价值观念、道德意识、自我概念、分类和逻辑推理、视知觉、公平感、合作精神、空间推理方面和其他人有很大的差异，甚至他们智力的遗传性都要比普通人高很多。

从国际范围来讲，美国心理学的研究对象只占世界人口很少的部分，所以并不能代表人类的心理。曾经有人说，此时此刻，如果我们把地球上所有的人口转换成一个只有100人的地球村的话，根据我们现有的统计数据，那么我们现在这个100人的地球村，可能只有14个人是来自西半球，而有86个是东方人，有8个来自非洲，70个是非白种人，70个是非基督教徒，但是世界上50%的财富是由6个人来掌握，而这6个人都是美国人。另外，在这地球村的100个人中，有70个人是文盲，有50个人将面临营养不良的生存问题，80个人所居住的条件非常恶劣，而只有1个人有大学学历。由此可见，根据这种非常偏颇的样本所做出的人类心理的研究，有很多值得我们警惕的地方。中国学者梁启超、鲁迅、梁漱溟、潘光旦、费孝通、许烺光、陈大齐等，都对以西方材料为主的心理学提出过批评。这也是中国大陆的"民族心理学"、中国台湾的"本土心理学"，以及我所参与的"文化心理学"需要改变的现状和现实。

## 心理学与传统文化相结合的探索路径

心理学作为一门基础科学，它所做的很多关于人类心理机制、过程的研究，应该是比较具有普世性的，但是，有关人类社会和文化心理的研究，有关幸福、快乐、积极的研究，都应包含文化因素的考量。因此，如何将"传统文化与现代科学心理学"结合起来，我个人觉得应该要有一种宽容、大度、严谨和务实的态度。我国的心理学不应该排除世界心理学家所用的方法、策略和重大发现，特别是有关人类心理过程和心理机制的研究结果，但我们也不能完全套用其他国家的理论和方法。

这次论坛的一个难得的共识是，强调我国的心理学需要与我国的文化相结合，不是要把学术问题政治化、民粹化、庸俗化。虽然当今我国社会民粹思想泛滥，排他心理严重，非黑即白的思维也尤为盛行，但我们仍然要强调，中国传统文化与中国心理学的结合是我们中国心理学家应该关注的、非政治性的学术问题。

那么，中国传统文化到底应该如何与心理学相结合呢？我在论坛上提出六个探索的路径。

第一，最主要的是要有一种做学术研究的寂寞之心。也就是说，我们一定要有一种接受不确定的、悬疑不决状态的心理准备。为了让传统文化与心理学结合，需要大量的工作准备，也需要有一定时间的等待，甚至可能会有一段悬疑不决的空档和时间，但我们仍然不能只是轻易地把西方现存的概念、理论和方法作为答案，过早填补了思考的缺口，这样才有较大可能确保本土化的想法和灵感出现。

第二，要有敬仰之心。充分尊重中国传统文化的智慧，要充分反映我国人民的思想，强调我国社会文化的脉络，只有在我国具体而复杂的社会历史背景下，才能更好地了解我国人民的心理和行为的变化。

第三，要有现实思维。要将我国人民的心理和行为与现实的政治经济、社会生活情景相联系，只有了解现实的文化状况，才可能了解我国人民心理产生的原因。也就是说，我们要兼顾我国的传统与现代，在研究古代传统文化心理现象的时候，也需要了解它对当前的意义、体现和效用。

第四，要有敏锐之心。也就是要发现中国文化下特有的心理和行为，这种特有的现象不只是可以帮助我们更好地了解国人的心理及特点，也能为世界文化心理学做出中国人独有的贡献。毕竟中国文化是少数源远流长绵延几千年的文化，经这种独特文化熏陶的人们的心理和行为，在很大程度上具有不可替代的独特性。

第五，要有探究之心。也就是不要简单地满足于描述文化与社会心理现象之间的关系，而要重视其内容与产生的机制，更要对问题有比较深刻的分析和判断。

第六，要有宽容之心。尽量把文化心理学的研究与我国其他传统学术研究进行联系和结合，最重要的是要与我国古代学者及当代学者进行沟通、交流、融合，创造和升华他们有关历代中国人心理和行为的观念、思想及理论。在某种程度上，借助于研究古代中国人的心理、思想和概念的结果，引申并用于解读当代中国人的心理和行为现象，可能更加容易理解中国人心理特性，也更容易被中国社会所接受。

## 五大研究领域

根据中国台湾本土心理学的创始人杨国枢老师的统计，中国传统文化和心理学结合的研究，已经成果颇丰，主要集中在五大研究领域，最突出的有：

第一，人格与社会心理学研究领域。经过杨国枢、黄光国、杨中芳、梁觉、赵志裕、康颖、王登峰和我本人等多位学者的努力，中国人的社会与人格心理学已经成为文化心理学研究中特别重要的内容，中国人独特的人格与社会心理学内容，如关于"面子、缘、忍、报、义、孝、人情、中庸及辩证思维"等方面的研究结果，为世界心理学研究提供了新的角度、方法及独特的理论概念和体系。

第二，组织与管理心理学领域。有关家族主义、华人领导模式、组织默契及家族传承等方面，都有中国文化心理学的贡献和影响。

第三，发展与教育心理学研究领域。有关道德与道德发展、耻感发展、孝道心理发展、亲子关系等方面，都有文化心理学家做出的研究和贡献。

第四，临床与咨询心理领域。有关本土化的治疗理论与方法，正向、积极心理学的治疗理论与方法，中国传统的禅、专念、冥想、气功、太极等技术对咨询的意义和价值，也都有了一些有意义的探索。

第五，变态心理学与犯罪心理学领域。我国心理学家也做出了部分有独特意义的文化心理学方面的贡献。

讨论会上，其他学者的发言也非常有意义。李虹教授阐述了道德心理学的意义及发展方向；蔡曙山教授谈了语言及语言教育对中国人诚意正心的帮助；航空航天科学家高歌教授从宇宙能量学的角度谈心理学正心的具体数量测量和能量测量等。

最后，我以"偷得浮生半日闲，修得一世积极心"作为总结，献给所有参加论坛的嘉宾和来宾。

终日匆匆忙碌间，
儒释道心忽结缘。
高朋满座侃文化，
方觉偷来半日闲。

PART 5

# 开拓

现实和理想之间,不变的是跋涉,
暗淡与辉煌之间,不变的是开拓。
——汪国真《生活》

# 未来心理学的腾飞之舟——
# 传统文化+现代科技

2015年3月12日，我在"未来创客·春季思想峰会"上从认知科学的角度做了文化差异的主题发言。

我是上半场的最后一位，有趣的是安排在我前面演讲的那一位，是研究黑洞穿越的天文学家。我开玩笑地说，主办方为什么把我安排在天文学家的后面讲呢？可能是因为"未来创客"认为，天文学和心理学在中国传统心学中是相通的——"我心即宇宙，宇宙即我心"——我们人类最伟大的优势不只是我们的记忆能力、动手能力、学习能力，还有我们的想象之心、憧憬之心、计划之心。黑洞也让我们觉得神奇，让我们充满了想象、充满了憧憬、充满了希冀。这应该就是把我和天文学家放在一起的原因吧。

作为一个研究人类心理的科学家，我也一直在思索一个与未来有关的问题，人类未来的科学到底将会探究什么？什么样的问题值得我们去探索、追寻与憧憬？在20世纪末的时候，一些诺贝尔科学奖获得者和美国科学院的院士，共同聚集在美国首都华盛顿讨论一个问题：21世纪人类的科学到底应该研究什么问题？什么是未来最前沿的科学？人类未来的科技突破到底会出现在什么地方？结果他们发现，关键在于"五个方面"。

# 人类未来科技飞跃的五个方面

具体是哪"五个方面"呢?

第一个是在21世纪,大约在五代人的时间之内,一些人类伟大的智慧突破会出现在纳米科学领域,因为它消除了人造分子和上帝制造的物质分子之间的差异——也就是说,我们人类可以造出上帝制造出来的东西。

第二个是生命技术,通过蛋白质和基因的改造,让人类活得更加健康和长寿。

第三个是信息科学,也就是大家经常谈到的人工智能、机器人、网络科技革命,让人类变得更加聪明、更加有效率。

还有两个中国科学界一直忽视的领域:一个叫做认知科学,属于心理学,它研究的是人类如何思考问题,如何去解决问题,尤其重要的是如何计划未来。很长时间以来,人类都把自己定义成一个物种——"智人"(Homosapiens)。其实,人最伟大的特点和优势不只是会学习,关键在于我们富有想像力,具有穿越未来的能力,这是其他物种不可替代的地方。所以,心理学与认知科学其实解决的就是人类的想像力、创造力,穿越未来以及升华的能力。

还有一个特别重要的学科,在中国长期以来是受到轻视、受到排斥、受到操纵的——那就是社会科学。社会科学研究最核心的问题是"人类的文化和集体智商"。为什么现在的人类还在相信2500年前一些伟大思想家的口号?为什么有些人能够因为宗教领袖的一句话就彼此残杀?中华文化上下五千年到底遗传了什么文化基因?我们的集体智慧如何提升?尽管我们都是有智慧的智人,那为什么聪明的人还要互相歧视、互相迫害、互相残杀?人如何让自己活得更加高尚、更加幸福、更负责任、更有大爱之心和丰富的创造力?这正是社会科学研究的内容。

时代的发展,要求这些科学之间互相融合、互相整合。但如何整合这些科学?不同领域的人肯定有很多不同的方法。我今天就谈两个最前沿科学领域的整合：即社会科学（文化）和认知科学的整合。这其中包含着两个问题，第一个问题是，为什么认知科学一定要关注文化？第二个问题是，如何把这两个科学整合起来？

## 触发中西方文化碰撞的节点

为什么认知科学要关注文化？这是因为人类对社会的认知，即对世界的概念、想法、判断都是通过语义系统存在于我们的大脑之中的，这种语义系统的节点互相触发、互相引用。如果我们触发其中一个概念，其他概念也一定会被触发出来，心理学家把它叫做启动效应。有人做过一种研究，给被试三类不同的启动，一个是中国文化的启动；一个是西方文化的启动；一个是中性的启动，没有任何文化特性，就是自然风景。然后，就去看这些人被启动以后，如何去解释一些经典的心理学研究。其中一个写进了教科书的研究是我和我的师兄——哥伦比亚大学迈克尔·莫里斯教授一起做的。研究发现，结果非常明显，也非常稳定——不同文化的人在受到了某一种文化符号的影响之后，一定会产生文化差异特有的一种反应，产生不同的解读。所以，文化其实随时随地都影响着我们对周围事物的认识。

文化还通过语言影响我们的认知。毋庸置疑，我们所有的思维其实都是借助语言来表达的，而语言对我们的影响非常巨大。可以举个例子：现在请您想一个特别简单的问题，如果先给您看见一个叫"张勇"或"李刚"或"刘翔"或"王伟"等名字，然后，告诉您她将是您下一次约会的美女的名字，您有什么感觉？如果告诉有个美女叫做"周大柱"，您愿意和她约会吗？估计在座的大部分男生都不会。所以，通常我们往往忽略了语言对我们的影响。

另一个著名的研究，是斯坦福大学的一位心理学家做的经典实验。假设有三个怪物排成一列往前走，你觉得是"哪个怪物"走在最前面。一般来讲，我国人容易把下面这个怪物看成最前面的怪物，而说英语的西方人,会把最上面的怪物看成走在最前面的怪物。为什么会是这样的呢?我们一直都不知道答案。直到2001年,斯坦福大学的心理学家发现,这可能与中、西方人对时间的表达有关系。比如说,要开一个会,原定于"下星期三"的会将"提前两天"开,按我国人的思维习惯就会以为时间改到了"下星期一";但是如果把这个问题讲给说英文的人听,很多说英文的美国人,就会认为这个会是改在了"下星期五"。这是因为他们的方向是往外面走,而不是像我国人那样往里面走。

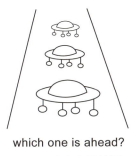

which one is ahead?

图20　谁走在最前面

这就是语言对我们的影响,我国人用"上和下"来代表时间的方向,所以关于未来,我们用的词是"下个星期"、"下个月"、"下半年";而西方人,他们用"前"和"后"表述时间概念。<mark>语言对我们的影响,甚至影响到了我们对时间的理解。</mark>大家都知道,人类社会的"时间和空间",是两个所谓永恒不变的概念,但就是对这两个永恒不变的概念,我们都有这么大的语言文化的差异。

## 文化影响我们的举手投足

我们要关注文化的另一个原因是:我们的行动对我们有巨大的影响。我们中文讲"知行合一","知"就是"行","行"就是"知",其实有它的道理。认知心理学中有一个特别重大的概念,说的是我们所有的知识、理念、概念都不仅仅作为一种抽象的符号存在于我们大脑的海马体和大脑的前额叶,更是作为一种身心的体验,存在于我们躯体的各个方面——这个重要的概念是加州大学洛杉矶分校（University of California, Los Angeles）的著名心理学家巴萨卢（Barsalou）提出的，并且已经得到很多实证研究证明；甚至像文化这样抽象的概念，也是通过我们的行动表现出来的。

中国台湾文化部门负责人龙应台曾经说过：什么是文化？它不是学历，不是教材，不是书本，它是随便一个人迎面走来，他的举手投足，他的一颦一笑，他的整体气质。他走过一棵树，他是随手把树枝折断丢弃，还是弯身过去，所有这一切就是人类的行动，所有这些行动所展现出来的就是人类的文化。所以，国人经常讲，这个人有文化。从哪里体现出来他有文化，从他的行动中看出来的。人们说这个人是"土豪"，即使他有很高的学历也是土豪，为什么？因为他的文化不能够在他的行动中体现出来。

由此可见，文化对我们的影响其实是巨大的，因为我们每个人都有自己行动的环境，环境对我们有很大的影响。而传统观念对我们的影响也是巨大的，因为国人相信"道"，相信"无我"，所有这些"道"，这些"无我"都不是哲学的思辨，它是通过我们的感觉、行动和认识充分体现出来的。其实传统文化的思想是深入到我们的躯体当中，深入到我们的骨髓当中，甚至深入到我们大脑当中的。

我们最近做了一个研究，发现国人在进行"无我"思辨的时候，大脑的一个神经区域，叫做"内侧前扣带回"，它的活跃程度非常不一样，甚至灰质容量都不一样。所以，传统文化要用科学的方法去研究，这也说明人类的认知科学如果跟传统文化结合起来，真的有可能解释我们自己为什么继续追随自己的文化。因为它们已经刻骨铭心，深入到我们的神经大脑联络之中，这就是文化为什么有影响，是因为文化也影响我们的记忆。

我的老师尼斯贝特曾做过一个很有意思的研究。他让世界各地不同的人看同一个画面，在看了一分钟之后，让他们回顾一下刚才这个画面出现什么样的形象。你会意外地发现，我们中国人看到的比美国人要多，但是我们中国人看得不如美国人仔细。我们中国人能够看到很多的东西，包括水草、蜗牛、气泡（清华大学的学生更加神奇，还能数出来有6个半的气泡）。这说明我们看事物的时候是用整体的方式，这可能跟中文的阅读方式有很大关系，中文只能整体知觉，不能分解知觉。但这也是我们中国人的一个毛病，因为我们关注整体的时候，对细节的分析就有点忽略了。而当让美国人分析时，问他们三条鱼的颜色有什么不一样，美国人说得清清楚楚的，但是中国人就不知道，因为眼睛到处乱跑。还有一个文化视盲实验，让不同国家的人看两张图，回顾一下这两张图有什么不一样的地方，意外地发现，国人对这些变化识别得比较敏感，而西方人对这些变化识别得不够敏感。

## 用技术和艺术承载文化心理学的认知突破

那如何把认知科学和文化心理学结合起来，实现文化心理学的突破？我特别关注两个方面，一个是技术，一个是艺术。我觉得未来的综合，特别是认知科学和文化科学的结合，就是依靠技术的突破，技术的突破让我们对人类行为的分析有了更好的载体。以前的心理学家靠问卷、行为指标、心理指标了解人的活动，但是，我们逐渐发现问卷是靠不住的。就像中央电视台的记者拿着话筒问"你幸福吗"，得到的一定是神一样的回答，因为回答的人自己也不知道到底该怎么说，到底为什么这么想。所以，需要产生一个全新的技术，获得一个巨大的突破，这个技术就是大数据时代的技术，能够帮助我们的认知科学家通过云平台存储数据、统计数据，这就是清华大学大数据心理学研究为什么越来越受到关注的原因，我们在用技术解决认知科学研究的一些基本问题。

在文化心理学方面也可以用大数据的方法产生一个文化基因组学。生物基因组学让我们在21世纪初产生了巨大的变化，文化基因组学也一定会产生更多的结果。

而艺术也是认知科学和文化心理学结合的一个很重要的方式。因为人和动物不一样的地方在于人有想像力。所以，现在有一个特别中肯的说法，不是适者生存，不是强者生存，更不是狼性生存，而是美者生存。所以，文化心理学、认知科学一定要通过美的方式来实现。

　　未来的世界需要什么样的人才，我认为一定是那些文理交融、中西合璧，而且最好古今贯通的综合性人才。如果我们能将认知科学和文化科学结合起来，借助技术和艺术，真的有可能实现让我国心理学领导世界心理学新潮流！

# 认清中西思维局限,找出创新新路径

关于文化差异这个问题,我曾经给出的建议是:换一个角度去看世界、看生活、看周围的人和事(包括看我们自己),可能会让我们有意外的收获和惊喜。

从古至今,为什么许多文化此起彼伏,兴起而消亡?从历史的角度来讲,很多的创新都是需要不同文化之间的接触、融合和升华来实现的。一个很重要的特点就是:那些孤立的、边缘化的文化往往很难生存下来,而那些多元文化、交流碰撞的文化,容易形成创新的机制和成果。因此,跨文化的国际视野和经历,很容易成为创新的源泉和动力——中国盛唐时期的长安,古代埃及的亚历山大城,文艺复兴时期的佛罗伦萨,无不是不同文化交融的国际大都市,也是文化和科学创新之地。

## 何谓创新

创新,顾名思义是要突破局限。很多人讨论局限的时候,讨论的是社会、讨论的是体制、讨论的是别人的局限,但很少讨论我们自己的局限。要具备国际化的视野,主要是帮助我们超脱自己的局限,跳出我们文化的圈子,看一看我们到底有什么特点。

心理学家经常喜欢做的一个简单的心理学实验是,请大家联想两个概念:我们和他们。在想"我们"的时候,我们想到的是什么?想到的是同学、自己、美好、幸福、快乐,想到的都是特别积极的事;而想"他们"的时候，想到的是什么？我们特别容易想到的是"他们"跟我们不一样方面，他们有问题，他们有毛病……这个本身就是一个局限，这个局限让我们不能够批评我们自己，并且特别容易批评他人，所以有很多的问题，其实需要我们自己认认真真地进行比较和探索。

## "你小子还想当美国总统"

谈中国人的思维特性、中国人创新的障碍和成功的经验，是不能凭着我们自己的经验直觉来进行讲解和分析的，一定要进行科学的分析。而在科学的分析中，心理学可以扮演一个很重要的角色。心理学为什么能够跟文化有关系？其实我们在谈文化的时候，谈得比较多的是客观的文化，比如说经典、比如说艺术，这都是看得见摸得着的文化，是文化的载体。真正的文化我们认为是主观的文化，是一种心理的文化、一种精神的气质、一类思维的方式和思维的理念，它比客观文化重要得多。

主观文化必然会带有很多文化的差异、语言的差异，从而影响到我们的文化思维。有美国心理学家做了一些经典的研究，发现中国人在反事实思维方面做得不是足够好。比如：假设彭老师是美国总统，那么咱们中美关系会怎么样？我们中国人的习惯思维是，"你小子还想当美国总统？没门。"首先就拒绝了这种假设。但创新就是要做假设、要反现实的、要突破现状的。

当然，语言对于我们的误导也是非常大的，有的时候就是因为我们太了解自己的文化，以至于在某种程度上无中生有地做出一些判断。

有一个很有趣的研究，就是让美国人读这个英文句子：FINISHED FILES ARE THE RESULT OF YEARS OF SCIENTIFIC STUDY COMBINED WITH THE EXPERIENCE OF YEARS，然后问他们，这句话中有多少个字母"F"？美国人说，三个，因为他们进行意义加工，OF这种介词，是不数的。问我们中国人，就会说，6个。这时我们中国人反而答得对，英语越不好答得越对，因为文化和语言，有的时候会有先入为主的诱导作用，使我们容易上当。

## 文化差异带来受限的日常行为

文化也会影响到我们对现实世界的认识和判断。1994年我和我的师兄迈克尔·莫里斯教授做过一系列的研究，用计算机模拟鱼的各种互动关系，结果发现不同文化的人对这个鱼的互动关系有不同的解读。如果有一条蓝色的鱼在前面游，后面一群鱼慢慢地游过来，你觉得这条鱼高兴还是不高兴？在回答这个问题时，我们就会把自己的经验、自己的价值观念、自己的意识投射到鱼的身上去。而这种投射，我们发现有很大的文化差异，中国人倾向于认为这条鱼是高兴的，因为我们是强调团结、强调集体、强调互相联络的一种文化；而美国人则倾向于认为这条鱼是不高兴的，因为美国文化相对而言是强调独立、强调分离、强调与大家不一样。

不只是在文化的直觉方面，文化也影响对自我的认识。斯坦福大学的心理学家哈泽·马库斯（Hazel Markus）和密歇根大学的一位日本心理学家北山忍（Kitayama）在1991年发表了一篇很有名的心理学文章，说的是在很多情况下，东方人的自我概念相对而言是互相依赖的，在我们的自我认识中间有母亲、有同事、有很多其他的人；而在西方人的自我概念里头，更多的是互相分离的，互不关心的一种社会自我认识。我们国人讲自我的时候，讲到的更多的是集体的、社会的自我。我们随机找一个学生让他回答"我是谁？"大部分学生首先作出的反应是"我是中国人"，"我是清华大学的学生"，"我是北京人"，等等。在西方做这种研究，得到的结果更多是强调与自己的特性有关的自我概念。

出现这种自我概念的差别，关键是我们在认识思维方面有很大的差别，这也就会影响我们对一些思维工具的选择和使用。我们已经发现这里存在很大的文化差异，我们国人倾向于选择使用归纳、演绎、因果、理解、判断、决策、推理、说服等这些心理的认识工具，在这方面我们都有与众不同的思想，所以，有人说我们中国人是exceptional（独特的），可能在某种程度上确实是有一些特点和特色。这个东西来自于什么地方？我们认为是来自于我们自己的文化经验。

## 突破思维局限是我国创新的关键

知识创新，我觉得很需要突破自己的文化局限，突破自己的思维局限，突破自我的局限，只有这样才能够实现创新。

强国的心态也是一个很重要的问题，但在我国正在逐渐成为一个大国过程中，我们一定要用科学的、理性的态度来分析自己和别人，而不要根据直觉和经验，更不要根据自己的情绪来做判断或决策。很多问题其实是有科学分析的方法的，我们不知道只能说明我们不知道，不能说不存在。

最后一个很重要的方面就是，我们既然作为一个大国，就一定要做思想领袖，一定要输出我们的文化，输出我们的价值观念。这种输出，这种文化的创造和建设，也必须以科学的理性的态度去做。也许当前的我们太关注物质的东西，太关注金钱的东西，但在当下世界风云瞬息万变之际，具有大国心态的中国人真的应该想一想：我们应该有什么样的精神，我们应该有什么样的文化？

# 文化形象——让他人主动找到信你的理由

我想从文化心理学的角度讨论文化形象。"形象"是个心理变量,它与具体的现实有一定关系,但更多地与我们的认识、判断、思维、感情相关。

## 文化形象的重要性:人类心理有血有肉的真实反映

功夫巨星李小龙在去世前五天,接受了美国哥伦比亚电视台的采访,形容中国人的本质是"水",无状、可塑、至柔至坚。但美国人听了一头雾水,不知所云!这里就存在如何用东方哲学弘扬中国文化,进行有效沟通的问题。

当我在美国加州伯克利大学讲授"文化心理学"一课时,曾问过我的美国学生"想起中国文化的第一反应是什么",他们给我四个形容词:"玄妙"——"道可道,非常道",到底可道不可道?"不时尚"——诸如跪拜一类的复古仪式伤害中国文化形象,"家长制"——善于自上而下教导、灌输,"没用"——翻来覆去都是些毫无新意的东西。这其实完全是对中国文化的误解。所以,我们一定要用科学的手段、心理学的方法、人文的情怀重塑中国的国际文化形象。

心理学家大量使用观念启动来研究人类心理的因果关系,比如告诉你一个地方有阳光、沙滩、椰子树,你就会想到海南岛,因为我们的所有概念建立在一个语义系统之中,互相牵连。前面提到,我和师兄莫里斯教授曾经研究过同一条鱼,当看到一条鱼在前游、一群鱼在后追的图像时,中国人多认为这条鱼很开心,因为伙伴们都跟上了,而美国人却觉得这条鱼肯定要被烦死了。值得一提的是,看多了中国文化形象与看多了美国文化形象的各国实验者,其回答会不由自主地倾向于所接收到的文化形象。斯坦福大学心理学教授博洛迪斯基发现东西方的时间形象有差异。西方人的时间轴为左右横向,向外迁移;中国人的则为上下纵向,向内迁移。因此,如同我们在本部分第一篇文章中被问"周三开会提前两天是周几",中国人回答周一,以现在为中心,向自己迁移。西方人回答周五——以现在为中心,向外也就是向右迁移。

心学的知行合一,其实就说明形象不仅仅是概念,或者符号,它也是我们的情感记忆,更是我们的身心体验。谈到理想,我们抬头挺胸;谈到英雄,我们大义凛然。所以我强调文化形象非常重要,它不抽象、不机械,是人类心理有血有肉的真实反映,会直接影响我们的感情、思维、行动。

## 如何重塑文化形象:别只讲心灵鸡汤,要靠科学阐释

怎样重塑中国的文化形象,如何破解之前提到的四大误解?比如如何向外国人解释"道""无我"等中国文化概念?我的经验是,第一,要用技术、定量的科学方法阐述,而非泛泛而谈。第二,不能只局限于自己研究的学科,要跨界。中国人长期受文理分科的影响,很多做文化工作的人,不知道用科学证据去伪存真的重要性。第三,讲现实意义。1999年和2000年我连续在《美国心理学家》杂志上发表了两篇文章,分析中国的"道"可以用现代语言来解释。"道"代表着一种变化的规律,其意识与朴素辩证主义相符,它包含了中庸的概念,牵一发而动全身。这么一说,老外就容易明白了。

宣传中华文化的某个概念,不能只讲故事,还要尽量具体、实在,能用科学数据讲更好。1998年,我去加拿大多伦多博物馆参观,发现西方人特别为汉代的一个石圭仪器所震惊,这应该是当时一个普通的中国

人，为了验证"天意"而设计的——与牛顿等西方科学家要验证上帝的旨意是什么，有异曲同工之妙。我们的这位前辈惊奇地发现，一年有365天，每天太阳通过石圭仪反映在地面上的就是一幅阴阳太极图。总之，重新弘扬中国文化，不要只讲心灵鸡汤，需要多讲些我们中国祖先的实证探索和逻辑判断。

此外，数学家曼德博莱特创立的分形几何学——客观事物具有自相似的层次结构，局部与整体在形态、功能、信息、时间、空间等方面具有统计意义上的相似性不仅让人们感悟到数学与艺术审美的统一，而且还符合传统佛教文化中"一花一世界，一树一菩提"的精神。所以，我认为中国文化可以用现代方式，甚至是科学方式来解释。

## 两种思维模式、审美理念、理性判断的PK

文化的传播还可以通过比较的方式来实现。为了说明中国文化中的朴素辩证思维的思想，我曾经对中美的文化思维差异进行过系统的比较，使得很多西方人更容易理解中国文化的博大精深。比如说，我们的实证研究发现，中国人对犹太谚语"小心你的朋友，而不是敌人"深以为然，美国人则感到莫名其妙。可见，中国人能够普遍运用辩证思维，美国人不太喜欢。我们的民族文化中有大智慧，"塞翁失马，焉知非福"就是一种辩证思维，而这种辩证思维，对人类的认识和判断大有助益，能解决许多现实生活中的矛盾。

如果让美国人看一些矛盾信息，那么，他们的原本态度就会出现极端转变，比如，你告诉美国股民有一支股票比他买的更好，他更加坚信自己买的是最好的；你向支持死刑的人展示反对死刑的证据，他愈发认定应该支持死刑。反之，中国人容易妥协，倾向于取中间数。美国人的思维误区导致他们往往把真实信息排除掉，中国人的问题则在于对错误信息的包容，虽然善良，却轻信盲从。

禅宗六祖慧能大师有首四句偈：菩提本无树，明镜亦非台，本来无一物，何处惹尘埃。这四句即为超越自我意识的表达，是"无我"之境。但你很难跟外国人解释"无我"。但我们发现中国人的这种"无我"思维有具体的行为体现，甚至可以找到神经定位，就在我们大脑的背侧前扣带回（简称DACC）。"无我"概念不是玄幻的宗教概念，而是人类处理矛盾信息的一个有效方法，可以找到生理依据，而且具有积极的心理效果。所以，我们完全可以用科学的方法重塑、弘扬优秀中华传统文化，让世界看到我们的文化形象是高端、大气、上档次的。我发现，东方人整体知觉的意识，亦表现在文化艺术形象上。我们擅长使用45°角俯瞰技术展示世界，绘画长卷、留白之韵、移步借景……都符合国人整体知觉的心理习惯。上海世博会的《清明上河图》美丽无比，此图将我国艺术中形象塑造的特点表达得淋漓尽致，大量的散点透视，没有消失点，没有焦点，任意切割仍可独立存在。反观西方画作，采用焦点透视，目标大，背景小，人物肖像尤为出色。此外，我做过很多有趣的实验，结果都证明了美国人的视线喜欢专注于一点，受目标刺激；而中国人的眼睛喜欢到处"乱跑"，受整体刺激。所以，东西方审美差异确实存在，而且能以科学的阐述直接说明两者间差别何在、各自妙在何处。

康德在《纯粹理性批判》里提出人类两大理性：分析的理性和综合的理性。而巨大的文化差异使得美国人偏向关心从属关系的前者，中国人偏向关心相关关系的后者。举例，鸡、牛、草"三选二"，美国人会选鸡、牛——都是动物，中国人会选牛、草——牛吃草；医生、老师、作业"三选二"，美国人选医生、老师——职业工作者，中国人选老师、作业——老师布置作业。很多西方心理学家认为根据事物本质来归类是高级的，根据关系来归类是低级的，此等论调显然错误。妈妈、婴儿车、汽车"三选二"，当然应该把妈妈和婴儿车放在一起，婴儿车和汽车虽可划为交通工具而归于一类，但这有何意义吗？

这种跨文化的比较方式，不光可以让外人容易理解中国文化概念，也可以让我们发现自己平时不可能知晓的本民族文化特性。比如中国人特别擅长类比思维，却经常不讲逻辑。"子不嫌母丑，狗不嫌家贫"所比喻的道理让老外糊涂，纠结于怎么突然就从上句的"人"跳到下句的"狗"了，逻辑上不通。所以，国人必须注意国际视野下的文化形象传播的科学性、现代性、可比性。法国著名的哲学家和科学家帕斯卡说过，我们与他人交流时，一定要让他们自己主动找到相信你的理由，而非滔滔不绝强行灌输"应该相信"的理由。这就是文化形象重建在心理科学上的建议。

# 国家智库建设需要心理学顾问吗

中国智库建设在一段时间里成了高校讨论最多的问题。刚学习了中共中央办公厅和国务院办公厅印发的《关于加强中国特色新型智库建设的意见》，就应好友齐晔教授的邀请，参加了他主持的"清华大学–布鲁金斯学会"联合举办的"幸福研究的多学科探索及国际经验"的国际研讨会；并在会上做了有关《幸福中国的大数据研究》报告。然后与专家一起探讨如何帮助各级政府从关注GDP到关注人均幸福指数。

半天的讨论让我感慨颇深，真心感受到其他专业的智库专家对心理学家的期待。我们心理学家真不应该自划疆域、自娱自乐，应该多多参加与国家发展、社会管理、文化建设、国际安全、环境保护等重大问题相关的讨论，因为我们能够做出心理学方面的独特贡献！

## 全球顶级智库在做什么

布鲁金斯学会（Brookings Institution）是美国著名思想库之一，也是全球排名第一的智库。政治倾向偏左，许多重要成员属于民主党人，为民主党政府出谋划策，储备和提供人才，有"民主党流亡政府"之称。在研究方面，它自称遵循"独立、非党派、尊重事实"的研究精神，提供"不带任何意识形态色彩"的思想，旨在充当学术界与公共政策之间的桥梁，向决策者提供最新信息，向公众提供分析和观点。详见表2。

表2　全球顶级智库（美国和非美国）

| 名次 | 智库名称 | 国家 |
|---|---|---|
| 1 | 布鲁金斯学会（Brookings Institution） | 美国 |
| 2 | 英国皇家国际事务研究所（Chatham House） | 英国 |
| 3 | 卡内基国际和平基金会（Carnegie Endowment for International Peace） | 美国 |
| 4 | 美国战略与国际和平研究所（SCIS） | 美国 |
| 5 | 斯德哥尔摩国际和平研究所（SIPRI） | 瑞典 |
| 6 | 布鲁盖尔研究所（Bruegel） | 比利时 |
| 7 | 外交关系协会（CFR） | 美国 |
| 8 | 兰德公司（Rand Corporation） | 美国 |
| 9 | 国际战略研究所（IISS） | 英国 |
| 10 | 伍德罗·威尔逊国际学者中心（Wilson Center） | 美国 |

## 心理学家如何顾问国策

2009年4月2日，美国《时代》周刊披露，现任美国总统奥巴马的顾问团队中有29位心理学家在帮助他利用心理学来管理国家、赢得选举、推动公共关系和战略设计，奥巴马之所以能够在2012年的总统大选中获胜，一部分功劳就得益于其背后的"行为科学梦之队"。这个不领薪水的学术顾问团队自称"行为科学家联盟"（Consortium of Behavioral Scientists）。他们为奥巴马的竞选团队提供专业意见，回答选民的问题，破除各种谣言和八卦，处理网络民意和信息，其中的一些人早在2008年的时候就已经是奥巴马竞选团队的重要顾问。除此之外，这个由29位行为科学家（很多是心理学家）组成的秘密小组，还将奥巴马的竞选策划活动（如募捐筹款活动、谣言控制、网络民意管理及动员选民等各方面）不停地整理成白皮书提议献策。

不只是美国，在英国、法国及其他欧洲国家，都有心理学家出任领导人的智库成员和国策顾问的角色。英国首相卡梅伦（Cameron）就成立了一个"行为智慧团队"（Behavioural Insights Team），俗称"助推团队

（nudge）"；主要是负责政策的推荐，并依靠心理科学的理论和方法来帮助领导人做出更加智慧和积极的决策；目的是使人民活得更加幸福、健康、更有成就。

2013年10月2日，我应英国首相府的邀请，参加了"英国教育改革国策研讨会"。意外地发现，英国首相卡梅伦的心理学家团队非常尊重证据、事实以及心理学科学的结论，从而帮助首相确定更有意义的教育政策。最后的结果是，从2015年开始，在英国推广幸福与品德教育，以取代先前以考试成绩为目标的教育方法，来改变先前的以知识和成绩为目标的教育理念和方法。

不只是美国、英国，就是我们中国台湾，也有心理学家出任国策顾问。2014年6月，我应邀参加中国台湾中央研究院举办的学术活动，见到了老朋友——台湾大学教授黄光国先生。意外得知，黄先生也是中国台湾地区领导人马英九的国策顾问。

因此，心理学家出任国家智库的要员，甚至直接与最高领导人进行国策咨询、研讨和战略设计，是很多国家和地区的常规实践，不是什么标新立异的提法。只不过由于我国心理学的薄弱，加上多年不受重视，才导致了我国心理学家在很多重大问题上的缺位，看不到应有的身影，听不到独特的声音，更没有做出有意义的贡献。

孙中山先生在其著名的《建国方略》中，开宗明义地指出："夫国者人之积也，人者心之器也，而国事者——人群之心理现象也。"所以，国家大事归根到底是人的问题，是人类的心理问题，是人的意识、认识、动机、欲望、追求、行为的问题。无论是经济转型、思维创新，还是环境保护、社会和谐，都与我们人类的心理活动息息相关。

我们国家领导人提出的"科学发展观"，强调"以人为本"，是以"人的科学"为指导的发展观，而不是简单地以经济的理论为指导的发展观。

三位著名的心理学家，西蒙（Herbert Simon）、丹尼尔·卡尼曼、行为金融家罗伯特·席勒（Robert Shiller）能够获得诺贝尔经济学奖，也正是因为经济学家们已经意识到传统的经济学假设和政策还有一些不足，需要用心理科学的理论和方法来加以弥补。

根据一项调查表明，中国的智库数量已据全球第二，但其影响力还需提升。除了研究实力、学术独立、公关意识、意识形态等大家所熟知的制约因素之外，我个人认为，研究方法的单一和研究角度的狭隘也是其严重缺陷。还有，基本上脱离不了经济学和国际关系的视野，而更为重要的社会、文化和心理角度基本上被忽视，而这恰恰是国外智库越来越关注的角度。

# 心理学家可为国策"梦之队"做些什么

我国当前已经进入到一个经济与社会发展的新常态,传统的以经济导向为先的社会发展战略,肯定不适合于当下的新常态。如何获取新的发展路径,需要各方面的学者和专家贡献自己的知识、才赋和精力。我国的心理学家能够为我国智库贡献哪些与众不同的独特的知识、见解、看法和意见呢?

心理学家马斯洛(Maslow)早就提出人类社会发展的"需求层次理论"。最基本的原始需求,是我们衣食住行的民生需求。由此来看,对中国社会发展贡献最大的领导人之一邓小平所提出的"改革开放"国策——让我们的人民有饭吃、有衣穿、有基本的生活满足,以及中国的小康社会发展战略,满足的就是人们最基本的生存需求。在2004年,我国领导人提出的"和谐社会战略",满足的是人们基本需求之上的和谐需求。这恰好符合马斯洛的第二层次需求,涉及人们的安全感、尊严感和归属感。但是,在生存与和谐需求满足以后,人类会开始追求知识和文化,这就是为什么中共十七届六中全会提出"文化立国"的战略;紧接着,在文化需求满足以后,人类一定会追求美,这就是"美丽中国"提出的历史背景;而在美的需求满足以后,我们一定会追求更高的共同理想,这也就是习近平主席提出"中国梦"的现实原因。

因此,所谓的新常态其实就是我们的中国社会发展已经进入到以文化、理想及和美,也就是以心理体验为主的社会发展新阶段。既然到了新的社会历史发展阶段,心理学的贡献应该是越来越明显、越来越重要的。举例来说，心理学可以在以下几个方面做出无与伦比的贡献（包括但不仅限于以下几个方面）。

## 经济方面

我国社会的经济发展，肯定不能再依靠过去的模式和方法来维持较高的经济发展速度。简单地以增加GDP来提升就业率，或者维持社会安全，已经不可能满足新的社会发展阶段人们的需求。因此，必须要有新的发展路径。我个人认为，中国未来的经济发展会依靠创新、服务和全球化消费来实现。而这些方面就需要心理学的理论指导。

创新是人类的思维方式和习惯的革命，而思维和习惯都是人类心理活动的重要方面。如果想改变传统的思维方式和行为方式，需要从"创造心理学"的研究中得到灵感。如何提升人的发散性思维、联想性思维、批评性思维和挑战性思维？为什么积极心态容易孵化出创造性思想？创新性人才如何培养？我们能从美国人的"天才教育计划"（gifted and talented education）中得到什么样的经验和教训？这都是中国教育过去所忽视，但也是过去几十年心理学反复提倡的。

服务也要慢慢地转化到以人民的体验为核心。在新的历史时期，服务一定会更多地牵扯到人们新的高级的文化需求、心理需求和精神需求、美的需求、灵性需求，这些都与传统的基本经济需求不一样。特别是中国社会的老龄化，提出了很多老年特殊的心理需求，这些都是未来经济发展的增长点。

全球化消费是由于国内的产能过剩。因此，需要大量释放我们已经过剩的产能，而能够消化过剩产能的方法不能只是简单地刺激内需，需要通过全球化的投资和消费来稀释过剩产能。这就是为什么习近平主席和李克强总理反复提出"互联网创新"和"一带一路"的战略发展目标。所有这些都需要通过对不同文化心理的了解来加以完成。

文化心理学过去几十年最大的贡献，就是发现不同文化的人价值理念、行为方式、思维方式和情感体验的不同之处。简单运用国内经济发展的经验，是不能够适应国外市场和国外人民心理的。我国一定需要培养一大批全球化的企业管理精英、政治管理精英和社会管理精英，他们要至少能够说一门外语，能够管理不同文化背景的员工和高管，能够了解不同的政治法律和经济制度，尤其是了解不同文化环境下他人的心理和行为的特点和原因。

经济学与心理学的结合，在国外早就形成了一个很有影响的研究领域，叫"行为经济学"。而在我们国家，行为经济学恰恰是一个特别薄弱的环节。2013年的诺贝尔经济学奖，授予了耶鲁大学的行为经济学教授席勒。席勒能够获奖的原因，主要是因为他的"非理性亢奋理论"能够很好地解释这次金融危机产生的原因，也能够解释股市很多不正常的行为表现。

经济学家一般不能够帮助我们解释为什么会产生经济泡沫以及如何防止经济泡沫，而且也很难解释人们的信心上升和下降的原因。其实，人类的心理活动在市场的行为、投资的规律、股市的变化、效用的判断、需求的产生、消费的方式等经济活动中扮演了非常重要的角色，都值得心理学家参与其中去研究。

经济学理论"理性人的假设"已经受到很多经济学家和心理学家的共同批评，甚至很多经济学人自己都承认，在预测市场的有效性、合理性的时候，经常会犯一些错误。因此，美国联储会前主席格林斯潘多次表示，在他执政期间犯了很多有关认识人性方面的错误，导致了金融危机的产生和市场的一些变化。一旦忽视了人类的心理在市场中的作用，往往带来的是悲剧性的结果。

当然，心理学家对经济政策的建议，只能是对经济学家所提建议的补充和完善，不可能也不应该取代经济学家的贡献，而且只能是从人类行为分析的角度，提出我们的看法和建议。尤其像宏观经济，不是心理学家的意见所能左右的。但我们也得承认，人类的经济行为也能够对宏观经济形势产生作用，毕竟经济学是以人为主的，是为人服务的科学。

经济学还有一个很重要的概念"刺激内需",这也需要通过心理学家的帮助来实现和完成。需求是人类基本的欲望,但这些欲望的表现形式、方式、原因,以及后效,都是需要心理学的研究才能够得以充分理解和实现的。特别是在我国文化的环境之下,我们要什么?不要什么?都不是简单的经济学知识能够解释的。需求在很大程度上反映了我们国人的文化传统和习惯。所以,不了解中国文化对我们国人需求的影响,很难对国人的需求作出准确预测和判断。

目前,已经有大量的心理学证据,表明我们人类在做经济决策时,经常会犯一些简单的心理错误——较多依赖于自己过去的经验和直觉,还有很多过分自信以及确认性偏差等非常普遍的决策偏差。因此,从事经济分析、判断、决策的经济学家本身,其实都应该学习一些心理学,了解自己在做分析、判断、决策的时候,可能会犯的一些简单的心理错误。其实,这些错误往往是只需要有一般的心理学知识就可以理解、避免和防范的。

## 教育政策

教育是国家发展之根本。教育我们的下一代具备实用的知识、健康的心态和全球化的视野,是实现中国伟大复兴的必要前提。

但我国教育目前所存在的问题,已经影响到我国人民的很多方面,包括我国人的居住方式、消费方式、生存方式,甚至影响到国家未来的发展战略。当前这种强调考试、知识记忆等简单的技能学习,已经不能适应21世纪的职场员工未来所需要的基本技能。美国著名心理学家斯坦福大学教授卡罗·德韦克(Carol Dweck)和宾州大学著名积极心理学家安吉拉·李·达科沃斯(Angela.Lee.Duckworth)的研究已发现,人类过去一百多年来强调认知能力学习的教育实际上是一种错误。那么,我们现在的学校应该教孩子什么东西?什么是21世纪的中国公民必须掌握的基本技能?有什么方法能够让我们的孩子健康、茁壮、智慧地成长?如何提升我们中国人民的灵性、悟性、感性和创造精神？其实，所有这一切，都是心理学能发挥用武之地的方面。

心理学家保罗·图赫（Paul Tough）在他出版的一本新书《儿童如何成功》中，对其研究做了一个非常重要的总结。一个基本的结论就是：传统的学习、复习、考试的教育模式，不但是无效的，而且很可能是有害的。心理学家卡罗·德韦克和积极心理学家安吉拉·李·达科沃斯的研究认为，现在更加重要的是让孩子具备优良的品德、学习的动机和乐观的人格，这才是一个人成功的根本原因。这就是为什么全世界关心人类下一代教育发展的心理学家、教育专家和政府有关人员，决定发起成立"全球积极教育联盟"，这也是我为什么被英国首相卡梅伦邀请去设计"英国教育政策改革"国家战略的缘由。我希望教育领域的各级负责人也能够了解国际教育科学理论的根本性变化，并重新设计全新的教育政策，从而更多地在教育实践中融入心理学的研究结果。

## 健康政策

21世纪，人类健康面临着重大的挑战。因此，21世纪一个很重要的研究领域，就是与健康有关的生物科学、行为科学、心理科学的发展。比尔·盖茨曾经说过，下一个比尔·盖茨一定不会出现在计算机方面，更可能是出现在有关身心健康的领域。但目前的健康行业，关注更多的基本上是生物研究、药物研究、生理研究、病理研究，对人类的心理活动在身心健康方面的积极或消极作用，关注和研究力度都不够。然而，大量的心理学研究已经证明，养心永远比养身重要。心理健康了，就可以帮助我们调整生活习惯、行为方式、锻炼方式，从而让我们变得更加健康、积极、长寿。

另外一个与健康有关的心理学家可以扮演重要角色的领域，就是改善我们的医患关系。由于我们当前医疗资源的相对不足和心理学训练的严重缺失，我国医院的管理者、医生、护士，很多都缺乏基本的心理学知识，沟通方法也不符合心理学的原则。我国的患者和家属，也缺乏对医疗工作的认识，以及对医务工作者的尊重。这在某种程度上，都导致了一种互相埋怨、猜忌、敌意、怀疑、仇恨等恶性循环心态的产生。要破除这样的恶性循环，不只是需要改革我们的医疗体制，也需要改变我们病人、患者家属和医务工作者的心态。

## 环境政策

传统的经济发展模式已经让我国人民的生存环境再也不能承受污染的重负。但传统的改善空气和环境的管理方法，比如说：罚款、限行、限号、停关工厂等，能够对我们的环境改善起到一定的作用，但这是属于粗放式的管理，管理成本太高。并且这样的管理方法需要对社会进行过度干预，从某种意义上来说，也触及了人民的部分自由和权利。

公共环境的恶化和悲剧事件的发生，很多时候是我们人类的贪婪之心、占便宜之心、集体无意识，以及对未来预测不准等非理性心理造成的。因此，如何让我国人民意识到环境问题的重要性，改变我们的生活方式和习惯，是解决类似环境污染这类问题的最重要的方法。

心理学家甚至发现，强制性的环境改善措施，有时候反而会降低人们做环境保护工作的动机和欲望。瑞士心理学家发现，如果给人罚款或者是奖励来保护自己的环境时，只有25%的人会参与这样的活动。但是，如果激发人们的爱自己、爱家庭、爱老乡、爱社区的心情，愿意做环境保护工作的人会提高到50%。因此，"保护环境，从我做起"。首先要从正确、理性、主动的心理做起，让大家都意识到环境是我们每个人自己的问题。一旦每个人都负起责任来，就可以感动周围更多的人来一起做正确的事情，最终就会形成一个保护环境的社会共识，这样也许会比简单、粗暴的管理方式更有效果。

心理学家罗伯特·西奥迪尼（Robert Cialdani）做了大量的实验研究，发现只要用一些简单的心理学技巧和方法，就可以让人去做一些保护环境的积极正面的事情；同时，还能主动制止一些破坏环境的行为。而不是像现在这样放任自流，最后只能以牺牲我们每个人的利益的方式来实现。

## 幸福政策

还有一个很核心的问题，就是我们所有的国家战略和发展目标，都应该是为了人民的幸福。习主席上任之初就提出了"中国梦"的设想——"国家富强、民族振兴、人民幸福"。由此可见，让我们每一位中国人民感到自己活得有意义、有价值、幸福快乐，是所有中国智库应该追求的最终目标。但以往的智库人士，关注的只是让我们每个人生活得更加富裕便利——提高我们的GDP，增加我们的收入，改善我们的民生，让我们的生活能够更加便捷一些，等等。这样的政策是建立在某种假设的基础之上的，它在早先是有意义的。但是，当我们变得更富裕的时候，我们就希望能够做自己想做的事情，生活得更加自由一些，别人对我们更加尊重一些，也就是需要提升我们的幸福感。

美国联储会主席本·贝尼科（Ben Benake）就特别提出，*经济学的最终目的就是去理解和弘扬人们的幸福感*。任何经济发展的指标，都必须测量人们的幸福感和影响幸福感的因素。欧盟和美国，已经在他们的民意测验和调查中，包括了大众幸福感的分析和调查。这些指标已经对他们的国家和地区的社会发展形势，做出了很有意义的判断。它不只是反映了一个国家、地区的经济发展形势、失业率、物价水平和利率；同时，也能够预测当地人民的情绪和主观幸福观。而人的情绪和主观幸福观的变化，可以帮助各级政府做出相对准确的、有意义的、有证据的判断决策和应对预案。

清华大学心理学系"大数据行为研究室"的大数据研究已经发现，中国各个城市的幸福感与GDP增长，不是一个完全的线性关系，而是一个边界递减的关系。当人均GDP小于5万人民币的时候，各个城市人们的幸福感与经济GDP的增长都有密切的对应关系，每一点的增长都能增加当地群众的幸福感。但是，当人均GDP突破5万人民币的时候，其他因素，如环境、教育、自主权、参与度、绿化、治安、官员的道德水平和管理能力，等等，对增强和提升我们人民的幸福感就变得更有价值、更有意义了。

因此，心理学家不仅要主动地参与中国国家智库的建设，而且也能够为国家智库的建设做出独特的贡献。解决中国当前的社会心理问题，尤其需要积极心理学的科学理论指导。以前我们过多受社会达尔文主义的影响，把人心想得过于阴暗和野蛮，现在看来这些都是错误的假设。因为我们有理由相信，人性是积极的、善良的，是希望进行学习、沟通、探索的，是愿意追求进步、理想、欣赏、美丽、快乐和幸福的。这些都是漫长的人类进化历史筛选出来的、具有竞争优势的天性。

心理学能够为国家智库做出的最重要的贡献，可能是从正面、积极、主动、阳光的角度分析中国人民的行为和中国崛起的战略。我们会根据科学的、积极的心理学解释，对人心、人情、人欲、人性，做出正面的、积极的看待。我们有这样的自信，是因为这些正面的、积极的看待恰恰也是中国文化的本质，是我们人性的本质。

"周虽旧邦，其命维新。"古老而又多灾多难的中国，终于在21世纪有可能再次登上世界文明的巅峰，引导人类社会的发展。我们生在这样一个变化又有意义的时代，也需要我们的学者贡献出自己不负时代的微薄之力，而这也许就是我们心理学家为伟大的"中国梦"所能够贡献的，或者是应该承担的一种历史责任。

虽不一定能至，心总是要向往之！

# 教育不是为了考试,是为了幸福

智库那部分我们讲了心理学家做国策顾问后,很多国家开始将积极教育、幸福教育作为新的教育理念和方法。

大家知道我们心理学家并不是教育专家,甚至在教育改革、教育实践方面我们可能是门外汉。但有的时候,门外汉反而可能对中国教育的发展、实践和创新会提出一些新的角度,或者说不同的角度,反而能给教育专家、教育界领导和从事教育工作的老师们一些启发和借鉴。

然而,因为我们每个国家、每个民族、每个区域、每种文化,甚至每所学校都有自己的一些特色,所以,每个个体或组织在实践积极教育时都会有所不同。因此,接下来,我们将会在后面章节中交流积极教育的思路和实践,以供大家互相学习借鉴。

## 为什么我们要提倡积极教育

我们为什么要提出积极教育这个概念?该理念又是在什么样的情况下产生的?

我个人认为主要有三个方面的原因。

**首先,我们觉得积极教育是人类社会发展的密码。**

为什么说积极教育是人类社会发展的密码?大家一定听说过生物学家在探索人类生命发展的秘密——人类遗传的DNA。大数据时代以来,人类科学家开始探索另外一个DNA——文化传承的DNA。这个社会的发展是否有什么规律性的事情。以前我们只能做到个人的观察，针对一个个具体文化个体进行分析。如今，我们已经积累了大量人类发展进步的数据。目前，由于谷歌公司的工作，人类9种主要语言的所有出版物都已经被扫描后保存到了云端里头。我们最近完成的一项工作，就是对云端里的很多数据（从公元元年开始到2001年）进行大数据分析，探索那些规律性的现象。我们发现了其中一个规律性的现象，一个可能的秘密，那就是人类社会的进步和发展不是靠阶级斗争来实现的，也不是靠战争和掠夺来实现的，人类社会的发展靠的是我们善意的互动来实现的。什么叫善意的互动？就是我们要和其他人合作、交往、交流。大规模的文化交流、技术交换、货物流通、财富更替都是人类社会发展很重要的密码。只要看看人类财富的增长，从公元元年到2001年，有三个爆发性增长的时间节点，而这些时间节点恰好都是人类创新的节点，也是人类大规模交换的节点，也是人类思想解放的节点。第一个节点是文艺复兴，地理大发现，使人类大规模的迁徙、交流和交换变得可能；第二节点是工业革命；第三个节点是二战结束之后的现在，迎来了更大规模的交往、交易、交换时代。

根据科学的数据调查、分析和研究发现，我国的财富增长也有着同样的发展规律，它不以意识形态为转移，也不以文化特色为转移。从已有的数据可以看出，从建国一直到1978年，我国人民的财富其实没有多大增长；1978年改革开放，中国人民走向世界，与其他国家、民族、文化进行大规模的文化交流、技术交换、信息分享、知识融合、财富更替，在短短三十多年内，我国迅速发展成为世界第二大经济实体。"改革开放"是我们很长时间以来没有讲透的一个秘密——打开国门，融入世界，与人交往，其实是我们中国近代社会发展最重要的秘诀之一！

那么，怎么样才能够与人正常、积极地交往呢？没有别的，非常重要的是积极、阳光、美好、善良的心态。大家都知道孟德斯鸠对世界法学的贡献，但可能不知道他对世界商学也做出过贡献。他认为，商业世界的游戏规则不是斗野蛮、拼产品，也不是我们现在说的博弈、竞争、计较、吝啬,更不是我们现在所认为的做生意人成功的秘诀。他认为,商业成功的秘诀就是一句话——让人喜欢,让人快乐——"在快乐多的地方商业发达,在商业发达的地方遇到快乐的人",这是他的名言,也是我们大数据研究得出的基本规律。无论我们举多少案例说明成功的其他密码,归根结底,一定是积极开放的心态、快乐友好的关系、合作共赢的方式,让客户满意,自己才能发财。

问题是到了我们现在的手机时代,我们去哪里获得快乐的感觉呢?人类不会因为手机的产生而使快乐感得到提高。但有一个研究已经发现,60%以上的人每天花在手机上的时间超过学习的时间,超过了玩乐的时间,超过了与人打交道的时间。我们睡觉前看手机,起床前看手机,即使谈恋爱时也在看手机。不光是美国的年轻一代在看手机,美国的其他人也一样,即使是美国第一家庭,在奥巴马总统人生最重要的一天中,他的第二次总统就职典礼上(美国总统最担心的是只当一届的失败总统),全家都在看手机。

在大数据的时代、手机的时代,人到底如何与人交往、交流和交换,才是我们应该关注的问题。我们的教育到底教孩子什么技巧?中国人相信一个人只要能干,有本事就行。其实在商业化社会生活中,在所有生存和生活的技巧中,让人喜欢的技巧才是最重要的魅力。换句话说,情商比智商重要,一定要知道如何做人才是最重要的,而不仅是如何做事情。

其次,积极教育可以弥补传统教育的不足。

我们中国学生能在世界PISA测试中获得不错的成绩,说明我国在传统的知识教育方面,绝对不亚于世界上的任何国家、任何文化。但是,我们现在的有些教育理念还属于农业时代的思想,而现在已经是后工业化时代,因此,我们的教育理念有些是需要调整的。怎么调整呢?我们还需要知识以外的教育,需要积极教育。这就是为什么我们这么努力在中国推广积极教育,是希望能够辅佐传统的知识教育,刚柔相济,主次相依,互助互利。

有一个叫丹尼尔·平克（Daniel Pink）的学者，他写了一本书，书名是《21世纪需要什么样的人才》，中文版翻译成《全新思维：决胜未来的六大能力》；书中提出了一些知识之外的能力。什么是知识之外的能力呢？平克认为包括以下几点。

（1）要有设计感、美感，欣赏之心非常重要。（2）要有快乐感，一定是让自己身心愉悦健康，同时让别人身心愉悦健康。自己没有快乐，别人也不会快乐。（3）要有意义感，知道如何在平凡的生活中找到生活的意义。人这一生最后一定是死亡，显然死亡不是生活的意义，那我们生活、工作、生存的意义是什么呢？（4）要有形象思维的能力，善于讲故事，具体化抽象概念。（5）要有共鸣的能力，善于感染和激励他人。（6）要有同理能力，能够感受到其他人的感情、感觉和感受。

这些都是21世纪特别重要的能力。

19世纪是工业化时代，时代的主人是理直气壮的工人阶级，马克思并没有错，在那个时代，工人阶级就是时代的主人。到了20世纪，人类进入信息化时代，掌握了信息，人类成为会利用信息、会分析信息的人，如科学家与工程师自然就成了时代的主人。但到了21世纪，人类进入到一个新的时代，平克认为是感性的时代。在感性的时代，产生美感、意义感、快乐感、同理心和共鸣心的人一定是时代的主人。

**再次，积极教育也符合人类大脑活动规律的科学实践。**

一般技能的掌握依靠的是低级脑细胞的活动，如何看线条，如何看光，如何活动，这都是低级脑细胞的活动，低级脑细胞负责具体信息加工。**高级脑细胞负责美感、共情、共鸣等功能**。而高级脑细胞的活动越多，我们人类的智慧就越高明，人类的情感越积极，人类的成就就会越大。所以，我们一定要注意培养活跃的高级脑细胞，让我们的学生有更多的灵性、悟性、感性和德性。

因此，积极教育的目的是培养学生高级脑细胞活动的习惯，我把它定义为中国人民走向世界的ACE（王牌）。中国不缺知识型人才，不缺技能型人才，不缺会想事的人，但是中国缺ACE人才。这种尖端人才值得培养。说这样的话,不是否定人类的平等,不是任性任意,而是承认现代社会人类分工合作的现实。

## 什么是ACE

A是Aesthetic(审美感):能够看到别人看不到的东西,能够领悟别人领悟不到的东西,能够欣赏自然、社会和人的真、善、美;

C是Creative(创造力):能够分析问题,解决问题和创造新概念、新事物,想象、憧憬、计划未来;

E是Empathic(同理能力):这个特别重要,要能够敏锐地感受并影响其他人的感情,了解并理解他人的欲望和需求,善待他人,成人之美。

ACE如何活动?假如我请大家看一张图,大家会看到什么呢?很多人一开始可能看不出是什么事物,只能看到一堆杂乱无章的线条,这个时候就只是低级脑细胞在活动,大多数人在这个时候只会有低级脑细胞在活动。但如果我给你一个意义,提示说从某个角度看,其实是能看到几个美好的字时,大家一下子就看出了规律、看到了意义、看见了美。① 这时就是高级脑细胞在活动。

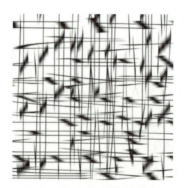

图21　闭一只眼书本倾斜才能看懂

---

① 从不同的角度分别能看到"吾心可鉴澎湃的福流"和"生活中的积极心理学"的字样。

所以，我经常讲积极心理学对教育有什么希望，其实就是希望能帮我国人民变得更加智慧、更加卓越、更加美好、更加高尚、更加有感染力、更加有影响力。简而言之，一定要高大上，有魅力，能吸引人，让人爱慕。现在我们的学生从学校出来，能干没问题，但是不一定都讨人喜欢。这和钱多钱少没有关系，和有权无权也没有关系。而在21世纪非常重要的，绝对是一定要让人羡慕、愿意追随你、同甘共苦、共创辉煌的能力。

从人类的终极意义上讲，我们提出培养高级脑细胞的活动，也是人类演化了6500万年选择出来的竞争优势。我们谈人性，不要看古人说了什么，伟人说了什么，而是要看有什么科学证据。大家都知道达尔文的进化论，他提出来所有人类的天性，一定是符合两个特征：第一是易于我们的生存，第二是易于我们的繁殖。深入了解就可以发现，我们人类生存和繁殖选择的往往是积极的天性。自从人类站立起来后，就喜欢堂堂正正、大大方方；人类也喜欢站得高，看得远；喜欢伟大、崇高的事情——因为这样是我们站起来后自然而然能达到也希望达到的状态。人类的身体越来越符合黄金分割比例，因为这样显得更美，显得更匀称。

总而言之，积极教育归根到底是更人性的、更符合心理科学规律的教育，是值得我们大力提倡的教育理念。

# 积极教育的七类内容，带你体验福流

每一个国家，每一个民族，每一所学校，所具有的优势不一样，本身的条件也不一样。积极教育该如何开展？或者说积极教育可以做哪些事情？清华大学心理学系做了五年多的幸福教育，培养了很多边远地区的小学、中学老师，也因此积累了不少经验和教训。

从当下来说，我们所讲的积极教育，主要包括以下七类内容的教育。

第一，显然是情商教育。我们的小学、中学到大学，其实都应该进行情商教育。习主席就曾提出，情商比智商重要。问题是：怎么开展情商教育？情商教育教什么内容呢？

一是教学生如何发现、弘扬、培养、管理、交流积极情绪。著名心理学家巴巴拉·弗里德克森（Barbara Fredrickson）所做的一系列研究发现，人类在心情积极的时候，思路更开阔，行为选项更丰富，行动的欲望更强烈。那些恐惧、贪婪、愤怒、傲慢并不是让我们想做事情的能量，因为消极情绪只会把人的思路变狭窄，只知道依靠逃生的本能，只知道批评和逃避。所有积极心理学的研究也都证明，大多数的创造性工作都是在快乐、积极的情况下才能够完成的。因此，在我们国家提倡"全民创新，万众创业"之际，切记一定不能在焦虑、恐惧、愤怒的情况下去创新或创业。从这个意义上来说，幸福教育其实也就是积极教育，而不是简单的技能和知识教育。

二是从同理心开始，从知晓别人的心情开始，从识别各种各样的表情开始情商教育。让我们的孩子从小就能够辨别其他人的心情状态，知道积极情绪不只是出现在幸福状态下,还包括满足、淡定、平静、骄傲、自豪,甚至腼腆有时候也是一种积极情绪。心理学家发现,一般情况下,不好意思其实是一种特别积极、美妙的情绪,当个体感到羞涩的时候其实是处于特别积极的状态中(当然,过度羞涩是有问题的)。看本书的各位朋友,如果您有时候还会感到一丝丝腼腆或不好意思,意味着您的心态非常的健康和积极。如果您已经习惯厚颜无耻,那基本上就没有什么心理健康的希望了(哈,玩笑)。美国的孩子从小学三年级就开始接受情商教育,学习如何表达、控制、理解以及应对情绪,甚至微笑都需要学习。有一种我经常提到的微笑叫迪香式微笑,它是一种具有特殊魅力和感染力的笑,它会让您越看越喜欢,越看越想笑。迪香式微笑不同于礼节性的微笑,特点是牙齿要露出来,笑容饱满,面颊提高,眼周出现皱纹。一个经常有迪香式微笑的学生,未来的生活更幸福,婚姻更美满,事业更发达。著名心理学家卡特纳对米勒学院1960届毕业生的毕业照进行分析,将照片上学生的表情分成习惯性迪香式微笑、镜头前装的笑、镜头前不笑。三十年之后再去回访这些学生,结果发现有天壤之别。那些习惯于迪香式微笑的孩子,结婚比例要高,离婚比例低,自我报告的幸福指数高;而那些装笑或者不笑的孩子,三十年之后基本上是离了婚的。微笑的技能和技巧能让我们家庭和谐幸福,事业成功发达——这就是情商教育的价值和意义。

第二,应该是幸福教育,体验福流。美国心理学家米哈伊·希斯赞特米哈伊(Mihaly Csikszentmihalyi)认为:"幸福是什么?幸福就是一种全身心的快乐体验,我把这种全身心快乐体验叫做福流(flow)。"

这是一种什么样的状态呢?它有五个特点:第一个是沉浸其中如痴如醉;第二个是物我两忘,此时不知是何时,此身不知在何处;第三个是驾轻就熟,有特别好的控制感;第四个是点滴入心,感受到活动精确的回馈;第五个是酣畅淋漓,其乐融融。这种体验是可以通过学习得来的,也是可以创造的。

第三,就是利他教育。这是我们道德教育做了几十年的工作。如何去爱人、帮助人、服务人？特别是如何采用科学的心理学方法来做，从而使利他也成为一种全身心愉悦的体验。

著名学者梁漱溟在《人心与人生》一书中提出，仿佛自己越是在给别人有所牺牲的时候，心里越觉得特别的痛快、酣畅、开展。反过来自己力气不为人家用，似乎应该舒服，其实并不如此，反是心里感觉特别紧缩、闷苦。这就是我们已经意识到雷锋精神归根到底，本质不是牺牲精神，雷锋精神是助人为乐的精神，也就是我们追求幸福的心声。雷锋的伟大在于一个年轻的小伙子，在没有任何心理学知识的情况下就已经找到了心理学的一个基本规律，即利他是幸福的。很长时间以来，我们受到西方哲学的影响，不承认世界上有无私，我给自己找到了快乐的方法，帮助别人，这个无私吗？这不是，这是您在寻找快乐。我们现在认为，寻找快乐其实是无私的表现。有了同样的神经生理的表现，纯粹的利他也是完全可以做到的。积极心理学，或者说积极教育可以把积极的知识传播给大众，传播给中国下一代，传播给中国的年轻人，影响他们成为身体力行的利他之人。

**第四，可以开展乐观的性格教育。**提倡乐观教育是为了让我们的孩子相信明天更美好。我们没有任何原因怀疑未来不美好，未来很可能是比我们想像得还要好。想想我们这代人能够走进如此绚丽、如此富裕、如此自信的21世纪，这是我们当时想像不到的一种状态。所以，我们应该抱着乐观的心态来看待中国美好的未来，经济的问题也不是问题，重要的是心态是否积极、有意义。

**第五，还应该进行美德教育，价值观教育。**这里说的价值观绝对不是哲学的价值观、空想的价值观，这个价值观是建立在人心、人情、人性和人欲基础上的价值观。

美国积极心理学家马丁·塞利格曼（Martin Seligman）和克里斯托弗·彼德森（Christopher Peterson）在全世界50多个国家做了调查，发现人类有一些朴实的价值，无论是中国人还是美国人，这些价值对于我们的生活、工作、未来成就都有特别大的意义。我们都喜欢那些有勇气的人，也喜欢所有跟勇气有关系的价值。不管是中国人还是美国人，肯定都喜欢仁慈、有爱心、情商高的人，我们喜欢欣赏他人，我们同样喜欢好学、有创造力的人，喜欢宽恕、谦虚、自我控制能力强的人，更喜欢有责任心和领导才华的人。这就是人类的普世价值，它既不是人权层面，也不是自由层面，更不是政治层面，而是我们人心的美丽。所以，大家一定要将核心价值观跟心理学连在一起，与生活联系在一起，要不然就还是思辨。

**第六，还包括社会关系的教育，强调社会接触的重要性。** 2005年美国《时代周刊》发表了一篇综合报道称，发现人类积极健康的社会关系，是我们健康长寿最重要的保障，也是我们事业成功的保障。所以，李嘉诚先生有一句名言，"所谓的商机就是人脉，所谓的投资永远要投人而不是看项目。"

**第七，还应该教育学生养成健康的生活习惯。** 要呼吸新鲜的空气，要参加健康的体育运动，要去玩健康的游戏，要听音乐、唱歌、坐禅、欣赏美和艺术。

最后，我希望借用我们中国著名学者冯友兰先生多次引用的话和大家一起共勉。冯友兰先生在抗日战争最艰难困苦的时候，呕心沥血写出了中国哲学史上有名的《贞元六书》，书中引用了宋代哲学家张载的一句名言以自许：为天地立心，为生民立命，为往圣继绝学，为万世开太平，此哲学家所应自期许者也。这是少数人能达到的一种境界，对于我们大多数普通人来说，我们做不到开太平、继绝学，但我们的心要追求高尚。我们虽不一定能够完全做到，起码我们可以尝试去学习，这就是积极教育追求的一种境界。

　　虽不能至，然心向往之。
　　非曰能之，愿学焉！

# 慕课——新挑战的新认识

题记：2014年，彭凯平教授在清华大学尝试慕课教育。该课程创下了一个月3万多人注册的奇迹，成了2014年清华大学最受欢迎的慕课课程之一，并入选2015年MOOC学院十大最受欢迎的课程之首。

## 与慕课的零距离接触

我对慕课（MOOC）的兴趣产生于2013年，是为了给《翻转课堂的可汗学院》一书写序，就认真拜读了该著作（可汗学院在美国非常有名，我孩子的学校就使用了可汗学院的视频材料）。当时，我觉得这可能是教育技术对社会发展的一种挑战和新的尝试。

在阅读了微软公司创始人比尔·盖茨（Bill Gates）对可汗教学方法的钦佩和支持后，我逐渐开始了解、接触和认识慕课教育。由于大规模网络在线技术的普及，人类教育真的有可能会因此发生一些新的变化，让更多的人通过网络在线技术接触到名校著名教授的课程，使得人类的知识传播更加简捷、方便、有效和普惠。

但是，虽然慕课自有其魅力和优势，我还是认为目前尚不能够用革命（海啸或颠覆）这样的概念来描述慕课将会对教育产生的影响。我非常赞同清华大学前副校长谢维和教授有关慕课的评价：慕课能够补充高等教育的不足，但它不可能取代人类的大学。尽管我们的教学方法必将受到慕课的支持、影响和改变，但是，大学本质性的教学活动和过程是不可能被慕课所取代的。

## 慕课教育的正面作用

不可否认，顺应时代发展趋势而出现的慕课教育有其正面作用，我认为主要有以下几点。

第一，最大化地重新分配了人类的教育资源，让更多的人能够享受到教育的意义和价值。

慕课通过现代化的网络在线技术，让很多边远地区的孩子或者是一般学校的学生能够接受到最优秀的教育资源，聆听世界著名大学的教授授课，这样的机会恰恰是清除了传统教育资源垄断的弊端之一。

正如我们经常传颂的清华大学前校长梅贻琦的话，"所谓大学者，非谓有大楼之谓也，有大师之谓也。"大师的教学和其他人的教学相比，必然有其独到之处，是其他人所不能替代的。这就像我们听梅兰芳唱京剧，他的韵味、他的魅力、他的气场和感受，与听别人唱京剧时是完全不一样的。因此，慕课把很多曾经"只闻其名，不见其形"的大学教授、名师和大师的授课课程呈现给全球的学生，可以在最大程度上帮助普惠教育资源。

在我国有很多喜爱学习的成年人，分布在政府各部门、企业各单位、社会各个地方。特别是很多在职工作人员，通常没有时间去学校上课，而慕课正好可以让他/她们有机会去重新学习和体验，不断升华自己的心灵和知识储备，甚至实现终身学习。因此，可以说慕课是一项造福于社会的公益事业。

第二，慕课技术采用大规模的现代科学技术，通过视频的视觉形象、音乐互动，能够加深人类全通道的感受过程，帮助我们学习和记忆知识。

第三，慕课教学和学习过程非常好地体现了"因材施教、因人施教、因地制宜、因时制宜、因人制宜"，真正做到了以学生为中心的教学互动。

在慕课课堂，学生完全可以根据自己的进度、要求、水平、兴趣来学习自己感兴趣的知识，彻底改变人类几千年以来"以教师为中心"的教学方法。因此，这也是慕课比较受欢迎，具有挑战性的方面。

第四，慕课教学有可能彻底解放人类的高等教授，让教授们从简单的传播知识转变到研究和创造知识。

2010年左右，美国的大学教授们就讨论了：在未来，大学教授到底应该做什么事情？网上也疯传"大学里的好教师越来越少了"。其实，这可能是一种未来大学职能改变的趋势。因为真正的人才，不是大学老师教出来的，而是大学的环境培养出来的。所以，将来的大学教授，不只是做我们通常所说的教书育人，而是会留出更多的时间从事原创性的知识发明、发现和传播工作。特别是守卫人类的文明，同时传递人类的理念、知识和理想。

从这方面来说，慕课可以让很多大学教授专心从事科学研究，而让一些受欢迎的慕课教授承担知识传播工作。因此，将会有越来越多的大学教授，专注于科学研究工作，为人类贡献原创性的知识。而大学的教学任务，有可能是由非常优秀的、擅长教学工作的老师来完成，并通过慕课技术和网络技术，来实现大学资源的最佳、最优配置。

但在教学、科研和社会服务三大功能方面，大学如何调节、安排人员将会是一个很大的挑战，也将是中国大学的人事改革必然需要面对和解决的问题，即三方面人才的匹配。

## 传统教育有慕课教育无法替代的优势

但是，传统教育也有一些慕课教学所不能替代的方面。换句话说，慕课，其实还不可能完全替代人类的大学教育。主要是因为大学教育需要更多自发的、随机的、灵性的、悟性的、感性的沟通和交流，而这是慕课视频教育所不能及的地方。我在录制慕课课程"心理学概论"时就已经明显觉察这方面的问题。

第一，慕课教育需要教师花很多时间去注意自己的内容安排、设计、编辑和控制进度。而在课堂教学中，所有这些都会受到在场学生即刻反馈的影响，特别是有一些热点的话题、感兴趣的话题、时效性的话题，在课堂上就能够得到充分的讨论，真正把教学变成思想的过程。

第二，人与人之间面对面的接触，具有很多视频被动接触所不能替代的优势。一个眼神、一个举动、当时的气场，所有这些都是我们人类具身认知所关注的信息，都会帮助加深、强化我们学习的过程，这是具身认知独有的优势。

第三，教学过程也是一种思想的过程。学生在大学里学的不只是知识，更应该包括思想的过程、思想的方法。而这些思想形成的过程，在大学课堂上表现得淋漓尽致。因为当遇到一个挑战性的问题时，教授们如何去应对、分析、判断、回答，不只是体现了教授的学识和功力，更能够淋漓尽致地呈现教授们对这些问题的反应、思考、分析和判断的过程。因此，传统的优秀教学很多都是通过对话来实现的，无论是孔子的《论语》，还是柏拉图的对话，都是人类教师和学生之间的思想互动而产生的结晶。而通过对话产生思想的方式，在慕课课堂上就很难实现，但这往往是优秀教授、学术大师们真正的魅力所在。

## 人类智能和人工智能不能相互替代

美国有两位著名的教育学家李维（Levi）和默南（Murnane），曾经对美国未来的劳动力市场所需要的技能进行过分析，得出了一些有意义的结论。

第一，他们认为能够用计算机替代的技能，在将来都会变得不重要。比如简单的知识储备和知识搜索，完全可以通过百度、谷歌的搜索引擎来实现，而且比我们人类做得更好。因此，简单的知识记忆、存储、描述和再现，都将不再重要。目前我们的中小学甚至大学都还在强调知识的记忆，实际上已经落后于时代的要求了。第二，简单的人类加工技能也不是特别重要了。现在一个数控机床的加工能力比我们中国八级钳工的能力还要强。因此，简单的动手能力也已经不再那么重要。

但是，计算机无法替代的是人类的语言表达能力和发散思维能力，现在还没有任何人工智能可以替代人类进行语言的沟通。iPhone手机里的Siri可以回答一些简单的问题，但人类对话中间的一些灵性、感性、悟性，以及幽默的表达方式、委婉的表达方式、简洁的表达方式等都不是计算机能够替代的，而这些也往往是人类语言的魅力所在。还有人类无限的发散思维能力，是很多人工智能科学家感到神秘和伟大的地方，也是计算机所不能替代的。因为语言沟通、思维这都是需要人在面对面的互动中来得以学习、模仿、体会和传递的，而这些偏偏不是慕课课程所能够突出的地方。

# 专家有没有可能改善我们的预测（炒股）能力

很多的政治预测、国际预测、形势预测、未来预测等，其实，大部分都是不准的，并且在预测能力方面，专家、领导、成功人士和普通老百姓，并没有表现出太大的差异。但很多时候，他们不只是预测不准，还固执己见，以至于时常会发生一些关键性的错误。最常见的借口就是"如果当时我们只要怎么怎么样，情况就会完全不一样"。

然而，这样的事后诸葛亮根本于事无补。任何人越是自负和任性，越容易犯简单的预测错误。想想有多少专家、教授、领导，各路神人在对国际局势（如伊拉克战争、利比亚战争、中东局势等），国内形势（如台海关系、香港问题等），经济趋势（如股市变化、经济转型等）方面的预测上失算，使得他们真的不负"砖家"的虚名。人都得存"敬畏之心"，需要尊重自然、尊重科学、尊重知识。因为历史发展的规律，政治、经济、军事、社会、自然、心理等现象后面的内在科学规律，都是不以个人意志、意识形态和文化特色为转移的。

## 如何提升我们的预测能力

2006年，美国中央情报局和政府其他情报机构，找到了菲利普·泰特洛克，询问他有关如何改善预测能力的问题。为此，还成立了"情报高级研究项目"（Intelligence Advanced Research Projects Activities），并为这个项目提供了大量的财力、物力和人力。这是由泰特洛克主持的上千人的工作，花了好几年的时间对"如何改善预测能力"进行了大量的实证分析。10年之后，《超级预测力》这本著作出版，总结了这项研究工作的部分结果。可惜由于保密的原因，泰特洛克并没有在书中透露很多我认为是最关键的内容，只是提了些粗略的建议。由此看来，我国政府、军队、情报部门和各金融机构，如果想在战略预测能力上有所改善，还需要帮助自己的心理学家做类似的研究工作。

具体可以从哪几个方面来提高我们的预测能力呢？通读全书，我个人觉得，可以从以下五个方面入手。

第一，一定要结合计算机算法的大数据分析、统计数据的研究，以及人类心理学有关人性、人情、人欲、人心、人生的智慧和知识，来建立一个人机互动的系统。这个系统有自我学习的能力，而且能够不断地进行修正。

第二，具体的修正方法就是要经常做一些预测练习。同时，要根据实际结果来调整预测参数。因此，尽量找一些短期预测来做练习。

第三，预测的标准应该是可以检验的，可以证伪的，而不是一种抽象的概念。比如说"帝国主义一定要灭亡"。这样宏观、粗犷的预测根本无法提高我们的学习和总结经验的可能性。相反，应该让这个预测系统进行经常性的、短期的预测练习，比如哪个球队明天要赢球？<mark>这样的预测能很快得到一些验证，从而可以帮助我们积累经验和教训。</mark>

第四，一定要相信民主机制的智慧。参加讨论、分析、预测问题的人越多，每次预测的平均数相对而言会比个体的智慧要准一些。举一个"炒股"的例子，那些有众多人推荐的股票，一定会比一个人推荐的股票，要更为准确（当然，内线交易除外）。从市场经济的角度来讲，市场内在的规律，永远要比某个领军人物个人的智慧更为准确。这都表明，需要有民主决策的科学体制。

第五，一定要有一个预测的准确度。因为在所有的人类预测过程中，我们通常会犯两种错误：一种是"假阳性的错误"（false positive），就是错误地接受了一个不正确的的结论；第二种是"假阴性的错误"（false negative），就是错误地排除了一个正确的判断。我们不可能在这两个错误上都达到准确的程度。因此，我们必须根据我们的任务来制定出一个准确的标准。

## "假阳性的错误"VS"假阴性的错误"

有的时候我们可以接受一些"假阳性的错误"，即错误地接受一些不正确的结论。比如，在"医疗诊断"方面，"假阳性的错误"能让我们早早地注意到一些问题。虽然确诊以后，我们可能不一定有这样的疾病，但是，早期的预测促使人们去检查是否有这样的疾病，总比我们不知道这样的疾病或者丧失治疗的机会要好一些。"反恐"有的时候也是需要有这样的一种"假阳性的错误"接受率。因为，出现一个恐怖分子可能带给我们的伤害要大得多。因此，所有成本比较高，危害比较大的事情，都可以接受一定的"假阳性的错误"。"宁可信其有"，才能防患于未然。

而有的时候我们会尽量接受一些"假阴性的错误"，也就是排除了一些可能正确的判断。比如说在科学研究方面，我们一般来讲，是不能够接受"假阳性的错误"（科学假说除外），但可以接受"假阴性的错误"。也就是说，我们宁愿怀疑一些可能正确的东西，从而接受我们有的时候可能没有足够证据证明我们自认为是正确的东西。由此可见，预测的准确性也和我们接受错误的标准有关。

## 普通散户的致富心理

"炒股"显然是建立在对股市和股票未来变化的预测基础之上。既然是预测，泰特洛克的研究肯定也有启发作用。我个人觉得，普通散户最好是持股（Holding stocks），而不是炒股（Trading Stocks）。因为在很大程度上，持股是一种中长期行为，炒股则是一种短期行为，而短期行为往往更容易受到直觉、情绪、环境、他人的影响，从而使得预测非常不靠谱。所以，做短线完全是一种投机行为，既不利于国家也不利于自己。

另外，短线操作有两个致命的心理问题：一是猜不准，二是放不下。泰特洛克的研究就证明了，在这些短期预测上，即使是专家也是非常靠不住、不准确、非理性、很难做的。短线和短命，一字之差，却很容易让我们"辛辛苦苦大半年，一夜回到解放前"。但短线运作最大的心理问题是我们放不下心来。攒钱的时候我们激动万分，狂躁无比；而丢钱的时候我们也会心神不定，烦闷伤心，或者出现长期的抑郁，甚至是自杀事件。因此，对于普通人来讲，做中长线才是有价值、有意义的，才是真正在为国家的经济发展做贡献，才是真正地护盘。

当然，专业人员和机构人员必须长短结合，因为只有这样，才能够对股市做出准确的反应和调整，使得股市能够部分反映经济发展的基本状况。这是他们的职责和职业行为。但是对于普通人，我们完全没有必要去操心短期的投资。

因此，真的希望大家用一种长远、轻松、宽厚、谦卑和积极的态度来对待股市的风云变幻。

# 思想也可以如此性感

著名心理学家菲利普·津巴多的好莱坞电影《斯坦福监狱实验》（The Stanford Prison Experiment）于2015年7月在纽约首映，这是该实验故事第三次被拍成电影登上大银幕。第一次是由德国导演于2001年改编拍摄的，名叫《死亡实验》（The Experiment）；第二次是在2010年被美国的导演改编成的《监狱风云》（Prison on Fire）。前两度所拍的电影让津巴多教授很不开心，而这一次新版的电影应该是他比较满意的。这次是由著名导演凯尔·奥瓦内兹（Kyle Alvarez）重新执导，演员比利·克鲁德普（Bully Crudup）扮演津巴多本人，奥莉薇·瑟尔比（Olivia Thirlby）扮演马斯拉奇教授。这部电影一经发布即获得了圣丹斯国际电影节（Sundance Film Festival）的"最佳科学影片奖"。

津巴多教授和他的夫人克里斯蒂娜·马斯拉奇（Christina Maslach）教授应该是当前心理学界在世的心理学家中最有名的一对夫妇了。2015年6月底，我在加州大学伯克利分校主持"清华大学-伯克利沐心学堂"的美国游学课程期间，曾与津巴多教授和马斯拉奇教授谈论过这部电影的制作与发行。

## 是什么让好人变得邪恶

著名经济学家纳什（Nash）的社会影响，很大程度上得益于电影

《美丽心灵》（A Beautiful Mind）的帮助，但其实科学研究者能够获得好莱坞的青睐不是一件容易的事。而只要学习过心理学的人，一定都听说过"斯坦福监狱实验"——它是津巴多教授在1971年夏天设计的一个很小的实验，但没想到成为了心理学历史上一个很伟大的实验。

津巴多教授将斯坦福大学心理系的大楼——乔登楼的地下室改造成了一个模拟的监狱。并从报名参加实验的学生中，挑选出24名身心健康、遵纪守法、情绪稳定的年轻人参与实验，他们被随机分成三组：9名犯人、9名看守、6名候补。原先是计划观察"囚犯和看守"这两组人在接下来的两周（14天）时间里，他们在生理、心理和行为方面的变化。但没想到这样一个简单的人为角色的分工，居然在不到一周的时间里，就让那些富裕的中产阶级的孩子，真的相信了自己是"看守或囚犯"。更难以理解的是，那些承担了看守职务的人，开始在情绪上和身体上虐待那些囚犯，而那些扮演囚犯角色的年轻人，开始对权威表现出反抗、服从，然后是郁闷和抑郁的状态，甚至出现了严重的自杀倾向。这使得当时刚刚拿到伯克利加州大学助理教授职务的马斯拉奇（津巴多教授当时的恋人）出面，要求终止这个实验。

因此，这其实是心理学历史上一个没有完成的研究。而恰恰是这样一个没有完成的研究，彻底揭示了"人性的脆弱"，生动地说明了人们在拥有权力之后，这种权力感对自己和其他人的影响。同时，这在某种程度上也说明了在团体表现出对权威的遵从和温顺之后，人们的行为和心理将会受到什么样的影响。

津巴多将引发"邪恶"的问题归结为三个层次。（1）个人层面：烂苹果（The Bad Apples）。（2）情境层面：坏掉的苹果桶（The Bad Barrels）。（3）系统层面：坏的苹果桶制造者（The Bad Barrel-Makers）。并认为导致普通人变坏的原因主要在于：去人性化、旁观者效应、顺从权威、团体压力、道德脱轨以及匿名（去个人化）等等。而津巴多总结认为：情境与系统对个人行为的影响甚大。

津巴多"斯坦福监狱实验"的伟大，是因为他关注的是人性永恒的问题。比如，是什么让一个人变得邪恶？一个好人有时是不是也会干坏事？如果好人也能变坏的话，那又是什么使人们越过那条边界？而津巴多的实验恰好在一定程度上回答了这些敏感的问题。我们目前起码可以知道，处境可以极大地影响一个好人，让他变得邪恶。权力如果不加控制，也会对其他人，包括我们自己，产生巨大的伤害。甚至津巴多本人，在这个实验中，由于自己工作的需要，而忽视了实验参加者可能遭受的心理伤害。因此，我们要感谢马斯拉奇教授敏锐地觉察到该研究可能对这些参加者造成的影响（我后来有幸成为马斯拉奇教授在加州大学伯克利分校心理学系的同事，她作为我们的副教务长，也曾关心、照顾我的工作和成长）。

反观现实生活中，我们也经常会看到类似"斯坦福监狱实验"的场景。尤其是当人们丧失了自我的意识、自我的判断、自我的良知时，人们很容易被他人、形势、环境等大趋势所驱动。根据津巴多教授多年的研究，他在2007年出版了一本《路西法效应：好人是如何变成恶魔的》（Lucifer Effect：Understanding How Good People Turn Evil）的新书。"路西法"是光之守护者，曾经是上帝最宠爱的天使，但是由于他挑战上帝的权威，带领一群堕落的天使投身地狱，成为上帝的对手——魔鬼撒旦。

## "10步法"抵御"路西法效应"

那如何抵御"路西法效应"呢？如何避免和让我们超越社会角色和社会期望对我们产生的负面影响？有什么方法能让我们静下心来，敬畏苍天，扪心自问，坚守信仰？在书中，津巴多提出"10步法"可以帮助我们战胜类似恶魔影响的方法。

① 承认错误。让我们接受"人皆有过"这句话，只有能意识到自己也有可能犯错误，我们才有可能摆脱恶魔的控制。

② 独立思考。一定要多去觉察自己的经历、行为和人生，就像我们

经常提醒的要"吾日三省吾身"。

③ 担当责任。无论如何，我们要为自己的决定和行为承担自己的责任，而不只是去责备外人和环境。因为所有人类的行为，都会受到内、外因交互作用的影响。而一旦否认自己的责任，我们就无法从错误中吸取教训来得到进步。

④ 做最好的自己。首先我们应不忘初心，始终保持自己的良知；其次，<u>我们应释放关于自己的信息，从而立于去匿名化的社会状态</u>，但要注意避免给人产生负面的刻板印象。

⑤ 尊重正义的权威，而不是邪恶的权威。我们尊重权威的权力和位置，但不一定非得尊重权威位置上的人。因为不是所有的权力、权威、专家和机构都是正义的，很多自私的人会利用这些正义的机构，去做邪恶的事情。所以，我们一定要把机构和代表机构的人区分开来，而这种区分人和事的态度也是保持自己理性特别重要的思维能力。

⑥ 融入群体，但保持自己的独立性。千万不能为了迎合别人，而丧失自己的人格、尊严和独立精神。

⑦ 始终保持对框架的警惕。也就是说，要意识到可能会有人让我们的心理、思维和行为进入到某种特定的模式和框架之中。俗话说得好，"防人之心不可无，害人之心不可有"，这就要求我们保持"避免被别人利用"的一种警觉。

⑧ 保持最佳的时间观念。别太想近处，但也不要想得太远，而是以最佳的、平衡的时间观念，不虚幻未来、也不沉迷过去。

⑨ 不能为了安全的假象，而牺牲人民的权利和自由。要特别小心，有人用恐惧、愤怒、威胁等各种吓唬人的事故和场景来迷惑我们，控制我们。任何时候，人民的尊严、自由和幸福是我们最重要的着眼点，而不是所谓的安全问题。

⑩ 反抗任何不公正的体制。权，应该为民所用，而不只是让人民服从权力。这种简单的道理，往往在我们生活中被忽视。

根据津巴多教授研究工作拍摄的新片播映，让我想到：当一个社会崇尚知识和学术的时候，这个社会一定会成为理性、文明和昌盛的社会；而当一个社会的精英阶层崇拜的是江湖术士和财富权势的时候，这个社会一定会变得愚昧和堕落。

因此，我衷心地祝贺津巴多教授和马斯拉奇教授在银幕上获得成功，在生活中健康和长寿；也希望心理学中正面、积极、阳光的信息能得到传播和普及。当然，更希望智慧之光能普照中国大地，文明之花更加鲜艳夺目！同时，也期待有更多的心理学家的故事，能够登上世界成功的文化平台，并希望更多的中国电影人，能够拍摄中国科学家的故事。

其实有的时候，生活比故事更加吸引人。

# 激励凡人成圣贤——究竟是什么造就了英雄主义

唐代诗人杜牧的《清明》诗，写出了清明节的特殊气氛。清明节作为我国传统节日，是我们最重要的祭祀节日，是祭拜先祖、悼念已逝亲人的重要习俗，汉族和一些少数民族大多会在清明节前后扫墓。

同样，翻开中华民族的历史长卷，有无数英雄先烈，为了下一代的幸福生活，谱写了壮烈的英雄篇章。因此，清明节也是祭奠英雄的节日。

清明时节，心绪千千，特作文以纪之。
清明时节雨纷纷，
触景生情祭忠魂。
勇敢责任并感奋，
激励凡人成圣人。

## 英雄主义符合进化需求

我的童年是在"文化大革命"中度过的，受当时的主流文化影响，从小就有长大要当解放军的梦想。由于我的小叔，当时在兰州空军司令部工作，因此，家里最让我自豪和得意的，是家门口那块鲜红的"革命军属"的牌匾，它让我无比骄傲、激动，丰盈了我童年的梦想。只不过在小学即将毕业时，才发现因为自己是近视眼，不但飞行员做不了，就连当一个普通的解放军战士都不可能。然而，那种英雄主义的烙印早已深深留在心中，使得我对军人总抱有一种特殊的感情。

后来从事了心理学研究，有幸辅导了一批真正的英雄，包括宇航员、飞行员、舰载机的试飞员。但在之后得知有人在执行任务中不幸牺牲，使我感怀不已，思绪连翩，为什么有的人能冷静沉着、临危不惧？为什么有的人能舍己为人、挺身而出？为什么有的人能够担当责任、正义凛然？

2004年著名心理学家艾莉丝·伊格利（Alice Eagly）和同事塞尔温·贝克（Selwyn Becker）在《美国心理学家》杂志上发表文章指出，人类的英雄主义情怀存在于所有人类社会文化历史的记忆之中，从洞穴壁画到民间传说，从早期的文字到现在的游戏、电影、音乐，不管是什么样的意识形态、生产方式和地域区别，人类都崇尚英雄。因此，这样的英雄主义精神，肯定是带有普遍的生存意义和进化的价值的。

最近，又有两位学者在《进化心理学》杂志上发布了他们所完成的一些研究，发现人们在面对危险、威胁和挑衅的时候，无论是采用英雄主义策略、自我牺牲的行为，或者是采用逃避、自私的行为，其实都是可能的。但是从长远来看，人们采用自我牺牲的行为，也有其进化的价值和意义——它使我们能够得到社会的赞许、他人的青睐和自己亲人的受益。因此，英雄主义的行为是符合进化所需求的内团体选择（Kin Selection）。

美国国防部曾经支持耶鲁大学的几位学者研究在服役期间和退役之后，那些表现出英雄主义行动的军人和违反纪律的逃兵之间的差异。心理学家迪恩·阿金（Dean Arkins）是这一研究的主要作者，他发现很多英雄其实并不是先天就具有英雄的气质，大多数人都有恐惧、退缩方面的考虑，甚至有人也想和其他人一样逃避。这些人之所以能够活下来，主要是因为他们具有荣誉感、责任感和当时不得不做出的选择。换句话说，人人都可以成为英雄。但他们的英雄主义行动，是受当时的环境条件、瞬息万变的局势、同伴和朋友之间的感情，以及自己的责任和荣誉感影响的。所有这些因素也都促使人类的很多人，在特定的环境和条件下，做出超乎寻常的行动。

积极心理学也非常关注的英雄主义研究的问题。

著名心理学家、积极心理学之父马丁·塞利格曼和我的美国密歇根大学心理学研究生的助教指导老师克里斯托弗·彼得森（Christopher Peterson）花了将近三年的时间在全世界做调查，让世界各国人民回答他们各自欣赏、尊重和崇尚的"优势和人类美德"是什么。结果发现：勇气/勇敢、热忱和责任是人类的普世价值中所普遍追崇的三种。而这三种普世的价值，正好构成了英雄主义、英雄心理和英雄行为的个人心理学基础。换句话说，不是大的道理、空洞的说教和宗教的理念成就了英雄，而是人类朴实的、直觉的、具体的、具身化的勇气、责任和感情，成就了英雄主义。

著名心理学家津巴多教授也对"英雄"和"英雄主义"非常关注。他所提到的"英雄"并不是我们通常所认为的那些大英雄们的所作所为，而是"人人都能成为英雄"，并不需要什么特殊的家庭背景、天赋异禀或者超能力；英雄不但存在于每个人的内心，社会环境也会造就英雄；他的研究还发现，最有可能驱动那些英雄行为的是道德勇气(Moral Courage)，为此他还特地列举了我们熟悉的如感动中国人物等例子以引发我们的共鸣。并且他专门创立了一个英雄想像计划（Heroic Imagination Program，HP）。希望能帮助中学生、大学生还有企业的领导者的非营利组织，目的在于鼓励大家"站起来，说出来，改变世界"，而不是做一个冷漠的旁观者。津巴多鼓励大家：（1）做英雄；（2）做英雄的盟友；（3）建立亲社会组织"英雄小队"（Hero Squads）；（4）练习做一个"积极的离经叛道者"（Positive Deviant）。

## 英雄心理剖析

我个人认为，英雄主义和英雄心理，可能主要是由三类重要的人类心理所驱动：第一是勇气，第二是责任感，第三是感情。

第一，勇气在中国古代，指的是我们在解决困难问题时的一种行动倾向，叫做"告之以难，以观其勇"，指的是在困难、挑战、挫折和失败面前，体现出来的一种坚韧不拔、始终如一、无私利他、敢于奉献的精神。在西方文化中，勇气一词来源于希腊语：andries，指的是与男人的气质相一致的身心状态。希腊文化中的三百勇士、斯巴达人的尚武精神，等等，都是西方文化强调的英勇精神。而我们现在认为中国的年轻男孩缺乏男人气概，其实指的是缺乏一种勇敢的精神，而这种精神，恰恰是一种担当、无私、奉献精神。

心理学家奥伯恩等人认为，人类的勇气包括三种：第一种是行动的勇气，也就是我们愿意做事情、愿意冒险、愿意牺牲、愿意奉献；第二种是道德的勇气，也就是坚持真理、坚持原则，在众人的猜忌、怀疑、毁谤和敌视面前，坚守自己的信念和原则；第三种是生命的勇气，也就是在生命危险和脆弱的时候，在需要我们战胜疾病和伤心的时候体现出来的一种乐观的精神和求生的愿望。很多的英雄，特别是在战场上的英雄，其实就是这种强烈的求生愿望使他们活了下来，从而让我们觉得不可思议。

第二，责任感也是英雄主义产生的一个很重要的原因。很多的战士，为什么能够在战场上舍生取义，原因是他们的那份责任感。"一诺千金"是很多文化所强调的一种正常的心理特色，这种承诺、担当和遵守自己的诺言，是英雄主义行动产生的很重要的原因。而经常欺骗的人很难成为英雄，因为那些经常说谎的人，不可能为了自己的责任而牺牲自己的生命；而正直忠诚的人往往容易成为英雄，是因为他们对自己承诺的坚守。人民军队的将士，一旦意识到自己保疆卫国的责任，就会使他们可能做出常人所无法做出的英勇行为。现在我们的社会对责任的推崇已经不太关注，这容易让我们的年轻一代缺乏这种为了自己的荣誉而坚持言行一致的可能性。

第三，感情同样是一个很重要的因素。人类是一种感情的动物，对自己人的爱和对敌人的恨，很容易让我们做出英勇的行为。在战场上，战士的勇敢和牺牲精神，很多时候是因为出于对战友的爱、对家乡的爱、对祖国的热爱。因此，我认为英雄主义的教育，往往和爱国主义的教育、爱人类的教育联系在一起，如果连自己的同胞都不热爱，这样的人很难成为英雄。

"无情未必真豪杰，有心方成大英雄。"

因此，中国传统心学的创建人王阳明先生，特别提倡"有心、有情、有义、有感"是人之所以成为人最核心的原因，"心者天地万物之主"——我们有了爱人之心、爱家之心、爱国之心、爱真理之心，我们才会勇敢、担当，有所奉献，这才是真正的英雄之所以成为英雄的心理学原因。

良知换心感动天，
人人皆可为圣贤。
中华代有才人出，
遍地英雄下夕烟。

只要我们能够培养自己的责任意识、担当意识和爱人意识，我们都有可能成为社会所赞许的英雄人物。

# 参考文献

［1］Michael J. Poulin, E. Alison Holman. Helping hands, healthy body. Oxytocin receptor gene and prosocial behavior interact to buffer the association between stress and physical health. Hormones and Behavior. 2013, 510–517.

［2］Willem Verbeke, Richard P. Bagozzi, Wouter E. van den Berg, Aurelie Lemmens 3. Polymorphisms of the OXTR gene explain why sales professionals love to help customers. Behavioral Neuroscience. 2013, 11, 27.

［3］Frances S. Chena, Robert Kumsta, Bernadette von Dawans, Mikhail Monakhov, Richard P. Ebstein, Markus Heinrichs. Common oxytocin receptor gene（OXTR）polymorphism and social support interact to reduce stress in humans. PNAS. 2011, 12, 13.

［4］Mark Wade, Thomas J. Hoffmann, Jennifer M. Jenkins. Gene-environment interaction between the oxytocin receptor（OXTR）gene and parenting behaviour on children's theory of mind. Social Cognitive and Affective Neuroscience. 2015, 1,9.

［5］R. Thaler. "Mental Accounting and Consumer Choice". Marketing

Science, 1985, 4: 199-214.

［6］Levinsion, J., & K. Peng. "Value Cultural Difference in Behavioral Economics". The ICFAI Journal of Behavioral Finance, 2007, 1: 32-47.

［7］Spencer-Rodgers, J., Williams, M.,Hamilton, D., & K. Peng. "Culture and Group Perception: Dispositionaland Stereotypic Inferences about Novel and National Groups". Journal of Personality and Social Psychology, 2007, 93: 525-543.

［8］Girme, Y.U., Overall, N.C., Faingataa, S.,& Sibley, C.G.. Social Psychological and Personality Science.1948550615599828, first published on August 21, 2015.

［9］Solomon, B. C., & Vazire, S. (2014). You are so beautiful... to me: Seeing beyond biases and achieving accuracy in romantic relationships. Journal of personality and social psychology, 107 (3),516-528.

［10］Mark Van Vugt and Wendy Iredale (2012), Men behaving nicely: Public goods aspeacock tails, 103, 3-13. British Journal of Psychology.

［11］Fredrickson, B. L. (2001). The role of positive emotions in positive psychology: The broaden-and-build theory of positive emotions. American psychologist, 56 (3), 218-226.

［12］Gable, P. A., Poole, B. D., & Harmon-Jones, E. (2015). Anger Perceptually and Conceptually Narrows Cognitive Scope. Journal of Personality and Social Psychology, 109 (1), 163-174.

［13］Tenney E R, Logg J M, Moore D A. (Too) optimistic about optimism: The belief that optimism improves performance[J]. Journal of personality and social psychology, 2015, 108 (3): 377.

［14］Kahneman, D., & A. Tversky. "Prospect Theory: An Analysis of

Decision under Risk". Econometrica,1979, 47: 263-292.

［15］A. Maslow. "A Theory of Human Motivation". Psychological Review, 1943, 50: 370-396.

［16］F. Heider. The Psychology of Interpersonal Relations. New York: John Wiley & Sons, 1958.

［17］Fiske, S., & S. Taylor. Social Cognition. McGraw-Hill, Inc, 2008.

［18］Eagly, A., & S. Chaiken. The Psychology of Attitudes. New York: Harcourt Brace Jovanovich College Publishers, 1993.

［19］Wilson, T., Dunn, D., Kraft, D., &D. Lisle. "Introspection, Attitude Change, and Attitude Behavior Consistency: The Disruptive Effects of Explaining Why We Feel the Way We Do". In L. Berkowitz（ed.）. Advances in Experimental Social Psychology.Orlando, FL, Academic Press, 1989, 22: 287-343.

［20］L. Festinger. A Theory of Cognitive Dissonance. Stanford, CA: Stanford University Press, 1957.

［21］Gilovich, T., & V. H. Medvec. "The Experience of Regret: What, When, and Why". Psychological Review, 1995, 102: 379-395.

［22］G. W. Allport. "The Historical Background of Social Psychology". In G. Lindzey & E. Aronson（eds.）.The Handbook of Social Psychology. New York: McGraw Hill, 1985.

［23］K. Lewin. Field Theory in Social Science: Selected Theoretical Papers. In D. Cartwright（ed.）. New York: Harper& Row, 1951.

［24］Peng, K., Nisbett, R., & N. Wong. "Validity Problems Comparing Value Across Cultures and PossibleSolutions". Psychological Methods, 1997, 2: 329-344.

［25］Morris, M., & K. Peng. "Culture and Cause: American and Chinese Attributions for Social and Physical Events". Journal of Personality and Social Psychology, 1994, 67:949-971.

［26］Briley, D., Morris, M., & I.Simonson. "Reasons as Carriers of Culture: Dynamic vs Dispositional Models of Cultural Influence on Decision Making". Journal of Consumer Research, 2000, 27.

［27］Weber, E. U., & C. K. Hsee. "Models and Mosaics: Investigation of Cultural Differences in Risk Perception and Risk Preference". Psychonomic Bulletin and Review, 1999, 6:611-617.

［28］Peng, K., & R. Nisbett. "Culture, Dialectics, and Reasoning about Contradiction". American Psychologist, 1999, 54: 741-754.

# 附 录

# 文化科学解读中国文化DNA——与《心理月刊》等媒体记者的对话

**记　者：** 彭老师您好！我从维基百科看到，您是世界文化心理学的奠基人之一，您和您的老师、同行一起，试图用行为科学和自然科学的方法，研究文化的精髓和本质，开创了一个文化研究的新领域。至今您已经做了20年文化科学的研究、比较和分析，今天请您从文化心理学、文化科学的角度，谈谈中国传统文化。

**彭凯平：** 1989年的1月，我去美国密歇根大学做访问学者，后来申请读博士学位。那一年，美国自然科学基金会（NSF）颁布了一个200万美金的大奖，在美国开展文化科学的研究，这可能是人类历史上第一次国家层面上倡导用自然科学的方法来研究文化的问题。很久以来，文化一直是文学、哲学、艺术等领域的研究范畴，大量的是用思辨的方式来研究。美国教育和学术界一直提倡进行多元文化的教育，但痛感缺少一种科学的方法来研究文化的多元性。当时的密歇根大学心理系的几位教授，包括我的导师理查德·尼斯贝特是获奖者。因此，密歇根大学心理系由此而成为世界文化心理学的发源地。我和我的一个美国同学迈克尔·莫里斯，是首批获得由这个奖支持的研究生。我能参与进其中，可能因为当时我已经27岁了，在北大担任过3年的讲师，已经有了一些科研和社会的经历，加上中国文化的背景，正是多元文化研究者需要的素质。

多年做文化科学的研究，使我深切地体会到儒释道三大文化精神对世界文化的突破和贡献是巨大的。我们今天谈中国的文化觉醒，需要一种科学的态度，分析什么是精华，什么是糟粕，不能以意识形态、个人偏见，民粹主义而人云亦云。很多中国传统智慧需要有现代科学的分析，发现它的现代生活的价值及意义。不是越古老越好，越原汁原味越好。文化是人类心灵的产物，满足的是当代人的精神需求，因此也是要与时俱进的。

我们不妨从文化心理学的角度分析一下儒释道文化精神在现代生活中的意义。比如说儒教文化强调"关系"。我们总以为"关系"是一个模糊的、人情的概念，其实它是人类六千万年的进化历史选择出来的积极天性。在天敌面前，只有在团体、群体中的人互相帮助、理解、体贴和同情，人种才能保留下来。越是团结的民族和团体，越能生存下去。人类社会中的这种"集体主义"、"团体主义"，从中国文化的儒教就开始了。

人类进化的另外一个优势，叫做"学习"。人和动物不一样的就是学习能力特别强，而且是间接学习能力特别强，读书、听说，学习他人积累的经验，形成知识的传承。动物只能体验式的一次性学习。儒教提倡尊师重教，有学习有传承，就有文化的生成和保持，这是一种进化的优势。就像犹太文化几千年不倒，爱学习会学习，就是他们的一种文化优势。

儒教文化还强调以德为先，这也是一种生存的竞争优势。现代心理学发现，帮助、同情、合作、创造，是一种比野蛮、贪婪、自私、残暴更具竞争力的竞争优势。对人的生命更有意义的是，人在做善事时，幸福、快乐、长寿，做善事的人比不做善事的人平均要幸福7倍以上。当然，我们也一定要意识到，"道德"一定要有一个度，以"道德"的名义去迫害他人，就是不道德。所以，我们在解读中国文化的道德时不能"泛道德"。

**记　者：** 这种以心理科学为依据的解读，可以让我们对中国传统文化的理解更为人性化和科学化。

**彭凯平：** 当然我们不能说科学就是一种最好的方法，但相对而言它是比较客观、中立、定量、实证的方法。不过，科学家的研究问题及灵感一定是受到自身的文化素养和生活经历及价值理念的影响。我做文化科学研究的风格就是特别希望中西合璧、文理交融、古今通贯、有所创新。

我自己很多凡是有特殊学术价值的研究，往往是受到中国传统文化的启迪。比如我最早的一个工作，就是研究人类思维方式的差异。但当时面临的一个挑战就是跨语言的翻译问题，这也是难住了人类跨文化比较研究2500多年的一个问题：意义往往很难在翻译过程中保持下来。我和师兄迈克尔·莫里斯当时受到庄子的"子非鱼，焉知鱼之乐？"的启发，在世界上第一个决定用鱼来做跨文化的心理实验，用计算机生成很多鱼的互动，邀请全世界各个国家的人来看这个鱼为什么这么动。我和他研究的这篇被称作"鱼范式"的文章，在心理学界已经被引用达到了1500多次，被很多人仿效，因为解决了人类跨文化研究中需要克服的语言障碍。

很多美国人说我的研究，其实都是在包装中国文化，把中国文化从很神秘的思辨变成可实证的心理学问题。我认为，很多中国传统文化的观点都是可以做科学实验的。据李约瑟的考证，阴阳太极图就是中国汉代的一位不知名的科学家做实验发现出来的。我的有关辩证思维的研究，也是来源于道教中阴阳调和、长短互补、黑白相融的辩证思维的启发。我的积极心理学的研究也发现，富有辩证思维的人，活得更快乐、更坦荡、更长寿。而缺少辩证思维的人，容易把世界分成绝对的黑和白，不容易面对纷繁复杂、变幻莫测的世界。这种差异甚至可以体现在大脑中的内侧前扣带回的活动上。

佛教的养心、诚意、正心，也是积极心理学提倡的正能量。佛教中的很多方法性的东西，比如"禅"，讲究入定、体验、正念，也是西方人在工业化社会特别喜欢的一种修炼方法。今年3月份，美国的《时代周刊》发表一篇封面故事，叫做"正念的革命"，讲的就是打坐、冥想、修心对美国人工作、生活的影响和意义，以及如何形成一种革命性的运动，成为美国40亿美元的一个产业。当然美国禅和中国禅不一样的地方，就是它没有太多的宗教意义，是以美国人实用主义的精神来修行中国的传统智慧。这也是我们的传统文化对当代世界人类精神的一种巨大贡献。

过去我们没有走出去的能力，没有更宽阔的胸怀和视角去看我们的文化，过分停留在自我欣赏或者是自我批评里，更不要说参与进世界文化的研究中，从科学的角度来证明中国文化的国际意义和价值。现代中国真的到了一个很重要的历史时期，我们的文化其实是可以和我们的经济一样，是能够领导世界并为世界做出贡献的。但这种领袖的资本需要我们去挖掘、包装、沟通和创造。

**记　　者：** 您的跨文化心理研究、积极心理学研究及其在中国的推广，都得到国际社会的极大认可。您的很多外国学生、同事都说您是一个典型的中国儒士。当您26岁从北大访学去美国,"三观"已经形成。带着一个中国人成熟的文化架构,去接触西方文化,并进行文化研究,您是怎样看中国文化和世界文化的差异和共同性?

**彭凯平:** 就我个人来说,我是在国外学习了西方人的思维方式,以及做学问、搞研究的科学风格和技巧,但中国文化的基因始终流动在我的血脉里。我的父母曾经是中小学教师,我的大伯父是被日本人杀害的,我的二伯父是一个曾经在岳阳楼工作的漆匠,在"文革"中他和他的领导想办法用毛主席画像和语录保护了岳阳楼的很多古迹免遭红卫兵的打砸。我从小就在岳阳楼下长大,"先天下之忧而忧,后天下之乐而乐"的精神对我影响至深。无论走到哪里,这种文化情怀深深影响着我。我认为这种价值观也应该是人类普世价值的一部分,是应该也能够和世界文化的潮流融为一体的。我觉得,文化差异的撞击,并没有影响到我自己保留民族文化的自信。因为,差异和共同不是一个对立的关系,是一个相互依赖、相互体现、相互衬托的关系。没有共同性,你怎么知道差异性?完全的否定、排斥,或者完全的追随、认同,都不符合文化的本质,也不符合人性的本质。

人有共同的心理特性,才有文化的差异。爱国主义是人类的天性,就像爱家乡,爱朋友,爱家人一样,它是与爱联在一起,而不是和恨联在一起。它是和我们的自尊、自爱、自强,与健康密切相关的。不接受自己民族文化的DNA,怎么能接纳自我?瞧不起自己的人容易有心理问题啊。正是由于我们要追随自己的民族认同,追随自己的文化、语言,提升自己民族的地位和价值,我们才创造出丰富多彩的文化差异,这种差异来自于我们人类爱自己的共同文化。否则,文化就没有意义了,就是文化虚无。在心理学上,你爱自己,你就敢于表现得和别人不一样,不一样就变成你自尊、自爱、自信的源泉。我们要意识到这种差异对我们生命、对我们文化的重要性。

文化心理学最初研究的意义,反映了美国人希望领导世界的心态。他们知道世界变得越来越多元,光用美国人的方式去理解和管理世界不可能,他们要去了解文化多元的本质,以什么样的方法可以打通世界各国人民的心。20世纪的中国文化先驱也提倡睁开眼睛看世界,看见自己的优点和缺点,知道人家的优点和缺点,洞悉原因、方法和目的。中国文化的一个传统就是提倡文化的包容和多元。今天我们更要有文化开放的心态、文化多元的态度和睁开眼看世界看自己的胸怀。

我个人认为,传统文化复兴一定要改善传统文化教育的老路数,中国文化的研究者和推广者应该具备科学的素养,在全球性视野中客观和理性地比较、分析传统文化,要提出看得见、摸得着的证据、技术和方法,才能让中国传统文化对现代社会生活产生影响。在偏执的、宗教的、迷信的形式之下,带着拯救甚至是反科学、反社会、反现代化的心态,对中国的文化复兴是非常不利的。传统的文化仪式有一定的象征意义,但是沉迷于仪式,也会产生"形在而神不在"的问题。虚、假、功利性的文化宣传和推广方式,会让我们的传统文化走向偏颇。所以,今天以国际的视野、跨文化的境界、以科学的手段,去推动中国文化融入世界多元文化尤为重要。

记　者:从中国到美国,再从美国到中国,在您的人生和学术中,您有没有经历文化震撼与裂变?

彭凯平:其实,从我去美国的第一天起,我就无时不在文化差异的撞击中。20多年前我到美国的第一天,飞机晚点,来接我的竟然是一个特别有名的美国心理学家。他开一辆破车,告诉我准备来接我的中国同学今晚有课,所以他来接我,并开车送我到住处,一副理所当然、天经地义的样子。他的那种"平等意识"对我冲击特别大。我16岁在北大读书时,他曾经访问我们学校，在校长、院长们的簇拥之下，我们这些普通的学生只有从电视上看他的份儿。西方社会不是没有等级，但是这种等级的尊严是渗透在骨子里的；而对人的尊重是一种礼貌和修养，越是地位高的人，越是会体现出这种对他人的尊重，这一点确实比我们很多官员和精英要强。虽然我们没有必要去颂扬他人，但这种差距是明显的。

还有对"知识"的认识，我们中国人认为"知识"是增长才干的工具。其实除此之外，它更重要的是启迪我们的心智，是一种行动，一种体验和生活方式。读书是快乐的，而我们现在的读书因为强烈的功利目的性，成了痛苦的生活方式。我觉得我生命中最快乐的时刻就是在美国密歇根大学读研究生的时候，真的领会到了学习的单纯与幸福。

文化，一定要有传承、改变、创造和革新。我个人体验到的这种撞击，让我产生强烈的责任感：要用科学、理性、严谨的态度，去弘扬发展中国文化。在今天的中国社会和世界大背景下，中国传统文化要有新的表现形式，新的文化习惯、文化理念、文化技术。我回国后想做的一个工作，就是想把现代科学技术和传统文化融汇到心理学中。比如，通过一个心理学的幸福手环，来测量、监控、训练、培养诚意正心、心心相印的传统智慧。用科学的手段，创造出丰富多彩、与时俱进的中国民族文化。

跋 Postcript

# 积极心理学发展的"四化"之道

积极心理学引起了越来越多的关注，越来越多的人投身积极心理学的研究与实践。有感于此，我想谈谈对中国积极心理学发展的看法。

**从调味品到必需品**

当前，在积极心理学还只是心理学领域中一支特别年轻的力量的情况下，大家能投入这么多的热情来关注它、推崇它、宣传它，作为一名中国积极心理学的推动者和践行者，我特别感动。

首先是感动于大家的热情。有这么多优秀的国人来热爱、学习和支持积极心理学，让我非常激动。作为教师，最大的快乐就是我们的一点学识、心得和体会能得到学生们的支持、理解和欣赏。

其次是感动于大家的真诚。无论我们之前是什么身份，从事何种职业，这里的所有人都没有个人的争执，没有功利的计较。大家都敞开自己的心扉，把生活中的点点滴滴，分享给我们的同学们。心灵的接触和沟通是人与人之间伟大关系的来源和基础，所以，我特别能够感受到大家的真诚。

第三是感动于大家的智慧。这个智慧就是想清楚了我们这一辈子要干什么。当很多人还在想"我一定要升官、我一定要发财、我一定要长寿、我一定要受到社会的尊重……"时，我们已经在考虑"如何活出有意义的人生"，并且大家也已经找到了"活出有意义的人生的秘诀"——学习积极心理学、传播积极心理学、升华积极心理学。

第四是感动于大家的善良。大家考虑的都是心灵的快乐、他人的幸福，抱着一种希望去帮助别人的善良心态来参加培训，那就要有"做一颗为中国人民谋幸福的铺路石"的准备，要为我们国家分忧解难。

目前，从事积极心理学的教学、研究与应用工作还不是一条鲜花灿烂的路，还需要我们有一种开拓精神和奉献精神。这就需要我们像一个火种一样，火种可能会先烧掉，但它燃烧起来的大火，肯定会让我们的社会充满激情、充满温暖、充满美好。因此，燃烧的是我们，受惠的是其他人，我们是在做一件"为中国社会和人民谋幸福"的千秋功业。

大家能选择这么做，说明你们一定是有足够的智商和情商，一定是有足够的沟通能力，一定是有能吸引人、召唤人、升华人的动力。一旦你们为周围的人树立一个正确的、积极的榜样，一定会影响很多人。因此，我希望大家一定要有这样的使命感。同时，从我们自己做起，相信我们一定会把心理学，特别是积极心理学升华到一个崇高的境界。

虽然心理学现在还只是点缀品或调味品，但在我们大家的齐心协力下，我们一定能把中国的积极心理学和幸福科学的研究变成我国人民生活中的必需品。那么应该怎么做呢？

**中国积极心理学发展的"四化"之道**

具体来说，对积极心理学在中国的发展，我希望用"四化"来与大家共勉：

第一，积极心理学的中国化。积极心理学的奠基人是塞利格曼，但大家一定要意识到，这个学科不是塞利格曼的学科。因为积极心理学的思想很多是与我们中国文化一脉相承的，有些方法和建议甚至直接源自中国文化。可以说，积极心理学不是外国的，不是外来的，它是我们中国人的。

我们也发现，积极心理学最积极的工作者在中国，最伟大的发展前景在中国，最具开拓潜力的市场在中国。所以，大家一定要向社会宣传，向朋友普及这个简单的事实：积极心理学不是美国人的学问，不是西方的学科，而是我们中国人的学科。只不过在一定的历史阶段，我们没有去研究、没有去弘扬、没有去宣传，但积极心理学的精神，一直存在于我们中国文化之中。

所谓的"文化"，其实就是人化；一个人最重要的核心，也就是他的文化。所以，大家一定要保护，也一定要大力宣传中国文化里有关幸福、有关积极心理的各种智慧和精神。因为这是我们的精神DNA，是我们的血脉，是我们的追求，是我们的理性。因此，我们一定要突出、一定要强调、一定要普及积极心理学的"中国化"。

第二，积极心理学的科技化。当前，很多人从不同的角度在宣传、推广积极心理学，我们一定要欣赏、赞许、支持这些人所做的努力，而不要有门户之见，不要有排他心理；但是我们一定要做出与众不同的贡献。我们与其他人最大的不同在于，我们采用科学的知识、科学的证据、科学的方法，而且更加强调采用科学的技术。

我在接受《人民日报》记者采访的时候，被问及"通过积极心理学要做什么样的事情"，我就讲了两个方面：

一是要把心理学变成一个积极的学科，让我们的社会谈到心理学就认为是一门阳光灿烂、心高气远的学科，而不是带有变态、跳楼、自杀、抑郁等负面信息的学科。如今社会上所出现的问题是积极心理学应该去关注的方面，但积极心理学本身，它一定是阳光的、正向的、高端大气上档次的。

二是把心理学变成一个科技的学科。当下心理学的科技含量太少，特别是做心理咨询、心理辅导,靠的是心理学的一些概念和理论,靠的是我们的个人智慧。我希望将来的心理学不光有远见、有境界、有情怀,也要有设备、有产品、有玩具,甚至有捏的东西、有抓的东西、有听的东西、有看的东西,这是我们一直在努力的方向。我经常说:面包是必需品,牛奶是点缀品,黄油是奢侈品。但我非常坚信,面包会有的,牛奶会有的,黄油也会有的。

顺便告诉大家一个好消息,我们已经在清华大学成立世界上第一个"幸福科技实验室";我们已经筹集了千万级的风投,来成立这个H$^+$Lab。大家都将是我们第一个科技产品的受惠者、传播者。我们也将面向全世界举办大规模的"幸福科技大奖赛",希望从中发现一些有意义的项目,并且能在中国开发出来,推广起来。

现在世界上已经有人在说,积极心理学有四大中心:第一个是由马丁·塞利格曼领导的宾州大学,第二个是牛津大学,第三个是伯克利加州大学,第四个是清华大学。科技创新将成为我们清华大学积极心理学研究中心的一大特色。

第三,积极心理学的大众化。所谓的"大众化",就是我们要把积极心理学去精英化。积极心理学不属于清华大学,也不属于彭凯平个人,而是属于大家的学科。大家千万不要把我当成一个精神导师,我只是一个普通的大学教授,一个积极心理学的热爱者、传播者,是和大家一样的人。只是现在,中国的积极心理学发展可能还需要我,但我希望将来就不需要我了。因为积极心理学是一门属于大家的学科,属于我们每个人的学科,属于人民大众的学科,也只有它真正被大家所认识和接受后,它才会为人民谋幸福。

第四,积极心理学的普及化。目前知道心理学的人还是太少,知道积极心理学的人更少。要褪去积极心理学的神秘面纱,就需要我们大家多普及一下积极心理学,多宣传一下积极心理学,多讲一讲积极心理学。从而让中国的积极心理学真正走向人民。